오천년 역사

산서성을 말하다

오천 년 역사 산서성을 말하다

발행일   2017년 03월 03일

지은이   유 영 석
펴낸이   손 형 국
펴낸곳   (주)북랩
편집인   선일영   편집   이종무, 권유선, 송재병, 최예은
디자인   이현수, 김민하, 이정아, 한수희   제작   박기성, 황동현, 구성우
마케팅   김회란, 박진관
출판등록   2004. 12. 1(제2012-000051호)
주소   서울시 금천구 가산디지털 1로 168, 우림라이온스밸리 B동 B113, 114호
홈페이지   www.book.co.kr
전화번호   (02)2026-5777   팩스   (02)2026-5747

ISBN   979-11-5987-429-1 03910(종이책)   979-11-5987-430-1 05910(전자책)

오천년 역사

산서성을 말하다

중국의 천년 역사를 보려면 北京을

오천년 역사를 보려면 山西로 가라

유영석 지음

북랩 book Lab

프롤로그

  산서성은 과거부터 현재에 이르기까지 정치, 경제, 군사, 문화 전 영역에서 중요한 영향을 미쳤고, 또 미치고 있는 지역이다. 숱한 세월 동안 끊임없이 변화하는 크고 작은 나라들이 패권을 다투던 중심 또한 대륙의 중원, 산서성이었다. 반만년 역사의 산서성은 수많은 유적과 고사를 남겼고, 불세출의 영웅들을 탄생시켰다.

  산서성이 뿜어내는 매력에 푹 빠져 시작된 나의 유람은 세계문화유산인 평요고성, 3대 석굴의 하나인 윈강 석굴, 4대 불교 명산 중 문수보살을 모신 오대산, 그리고 오악 중 북악 항산 등을 포함해 11개 시에 산재한 110여 개의 명소들로 이어졌다.

  나의 발자취가 확장될수록 산서성에 대한 이해는 깊이를 더해갔다. 유구한 역사, 유구한 역사가 배출한 영웅호걸들의 스토리, 청해성에서 발원해 내몽구자치구를 지나 흘러든 후 약 1,000㎞의 흐름으로 산서성을 관통하며 때로는 잠잠히 때로는 거침없이 포효하는 황하, 아름다운 산, 못 하나 사용하지 않은 목조 건물 응현목탑이

온전한 모습으로 천여 년을 버텨오는 신비로움, 17~18세기 중국의
월스트리트 진중 일대 부호들의 풍요로움과 풍요로움 뒤에 숨어 있
는 목숨을 걸어야 했던 거친 삶, 석탄·분주·노진초, 도삭면의 도시,
친절하고 순박한 시민들의 모습 등….

  역사의 현장을 찾고 또한 현장에서 만난 순박한 시민들과 진솔
한 대화를 나누는 여정이 누적될수록 전에 없었던 관점들이 하나
둘씩 생겨나기 시작했다. 이후로는 그러한 관점들을 다양한 주제
로 갈래를 나누어 묶어보고 비교하는 과정을 끊임없이 반복했다.
명소들이 품고 있는 역사적 교훈들이 현대를 살아가는 우리들에
게 던지는 화두가 무엇인지를 그려보고 싶었고, 그려내려 노력했
다. 해서 용기를 내어 내가 직접 눈으로 보고 경험한 산서성의 명
소들을 18개의 주제로 분류해 소개하려 한다. 유적들이 보여 주는
아름다움과 유적들이 품고 있는 스토리를 통해 5,000년 역사를
지닌 산서성의 매력에 흠뻑 빠진 한 외국인이 느낀 감동과 깨침인
셈이다.

차례

산서성 지도

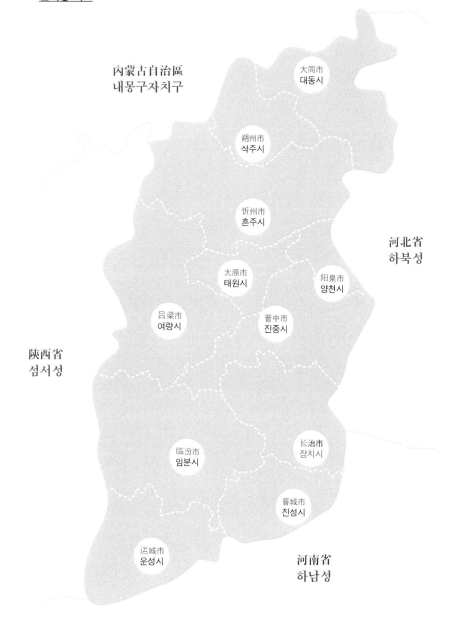

內蒙古自治區
내몽구자치구

大同市
대동시

朔州市
삭주시

忻州市
흔주시

太原市
태원시

阳泉市
양천시

河北省
하북성

吕梁市
여량시

晋中市
진중시

陝西省
섬서성

长治市
장치시

临汾市
임분시

晋城市
진성시

运城市
운성시

河南省
하남성

01

산서성!
하면
떠오르는
것들

외지인들이 '산서성!' 하면 떠올리게 되는 것들이 무엇일지가 가끔은 궁금해질 때가 있었다. 자신이 태어난 지역이 아니면 관심이 없는 이들에게는 당연히 떠오르는 것이 하나도 없겠지만, 역사 속에서 산서성을 관심 있게 본 이들에게는 제법 적지 않은 것들이 뇌리에 떠오를 것이다.

노진초로 널리 알려진 식초, 행화촌 하면 떠올리게 되는 중국 8대 명주인 분주, 심현에서 생산되는 좁쌀, 신강현의 벼루, 평요의 칠기, 도삭면으로 통하는 면식, 석탄 등이 아마도 그 대상일 것이다. 지금부터는 이 중에서도 생산 또는 제조 현장을 직접 눈으로 확인한 것들을 대상으로 소개하려 한다.

행화촌은 분주와 죽엽청을 생산하는 곳이다. 행화촌의 분주는 중국 8대 명주의 하나로 손꼽히는 술로 남북조시대로 거슬러 올라가는 장구한 역사를 지니고 있다. 1,500여 년이라는 유구한 역사의 흐름 속에 서민들과 희로애락을 함께하며 오늘날까지 명맥을 이어오고 있다.

태원에 4년 가까이 머물며 주재원들과 함께 타국 생활의 외로움을 나눌 때 어김없이 마시게 되는 술이 바로 10년산 분주였다. 맛이 탁월하고 뒤끝이 없는 깨끗한 분주는 외국인인 우리들의 입맛까지도 만족시키는 좋은 술이다. 가격도 싼 것부터 비싼 것까지 차별화되어 있어 서민들의 접근성이 좋다. 10년산부터 50년산 분주를 모두 마셔 보았지만, 전문가가 아닌 우리 주재원들에게는 가격도 저렴하고 맛에서도 별 차이가 느껴지지 않는 10년산 분주가 가장 맛있는 것으로 여기고 애용해 왔다. 내가 태원을 떠난 지금도 마찬가지일 것이라 믿는다.

성당 시기 행화촌은 '행화촌의 술이 샘과 같다(杏花村里酒如泉)'라고 일컬어지며 술 문화의 고도로 명성을 날린 것으로 기록되어 있다. 역사 이래로 이백, 두보, 두목, 부산 등 이름만 대면 알 수 있는 명인들이 분주를 마시며 시를 읊었다는 얘기들은 낭만적이기까지 하다. 이자성이 북경으로 향하는 길에 행화촌에 3일을 머무르며 진선진미(尽善尽美)라는 글을 남겼다는 실화가 지금까지 전해져 내려오고 있다. 이때부터 행화촌은 진선촌이라는 또 하나의 이름을 갖게 되었다고 한다.

두목이 지은 시 청명(清明)에도 행화촌이 등장하는 것이 흥미로워 인용해본다.

청명절에 비가 오라가락하니　　　　　　　　　　　清明时节雨纷纷

길가는 사람의 넋을 끊으려 하네　　　　　　　　路上行人欲断魂

빌어 묻나니 술집이 어느 곳에 있다더냐　　　　借问酒家何处有

목동이 멀리 살구꽃 핀 마을을 가리키네　　　　牧童遥指杏花村

　또 하나 특별한 것은 분주를 담고 있는 술병이 가격에 비해 고급스럽고 아름답기 짝이 없다는 사실이다. 보기 좋은 떡이 맛있다'는 속설처럼 예쁜 술병에 들어있는 분주를 마시노라면 스스로의 품격이 올라가는 듯한 느낌에 그리 즐거울 수가 없다. 마치 경덕전에서 구워낸 도자기 같은 술병은 분주의 또 다른 매력이다.

　행화촌은 개인적으로 두 번 찾았다. 한 번은 손님을 수행해서였고, 또 한 번은 개인적 방문이었다. 분주와 죽엽청을 생산하는 이곳에는 약 만 명의 직원이 근무하고 있다고 한다. 분주 집단 안에는 분주박물관이 있고 분주지혼(汾酒之魂)이라는 글자 아래 그들의 사명과 정신이 새겨져 있어 강한 자부심을 느낄 수 있다. 박물관 안에서는 제조과정 등 분주의 역사를 일목요연하게 들여다볼 수 있어 유익하다. 분주를 사랑했던 두보와 이백 등 한 시대를 풍미했던 시인들이 분주에 대해 남긴 글과 그림들도 전시되어 있어 눈길을 끈다. 이자성이 썼다는 진선진미라는 글씨도 직접 볼 수 있다. 1915년 파나마만국박람회에서 금상을 받은 것을 기념하기 위한 자료들이 전시되어 있어 분주가 국제적으로도 인정받은 술이라는 사실을 확인할 수 있다. 분주뿐만 아니라 죽엽청에 대한 알파와 오메가도 전시되어 있어 여유가 되면 자세히 들여다볼 만하다.

취주소방이란 곳을 들어가면 술 취한 기분을 느낄 수 있는데 경험해 보아도 좋을 듯하다. 박물관 안에는 술을 즐겼던 이백이 누운 자세, 앉은 자세 그리고 서 있는 자세로 조각된 조상을 볼 수 있어 흥미롭다.

박물관 전시자료를 돌아본 후에는 실제로 발효시키는 장소를 견학하고 분주를 만들어내는 과정을 직접 보여준다. 운이 좋다면 방금 만들어져 나온 70도 원액의 분주도 시음할 수 있다. 고급 술병에 담겨있는 깨끗하고 부드러운 느낌의 분주를 우아하게 마시며 인생의 희로애락을 논하는 사람들이 더욱 많아지기를 희망한다.

동호초원은 명나라 초부터 식초를 양조하기 시작해 600년의 전통을 보유하고 있는 미화거(美和居)의 식초 양조기술을 계승해 노진초(老陈醋)를 생산하는 곳이다. 공항의 면세점이나 태원의 대·소형 상점 곳곳에서 볼 수 있는 고급스러운 미화거 판매점이 바로 그것이다. 노진초는 산서성의 상징이라고 얘기할 만큼 강한 자부심을 가지고 있다. 이유를 알아보면 그러한 자부심이 역사적인 근거가 뒷받침된 것임을 알 수 있다.

산서 사람과 식초의 연원은 3,000년 전으로 거슬러 올라간다. 북위 때 가사협의 제민요구에 기록되어 있는 22종류의 제초법이 산서인에게서 나온 것이고, 그중 작미초법은 산서 노진초의 양조방법이라고 한다. 청나라 초, 초선(醋仙)이라 불리던 왕래복이라는 사람이 청서현에 미화거 초방을 열고는 백초의 기초 위에 훈초 기술을 적용하여 노진초라는 명품을 만들어냈다고 전해진다.

이상과 같은 기초 상식으로 무장한 후 산서 노진초의 역사와 제조과정을 소개해 놓았다는 동호초원을 찾는다. 2014년의 겨울이었는데 추운 날씨 탓인지 여행객이 많이 찾지 않아 여유롭게 돌아볼 수 있어 좋다. 동호초원을 들어서면 해설사가 따라붙는다. 필요 없다고 몇 번을 사양했지만 무료이고 해설이 도움이 될 것이라고 여러 번을 권유한다. 그 친절함에 이끌려 아리따운 젊은 여성 해설사와 함께 진열실을 들어선다. 진열실에서는 미화거초방에 대한 소개, 청서현에서 발굴된 서한 때의 도자기로 만든 항아리, 식초의 유래, 산서 노진초를 생산하고 있는 동호미화거라는 회사에 대한 소개 등이 자료로 전시되어 있어 관람객의 이해를 돕는다.

특이한 것은 산서 노진초집단유한공사에서 식초 제조에 장기간 종사했던 80세 이상의 장수자들을 소개한 것이다. 그중 99세로 아직 생존하고 있다는 양지명이란 노인이 두드러진다. 특히 1908년생인 식품 발효 전문가로 식초 산업계의 태두로 일컬어진다는 진함장이라는 노인은 107세까지 살았다고 하는데 현재까지 생존 여부는 확인할 수 없다. 식초의 효능이 장수에 영향을 미친다는 사실을 반증하기 위함인 듯하다.

또한 연도별로 생산된 노진초의 각양각색 병과 회사의 발전상 등도 자세히 들여다볼 수 있다. 진열실을 빠져나오면 양고용심이란 곳에서 식초를 만드는데 소요되는 재료로부터 식초의 생산과정을 실제로 보여주고 있다. 고량(수수) 등 건강에 유익한 재료로 만들어지는 노진초의 효능은 두말할 나위 없겠다 여겨진다. 판매망을 전시한 곳에서는 노진초가 중국 전역으로 뻗어나가고 있음을 알 수 있다. 초포흑두, 초포황두, 초포계란 등을 전시해 놓고 상세한 효능 등을 소개하고 있다. 모든 식품들이 식초가 건강에 얼마나 좋은지

를 과학적으로 알려주고 있다.

제조 과정을 모두 거친 식초들이 제작연도가 봉인된 채 진열되어 있는 것이 장관이다. 대형 항아리 1개당 1톤 분량으로 2,000근이나 된다고 알려준다. 해설사의 친절한 안내에 따라 관람을 마치고 나오면 식초를 시음하는 장소가 나오는데 5년산과 8년산을 조금씩 마실 수 있다. 혈관 등 여러 가지에 좋고 연도가 오래될수록 효능이 좋다는 말에 이끌려 비싸게 보이는 가격이지만 구입할 수밖에 없는 충동을 일으키게 만든다. 뿐만 아니라 입장료도 없을 뿐더러 설명사의 수고비도 받지 않는 친절한 안내에 이끌려 5년산과 8년산을 각각 한 병씩 구입한다. 식초를 오랫동안 복용해 장수자가 많다는 자료를 본 것도 있고 해서 구입한 식초를 매일 조금씩 음용하려 노력했는데 일주일을 넘기지 못한다. 효과를 보기 위해서는 장기간의 노력이 필요한데 그러한 노력이 따라주지 않음이 안타까울 뿐이다.

600여 년의 역사와 전통이 있는 산서성의 노진초가 사람들의 식욕을 돋우고 건강에 도움을 주는 역할을 지속적으로 이어나가기 바란다.

석탄박물관은 태원에 들르는 한국 손님을 수행해 여러 번 방문한 기억이 있다. 우리네 삶 구석구석에 알게 모르게 침투해 있는 문명의 이기인 석탄에 대한 알파와 오메가를 소개해 놓은 곳이다. 박물관을 들어서면 석탄의 생성과정, 종류 등이 포함된 7분 정도의 영상을 보여주며 전반적인 이해를 돕는다. 입체화면이라 마치 과거로 이동해 옆에서 석탄 생성 과정을 지켜보고 있다는 생각이 들 정도로 사실적이다.

영상관을 나오면 중국의 석탄과 관련한 본격적인 소개가 시작된다. 중국은 석탄 대국이다. 매장량이 러시아, 미국 다음으로 세계 3위이고 생산량과 소비량 역시 세계적인 수준이다. 중국탄전지질총국에 의하면 지표 밑 2,000m 범위에 석탄자원 총량이 55,697억 톤이다. 이중 발견된 광구가 5,300여 곳으로 매장량이 10,176억 톤에 이른다고 한다. 각 성시별로 석탄자원의 분포 현황과 석탄의 종류를 소개하고 있는 곳을 들어서면 각 지역에서 생산되는 석탄의 실물 표본도 함께 전시해 놓고 있다. 전문가가 아니기에 차이점은 알아보기 힘들지만 이해에 큰 도움이 된다.

34개 성시와 자치구 그리고 특별행정구 중에서 상해와 홍콩 그리고 마카오를 제외하고는 모두 석탄이 매장되어 있다고 기록되어 있다. 놀랍기도 하고 부럽기도 하다. 상해는 석탄이 매장되어 있지는 않지만 최대 소비도시다. 심지어 북경 역시 매장량이 115.81억 톤으로 매년 500만 톤 정도는 지금도 생산하고 있다고 한다. 산서성은 매장량 6,400.09억 톤으로 전국에서 3번째다. 발견된 보유매장량 2,600억 톤을 연간 7억 톤씩 생산을 가정할 경우 200년 이상을 채굴할 자원량이다. 석탄의 고향이라 불리는 것이 허명이 아님을 알 수 있다.

검은색 석탄을 이용해 만들어 놓은 예술품을 전시한 곳이 눈길을 사로잡는다. 흰색의 대리석을 이용해 만들어진 예술품들을 접하다가 석탄으로 만든 사자, 용, 호랑이, 말 등의 정교한 조각품을 보니 독특한 매력이 있다. 한쪽에는 석탄의 종류를 소개하고 표본을 전시한 곳이 있는데 책으로만 보던 것을 실물로 보게 되니 마냥 신기하다. 석탄박물관이 아니면 볼 수 없기에 더욱 소중하게 여겨져 한참을 들여다본다. 세계 각국은 자국의 특색에 맞는 분류방법과 명칭을 적용한다. 중국은 탄화 정도와 공업이용 특성에 따라 갈탄, 코크스탄, 무연탄 등 14가지로 대분류하고 있다. 한참을 들여다보아도 차이점을 발견하기 쉽지 않다. 그냥 포기하고 볼 수 있다는 데 의미를 둔다.

석탄발전모형, 석탄 1톤에 해당하는 발전량 등 생활에 직접 연계되는 정보 10여 가지를 분석하여 전시하고 있는 것도 흥미롭다. 이외에도 실제 채굴이 이루어지는 지하갱구 체험장을 만들어 놓았

다. 광부들의 업무환경을 이해할 수 있는 곳으로 시간을 투자해 경험해 볼 만하다.

　광활한 중국 대륙을 돌아다니다 보면 어느 곳에서든 석탄을 볼 수 있다. 혹은 지하에 묻혀 있는 혹은 지상에 흩어져 있는 검은색 황금을 보며 부러워한 적이 한두 번이 아니다. 자원이 전무한 한국 사람의 입장에서는 노천탄광을 비롯해 중국 대륙에 지천으로 늘려 있는 석탄이 마냥 신기할 뿐이다. 석탄의 고향으로 불리는 산서성에는 20명 중 1명은 석탄과 관련한 일에 종사하고 있을 정도로 석탄과 불가분의 관계를 맺고 있다. 현대를 살아가는 우리들의 일부가 되어버린 석탄의 고마움을 느낄 수 있는 곳, 석탄의 고향인 산서성의 아버지들이 매일매일을 겪는 지하갱구를 체험해 보며 아버지의 고충을 느낄 수 있는 곳…. 그곳이 바로 석탄박물관이다. 자라나는 아이들의 손을 잡고 찾아볼 가치가 충분하다.

　산서성 사람들은 면식을 무척이나 즐긴다. '세계의 면식은 중국에 있고, 중국의 면식은 산서에 있다'고 할 정도로 국내외적으로 널리 알려져 있기도 하다. 그중에서도 **도삭면(刀削面)**이 가장 유명하다. 생긴 모양이 버드나무 잎과 같다 해서 사람들은 '뱅어가 물에서 하얀 물결을 일으키고, 버드나무 잎이 바람을 타고 나뭇가지에서 떨어진다라고 비유하기도 한다. 태원에서 숱하게 먹어 본 도삭면은 그 맛이 부드럽고 쫄깃쫄깃해 입맛을 돋우는 음식으로 기억한다. 손님들이 회사를 찾게 되면 오찬이나 만찬이 끝나는 시점에 마지막 음식으로 도삭면이 나온다. 배가 부른 상태임에도 한 그릇은 훌쩍 들이켜게 되는 마력을 지닌 것이 도삭면이다.

어느 정도 이름이 있는 식당에서는 도삭면의 면을 만들어내는 공연을 보여준다. 한국에서 귀한 손님이 방문할 때면 어떻게 소문을 들었는지 도삭면 공연을 보고 싶다는 요구를 해온다. 그런 연고로 태원에서 머물며 3~4번 정도 신기에 가까운 묘기를 지켜본 적이 있다. 도삭면 기인들이 보여주는 묘기에 나뿐만 아니라 한국에서 태원을 방문한 이방인들 모두 입을 벌리고 한참을 다물지 못한다.

가위로 면을 얇게 자르는 묘기, 젓가락 끝으로 훑어내는 듯한 손놀림으로 만들어내는 앙증맞은 면, 중간에 작은 공간을 만들어 놓고 멀리서 칼로 깎아내는 면이 구멍을 통해 정확히 목표지점으로 떨어지는 묘기, 대형 칼로 길쭉하게 면을 썰어내는 묘기, 면을 길게 늘어뜨리며 한없이 길어짐에도 끊어지지 않는 장수면을 만드는 묘기. 그리고 양손으로 반죽을 돌리며 현란한 묘기를 부림에도 면이 끊어지지 않고 얇은 면으로 바뀌는 묘기, 머리 위에 반죽을 올려놓고 자전거를 타며 두 손으로 잡은 칼로 위태로이 자르는 면발이 멀리에 있는 목표지점에 정확하게 떨어지는 묘기, 양손으로 반죽을 길게 늘리며 여러 번을 반복하는 과정을 거치더니 실보다도 얇은

면발이 만들어지는 묘기 등 총 8가지를 선보인다.

 기인임을 인정할 수밖에 없을 정도로 현란하고 정교하다. 업무차 혹은 여행으로 태원에 들르게 되면 도삭면의 쫄깃쫄깃한 맛을 즐기며 기인들의 신기하고 현란한 묘기를 감상하는 것 역시 산서성 나들이의 한 부분이 아닐까 생각해본다.

 1,500여 년이라는 기나긴 세월을 서민들의 희로애락과 함께해 온 분주, 그 효능으로 인해 장수하는 사람들을 유독 많이 배출한 노진초, 산서성 사람들의 생업과 불가분의 관계를 맺고 있는 석탄, 기인들의 현란한 묘기로 만들어지는 쫄깃쫄깃한 도삭면은 산서성의 상징이라 해도 부족함이 없을 듯하다.

 이외에도 '산서성 하면 떠오르는 것'들이 적지 않다. 나의 발길이 닿은 곳만을 대상으로 하다 보니 더 많은 것들을 소개하지 못해 아쉬울 뿐이다.

02

૪

산서성의
뿌리
들여다보기

세상 모든 것에는 뿌리가 있기 마련이다. 인간은 혈연관계를 통해 뿌리가 이어지고 위치적으로는 자신이 태어난 나라와 지역을 고국 또는 고향이라 이르고 평생을 의지하고 그리워하며 살아간다. 나라를 다스리든, 기업을 경영하든 이루어지는 모든 행위들 역시 그 근원이 존재한다. 지금부터 뿌리와 관련된 산서성의 유적지들에 대해 경험한 것들을 소개하려 한다.

선양, 아름다운 전통의 시작

전설에 의하면 황제 이후 '요, 순, 우'라는 걸출한 부락연맹 지도자가 있었다고 전해진다. 그중에서도 요는 고대 전설상의 현군으로 널리 알려져 있는 인물이다. 부락의 지도자가 된 이후로 먹고 입고 자는 것 모두 검소한 모습을 유지하며 오롯이 백성들만 생각했다고 한다. 요는 자신의 아들 중에 자리를 물려줄 재목이 없다 판단하고 천하의 현인을 대상으로 제위를 물려줄 대상을 물색한다.

부락 지도자회의를 소집해 자신의 의견을 밝히니 회의에 참석한 모든 이가 이구동성으로 추천한 인물이 순이다. 요는 순의 사람됨과 지극한 효심을 알게 되어 무척이나 기뻐했다고 한다. 이후에도 여러 차례의 시험을 거쳐 그가 덕행이 높은 인물이라는 것을 확신하게 된다. 그리하여 우두머리의 자리를 순에게 물려주게 되는데 이러한 양위방식을 중국 역사에서는 선양(禪讓)이라 일컫고 있다.

선양이라는 훌륭한 제도가 하나라로 넘어오면서 단절되었지만 현대에는 대부분의 나라가 이러한 방식으로 지도자를 뽑고 있다. 미국 등 선진 각국에서는 선거를 통해 검증된 지도자를 선출한다. 중국 역시 철저한 검증을 통해 능력 있는 지도자를 선출하고 있는 것으로 알고 있다. 그토록 오랜 세월 전에 선양이라는 양위방식을 선택한 요는 오롯이 백성만을 생각한 현군임을 알 수 있다.

그러한 선양의 고사와 관련된 요와 순이 산서성에 적을 두고 있다. 요는 출생지가 자료에 나와 있지 않아 불확실하지만 사기(史記)에 지금의 '임분시 이촌'이란 지역에 수양아들로 입양된 것으로 기록되어 있다. 이에 임분시에서는 요묘를 만들어 그를 기리고 있다. 순은 운성시 영제현에서 태어났고 순제릉이 조성되어 있다.

요묘는 임분시에서 남쪽으로 4㎞ 떨어진 곳에 위치하고 있다. 2,000여 년 전 진(晉)나라 때 세워져 왕조가 바뀔 때마다 보수가 이루어졌다. 현존하는 건물의 일부분은 청나라 유물이지만 대부분 근래에 새로 지어진 것이다. 웅장한 규모 산뜻한 배치로 보는 이의 마음을 시원하게 하기에 부족함이 없다. 백성을 위해 정치를 펼 때는 요계삼척(堯階三尺)으로 표현될 만큼 검소한 삶을 살았던 그가 지금의 넓은 건물을 본다면 놀라지 않을까 걱정(?)이 된다.

이런저런 생각을 하며 요묘를 들어서면 신하들이 요제를 배알하기 위해 복장을 만지는 곳이라는 의문을 만난다. 의문을 지나면 오봉루가 웅장한 모습을 드러내고 있다. '일봉승천, 사봉공명(一凤升天, 四凤共鸣)'이라는 고사가 깃들인 건물이다. 요왕이 심복대신 4명과 언제나 정사를 논의한 것을 두고 요제를 봉황의 왕, 4명의 신하를 봉황에 비유했다고 전해지고 있다. 요제가 신하들의 의견을 충분히 청취하고 반영했다는 것을 알려주는 일화다. 광운전 앞에 있는 요정대는 요의 공덕을 기리기 위해 판 것이라고 전해진다. 요묘의 본전인 광운전은 요제를 모신 주전으로 광운전이라 적힌 빛바랜 편액 좌우로 보이는 처마의 조각이 아름답고 사실적이다. 이 밖에도 중화제일용, 요자벽, 천하제일고 등 볼거리들이 많이 있어 눈을 즐겁게 한다.

청나라 이전 매년 4월 28일 이곳에서 요제를 제사 지내는 의식이 거행되었고 지금도 요묘를 찾는 전국 각지와 해외 염황 자손들의 발길이 끊임없이 이어지고 있다. 요묘를 나오면 오른쪽에 요도광장이 조성되어 있다. 광장 중간에 우뚝 서 있는 요도화표의 웅장한 모습과 조각의 섬세함도 눈길을 끈다.

요는 매우 진보적이었고 백성을 대하기를 자식과 같이 했다고 한다. 통치 기간 중 '평온 무사히 지내며 즐겁게 일하는(安居樂業)' 세상을 만든 것으로 전해진다. 뿐만 아니라 요가 행한 양위방식은 중국 역사상 최초의 선양으로 영원히 기억되고 있다.

화문은 요제 도시 임분시의 상징적인 건물이다. 요묘에서 나와 서쪽으로 10분 정도 걸으면 만날 수 있다. '중화문명의 문'이라는 의미를 내포하고 있다.

정면의 세 개 문은 중국 문명의 시조 요순우를 상징하는 것이다. 비교적 최근 조성된 건물로 임분이 요도임을 상징적으로 나타내기 위해 천하제일문으로 표현하고 있다.

화문 좌측의 동방호기(東方浩氣)와 우측의 화하웅풍(華夏雄風)이 화문의 웅지를 대변하고 있다. 입구를 들어서면 8개 석각 기둥에 8마리 청동 거룡이 하늘로 날아갈 듯 생동감 있게 부조되어 있는데 '민족이 웅비하라'는 의미를 상징하고 있다. 18m 높이의 정상에 오르면 사방으로 전개되는 임분시의 경치를 조망할 수 있다. 섬서성 서안의 종루에 올라 사통팔달로 뚫린 도로를 보는 것 이상의 질서정연하고 확 트인 임분시를 확인할 수 있어 즐겁다.

중국에서 효의 대명사로 알려진 순은 어린 나이에 모친을 잃고 멍청한 부친과 포악한 계모 그리고 배다른 동생의 온갖 학대를 고스란히 당한다.

　'하루는 부친이 순을 불러 양식 창고 지붕을 수리하라고 명한다. 사다리를 타고 지붕으로 오르는 사이 부친은 사다리를 치우고 창고에 불을 지른다. 불길이 오르는 것을 본 순이 사다리를 찾으니 보이지 않는다. 그러나 당황하지 않고 지니고 있던 삿갓을 두 손으로 잡고 새처럼 날라 무사히 지상으로 도달했다.'라든지 '순으로 하여금 우물을 파게 하고는 순이 우물 아래로 뛰어 내려가자 우물 입구를 돌로 막아 버린다. 그러나 지혜로운 순은 우물 아래에서 옆으로 벽을 파 통로를 만들어 무사히 집으로 돌아왔다'라는 고사는 순에게 관심이 있는 이라면 한 번쯤은 들어 보았을 것이다. 이 정도면 부친과 동생의 행위에 강력하게 불만을 제기하거나 대책을 수립하고 보복할 수도 있었을 터인데 순은 그러지 않았다. 마치 아무 일도 없었던 듯이 부친과 계모에게 정성을 다해 효도를 했다고 하니 성인이 아닐 수 없다.

　부모의 계속되는 학대 속에 정상 생활을 할 수 없었던 순은 집을 떠나 현재의 진성시 역산의 순왕평에 이르러 농사를 지으며 생활한다. 순의 미덕에 감화되어 이전에는 매일 싸움질하던 역산 일대의 분위기가 상호 양보하는 민풍으로 바뀐다. 이후로도 순이 물고기를 잡는 곳을 가든, 도자기를 빚는 곳을 가든 가는 곳마다 생활이 개선되고 화목한 분위기가 조성되어 모든 사람들이 그와 가까워지려 노력했다고 전해진다. 순이 지나간 곳이면 사람이 아무리 적은 곳이라도 1년이 지나면 촌락, 2년이 지나면 도시, 3년이 지나면 도읍으로 바뀌었다고 한다. 그의 효와 덕행이 후계자를 물색 중이던 요의 귀에 들어가고 요를 이어 부락연맹의 우두머리가 된다.

　순제릉은 당나라 개원 26년(738) 건설 후 대대로 수리를 거쳐 현재의 모습은 청나라 때 보수된 것으로 기록되어 있다. 순제릉을 만나게 되면 엄청난 규모에 먼저 주눅이 들게 된다. 입구 좌우로는 순제가 일구어내었던 성세를 그림으로 조각해 놓았는데 그의 일생이 백성들을 위한 선정들로 꽉 채워진 것을 확인할 수 있다. 신도, 백화원, 고백광장 등을 따라 걷다 보면 순제릉이 나타나는데 축구장 여러 개를 연결해 놓은 듯이 넓어 통쾌하기 짝이 없다. 특히 고백광장에 있는 천년 고목 세 그루의 기괴한 얽힘이 세월을 흐름을 느끼게 하고 한참 동안을 들여다보게 된다.

'순제릉(帝舜陵)'이란 편액이 걸린 건물 좌우로는 '효조(孝祖)와 덕성(德聖)'이 좌우로 새겨져 있는데 순제가 살아간 일생을 대변하고 있다. 순제릉은 일반적인 무덤과는 달리 단을 조성해 둔 듯한 느낌을 받는다. 단 앞에 꼿꼿이 서 있는 고목나무가 맛깔스럽다.

덕효고진(德孝古鎭)에 자리하고 있는 순제릉은 넓은 공간을 활용해 시민들에게 휴식 공간을 제공하고 있다. 찾아오는 지역민들과 외지의 관광객들에게 효행의 소중함에 대해 무언의 압박을 주는 듯하다. 아무려나 순제의 효행은 오늘날 중국인들이 가장 중요하게 여기는 덕목으로 자리 잡았고, 그의 백성을 향한 사랑은 요제에 이어 태평성대로 이어졌다는 것은 너무나 잘 알려진 역사의 한 페이지이다.

순왕평은 순제릉이 있는 운성시와 인접한 진성시의 역산에 위치하고 있다. 역산은 중조산의 주봉이며 해발 2,358m다. 가장 높은 곳에 위치한 순왕평은 순이 몸소 농사를 지었다는 전설이 전해져 내려와 얻어진 이름이라 한다. 탁 트인 지세와 초원을 둘러싸고 있는 삼면이 절벽이다. 오직 작은 길만이 통할 수 있는 곳인 천연의 목장이 바로 순왕평이다. 순이 농사를 짓고, 백초가 자라고 작은 동물들이 뛰어노는 아름다운 곳이라 해서 방문한 것이다.

그러나 눈앞에 순왕평을 두고 오르지 못하는 안타까운 상황을 맞이한다. 차편을 대절해 역산으로 들어온 후 순왕평으로 진입하는 길이 험하기도 하고 대절한 기사 역시 처음 오는 길이라 한참을 헤매다 보니 문 닫는 시간이 되어서야 겨우 도착한 탓이다. 외국인이라 밝히고 오기 힘든 길을 왔으니 오를 수 있도록 해달라고 사정을 했음에도 규정을 어길 수 없다 한다. 그러면서 '날이 어두워지면 안전상에 문제가 생길 수 있다'고 하는데 달리 방법이 없다.

어쩔 수 없이 멀리 가지 않겠다는 조건으로 입구에 들어선 후 멀리서나마 순왕평을 올려다보는 것으로 아쉬움을 달랜다. 아래에서 보이는 순왕평이 있는 산의 모습이 아름답기 그지없다. 푸른 하늘에 중간중간 걸려 있는 하얀 구름이 순이 몸소 농사를 한 고사를 담고 있어서 인지는 몰라도 신비스럽기까지 하다.

경작하는 봄이 오면 사방에 있는 마을 사람들이 순왕평에 올라 가축을 방목한다. 이후 몇 개월 동안 사람들의 손길 없이 각 지역의 소와 양들이 뒤섞인 상태에서 편안히 지내며 여유 있게 풀을 뜯는

다. 자유를 마음껏 즐긴 소와 양들은 추수 때가 되어서야 주인들에 의해 이끌려 산을 내려간다. 이런 식으로 가축을 방목하는 것이 순왕평의 풍습이라고 한다. 참으로 행복한 소와 양들이 아닐 수 없다.

그 오랜 세월 전 순에 의해 감화받은 전통이 지금까지 좋은 풍습으로 이어져 내려오는 것 같기도 하다. 순왕평을 오르는 목적은 달성하지 못했지만 순왕평을 볼 수 있었고 순왕평을 올려다보며 순제의 덕정을 다시 한 번 돌이켜 볼 수 있었다는데 자족한다.

홍동대괴수의 비밀은?

홍동대괴수는 임분시 홍동현성에서 서북쪽으로 약 2km 거리에 있는 가촌에 위치하고 있다. 홍동대괴수의 비밀은 수백 년 동안 중국의 전 지역에 걸쳐 전해져 내려오고 있다는 아래 민요의 가사 속에 함축되어 녹아들어 있다.

나의 조상이 누구냐고 묻는다면	问我祖先何处来
산서 홍동대괴수라고 말하지	山西洪洞大槐树
선조들의 고향이 어디냐고 묻는다면	祖先故里叫甚么
대괴수 아래 두루미집이라고 말하지	大槐树下老鹳窝

어떤 사실이 민요로 불릴 때는 그 대상의 범위가 광범위하다는 사실을 간접적으로 알려주는 것이 일반적이다. 지금부터 그 비밀 속으로 들어가보자.

'간단하게 표현하면 명나라라는 국가 권력에 의해 강제된 이주정 책으로 본인의 의사와 무관하게 고향을 등지고 나라가 정해주는 지 역으로 이주해야 했던 힘없는 백성들의 애환이 서린 곳이 바로 홍 동대괴수다.' 그렇게 흩어졌던 이들이 방사선식으로 중국의 전역으 로 다시 흩어져 수많은 중국인들의 고향이 된 곳 또한 홍동대괴수 다. 수백 년이 흐른 지금 자손의 자손 그 자손의 자손이 중국 전역 그리고 해외에 분포되어 음수사원(飮水思源)의 회상에 잠기게 하는 곳 또한 홍동대괴수인 것이다.

이해를 돕기 위해 당시의 역사적 배경을 간단히 살펴보기로 하자.

원나라 말기, 계속되는 대외 전쟁과 빈번하게 발생하는 재해 그리 고 기아 등으로 10여 년간 지속되는 홍건의 난이 일어난다. 원 정부 에서는 이를 무자비하게 진압하게 되는데 뺏고 빼앗기는 결사적인 전투가 끊임없이 발생한다. 이 과정에서 산동·하북·하남성 지역의 백성들 10명 중 7~8명이 사망하게 되는 결과를 가져온다. 원말의 전화가 아물기도 전 명나라 초기 난국을 안정시키기 위한 노역으로 하북·산동·호북·안휘성의 주민들이 많은 피해를 입는다.

반면, 언제나 중원 전란의 중심에 있었던 산서는 북방지역의 안정 으로 인해 상대적으로 안정되어 있었다. 매년 이어지는 풍년으로 경제가 번영하고 인구가 넘쳐났다. 심지어는 다른 성에서 대량의 난

민이 유입되면서 인구가 밀집된 지역이 되는 현상을 낳는다. 이에 명나라에서는 정권을 공고히 하고 경제 발전을 위한다는 명목으로 대규모 이민을 시행하게 된다. 홍무제 초년으로부터 영락제 15년에 이르는 50여 년간 총 8차에 걸쳐 이루어졌다고 하니 그 규모를 짐작할 수 있다. 홍동대괴수가 있는 진남지역은 당시 인구밀집도가 가장 높았고 인근의 광제사 등은 유동인구가 넘쳐 관리들의 눈에 들었던 듯하다.

명나라 정부에서는 광제사에 관료들을 주재시키고 위용이 넘쳤던 홍동대괴수의 그늘 아래서 이민 수속을 처리했다고 기록은 전해 주고 있다. 이상이 명나라가 시행한 이민 정책과 홍동대괴수가 이민 수속의 현장이 된 배경이다.

홍동대괴수는 출입문 자체가 대괴수의 모형을 본떠 만들어 특이하다. 입구를 들어서면 이민 수속을 밟는 백성들의 불안한 모습이 묘사된 조각들이 만들어져 있어 당시의 상황을 짐작할 수 있다. 정면에 새겨진 근(根)자가 홍둥대괴수의 핵심을 전하고 있다. '근본을 잊지 말라!'는 화두를 던지면서…. 당시의 상황을 벽화로도 그려 놓았는데 화려한 색감과 정교함 속에 정들었던 고향을 공권력에 의해 떠나야 했던 보통 시민들의 애환이 잘 묘사되어 있다.

실제로 당시 강제 이민을 시키면서 도망자들을 방지하기 위해 관병이 이민자들을 줄로 묶어 범인 호송하듯 했다는데 이민자들의 심정을 이해할 수 있을 듯하다. 홍둥대괴수가 있었던 곳을 찾아가니 당시의 대괴수는 이제는 사라졌고 원래 위치하였던 곳에 기념비를 세워놓았다.

뒤쪽으로 돌아가니 2호와 3호 대괴수가 선조들의 평안과 행복을 염원하는 깃봉과 깃대들에 둘러싸인 채 웅장한 모습을 드러낸다. 대괴수는 하늘을 향해 웅장하게 뻗어있고 대괴수를 찾았던 사람들의 염원이 담긴 붉은색의 리본들이 빽빽하게 달려 있다.

'이민 행정을 하필이면 대괴수 아래에서 진행했을까?' 라는 질문을 스스로에게 던져본다. 아마도 무성한 대괴수가 더운 여름날이면 그늘을 만들어주고, 비 오는 날이면 비를 막아주는 역할을 하지 않았나 싶다.

관병들에게 포박된 채 아이와 이별해야 하는 부친이 머리를 돌려 대괴수를 가리키며 '저것이 바로 우리의 고향'이라고 아이에게 일러주었다고 하는 고사를 떠올리니 가슴 한편이 먹먹해지며 참으로 많은 생각이 교차한다.

미래 동량들을 위한 지식의 원천, 박물관

중국은 참으로 넓은 나라다. 4개 직할시, 23개 성, 5개 자치구, 2개 특별 행정구가 있으니, 어떻게 보면 작은 나라가 34개 있는 것으로 보아도 무방하다. 이렇게 넓은 지역이다 보니 성시별로 성급 박물관을 보유하고 있다. 나의 경우 어느 성시를 방문하든 반드시 둘러보는 곳이 성급 박물관이다. 다니다 보면 어떤 박물관은 규모도 있으면서 내용이 충실한 곳이 있고 규모만 크고 내용이 없는 곳이 있다. 어떤 박물관은 규모도 작으면서 내용도 부실한 곳도 있고 규모는 작지만 알찬 내용을 담은 곳도 있다. 워낙 방대한 대륙이다 보니 중국 전역에 대한 역사를 체계적으로 담아내는 것이 쉽지는 않겠지만 그러한 노력의 흔적이 보이는 박물관들도 적지 않다.

성급 박물관은 개개의 성시별로 그 지역의 뿌리로서 상당히 중요한 역할을 한다고 개인적으로는 생각하고 있다. 넓은 지역에 분산되어 늘려있는 유적들을 한 군데서 볼 수 있는 유일한 곳이 박물관이기 때문이다. 나라의 미래를 짊어질 동량들을 위한 학습의 장소가 박물관 만한 곳이 없다. 산서성의 학생들이 북경이나 서안의 박물관을 매일 찾는다는 것이 쉽지 않기에 독립된 성시별로 독립된 박물관을 보유하는 것이 필수불가결한 선택이라고 여긴다. 커가는 아이들에게 제대로 된 중국과 지역의 역사를 과학적이고 객관적인 사실에 근거해 체계적으로 보여주는 것은 지역 정부의 큰 의무라고 생각한다. 지역 정부의 미래는 그들의 어깨에 달려있고, 좋은 박물관은 그들에게 폭넓은 지식을 제공하는 원천이 될 것이기 때문이다.

산서박물관의 전신은 태원에 소재한 문묘와 순양궁이다. 1919년 정식으로 개관한 후 1953년 태원시 문물관과 합병 후 산서성박물관으로 불리게 되었다. 현재의 박물관은 분하서로에 신관을 신축하여 2005년부터 대외에 개방하고 산서박물관으로 개명한 것이다. 나의 경우 태원에 주재하면서 산서성의 문화에 대한 이해를 높이기 위해 매년 한 번씩은 발품을 팔았다. 새 박물관은 건물의 아래 폭이 좁고 위로 갈수록 넓어지는 독특한 디자인을 가진 아름다운 모습을 하고 있다. 화창한 봄날, 녹음이 무성한 여름, 낙엽 지는 가을, 옷깃을 여미게 하는 추운 겨울, 아이들과 함께 박물관에 들러 유구한 산서성의 역사를 둘러보다가 지치면 박물관 옆에 있는 분하에 내려가 휴식을 취하기에 이보다 적당한 장소가 없을 듯하다.

박물관에 들어서면 12개의 주제로 나눠 유물들을 체계적으로 전시해 놓고 있다. 12개의 전시관에 진열된 유물들은 나름대로 각자의 예술성과 역사적 가치를 지니고 있는 귀중한 자료들이다. 시대별로 사용했던 화폐를 통해 고대인들의 지혜와 근대의 간편함과 정교함을 들여다볼 수 있다. 불교 유물을 전시한 곳에서는 왕조의 부침에 따라 각기 다른 양식으로 제작된 불상의 모습을 확인하고 다양한 민족의 특성도 알 수 있다. 상가장원 등 진상의 건물들을 축소한 모형으로 보여주고 있는데 현장에서 보기 힘든 전체적인 건물의 구도를 보는 것도 의미가 있다. 도자기를 전시한 곳에서는 시대별 도자기의 특징을 한눈에 볼 수 있을 뿐더러 근대로 접어들며 더욱더 정교한 아름다움을 보이는 추이도 감상할 수 있다. 이외에도 수많은 유물들이 전시되어 있어 자세히 보기 위해서는 하루로는 부족하다. 학생이라면 한 달에 한 번씩 들러 1개의 전시관을 참관하면 1년이 걸리는 셈인데 충분한 가치가 있다. 박물관은 무료로 개방하고 있으니까 입장료에 대한 부담도 전혀 없다.

산서박물관에서 가장 유명세를 떨치고 있는 소장품으로는 동물모형의 술잔을 들 수 있다. 그중에서도 서주시대 제후의 무덤에서 발굴되었다는 새 모양을 하고 있는 오존(鳥尊)은 산서박물관의 보배다. 오존은 해외에서 특별히 귀한 손님이 회사를 방문하면 중방 측에서 오존의 축소 모형을 선물하는 것을 옆에서 지켜본 적이 있는데 오존은 바로 산서성을 대표하는 상징적인 유물인 셈이다. 산서박물관은 산서성의 인문역사를 이해할 수 있는 유익한 통로로서 곳곳에 흩어져 있는 문화유산을 찾아보기 전에 발품을 팔아볼 가치가 충분한 정보의 보고다.

산서성의 젖줄, 분하

2012년 태원 공항에 도착 후 숙소로 이동하는 중 도심을 가르는 장대한 물줄기를 보며 아름답다 여겼는데 분하(汾河)라는 사실을 뒤에 알게 되었다. 햇수로 4년을 태원에서 보내며 매주 주말이면 분하를 찾았다. 이렇게 분하는 타국 생활의 외로움을 달래준 나의 친구가 되었다. 임기를 끝내고 귀국할 때가 되니 헤어지기가 가장 아쉬웠던 곳이 분하였으니 나의 분하에 대한 정의 깊이를 알 수 있다.

분하는 산서성의 모친 강이다. 산서성의 절반에 이르는 사람들에게 생명의 물을 공급하고 있다고 하니 모친 강이라 불리며 산서인들의 사랑과 존중을 받기에 족하다 여겨진다. 분하는 총길이 716㎞로 산서성 경내의 가장 큰 하류이자 황하의 2대 지류이다. 흔주시 영무에 위치한 관잠산맥에서 발원해 북에서 남으로 흐르며 6개 시,

34개 현시를 경과하여 운성시 만영에서 황하로 흘러들어간다. 유역 면적이 약 4만㎢로 산서성의 1/4을 촉촉하게 적시며 산서인의 절반을 양육하고 있다.

매일 지켜보며 도도하고 우아하고 아름답다고만 느꼈던 분하가 산서성에 미치는 영향이 이 정도로 크다는 사실을 늦게야 알게 되었다. 지금부터 직접 눈으로 확인한 분하에 대해 소개하려 한다. 같이 했던 동행과의 대화 중에 716㎞의 분하 길 위로 요트를 띄워 종주하는 돈 많은 이도 있다고 한다. 그의 낭만적인 사치가 부럽다 여기며 기회가 되면 나 역시 그러한 경험을 하고 싶다는 생각을 해본다.

분하원두는 흔주시 관잠산맥에 위치하고 있는 풍광이 아름다운 곳이다. 사서에 의하면 분하의 풍부한 수자원은 산서성을 촉촉이 적셨을 뿐 아니라 황금수로로 이름을 떨치게 했다고 한다. '진(晋)나라 혜공 당시 대가뭄이 들어 어려움을 겪을 때 인척 관계인 진(秦)나라 목공이 구호양식을 보내 가뭄에 빠진 진(晋)나라 백성을 구제했다.' 진(秦)나라 목공의 고사다. 이때 구호품이 이동된 곳이 위하와 분하를 통한 것이라 이를 범주지역(泛舟之役)이라 역사는 기록하고 있다. 수·당·송·금·요나라 때에는 산서성의 양식과 관잠산의 기송고목을 분하를 통해 장안 등지로 조운했다 해서 만벌하분하(万筏下汾河)라는 얘기도 전해진다.

　이러한 역사의 기록이 오롯이 담겨있는 분하의 발원지인 분하원두는 수려하게 이어지는 관잠산맥 아래 포근하게 안겨있다. 어디서 흘러나와 강의 흐름을 만들었는지 눈으로 확인할 수는 없지만, 너무나 투명한 색깔의 물이 잔잔한 물결을 일으키며 묵묵히 아래로 흐르는 모습이 참으로 장관이다. 태원의 숙소에서 가까이에 있는 분하의 발원지를 꼭 눈으로 확인하고 싶었는데 그 소원을 푼 셈이다. 분하원두 주위로는 분원각이라는 아름다운 누각과 뇌명사라는 사찰을 조성해 놓아 관람객들의 눈을 즐겁게 한다.

분하원두를 친견하며 '태원 숙소에서 매일 보는 분하를 굳이 4시간이 넘는 길을 달려온 이유가 뭐냐?'고 스스로에게 물어본다. 돌아오는 답은 '분하가 어디에서부터 흐르기 시작하는지를 알고 싶어서'이다.

그렇다, 사람도 자신의 근원을 모르면 불안하고 외롭듯, 친구 같이 여겼던 분하였기에 먼 길을 이동하는 번거로움을 감수하는 발품을 판 것이다. 너무나 투명한 분하원두의 물과 분하원두를 둘러싼 아름다운 풍광에 와보길 잘했다 여긴다. 분하원두 입구의 팻말 위에 적혀 있는 '분하가 삼진을 윤택하게 적시고, 그 뿌리는 관잠에 있다(汾河潤三晉 源頭在管涔)'란 문구를 보며 근본의 중요성을 되새긴다.

분하이고는 태원시 인근에 위치하고 있는 일종의 저수지 역할을 하는 분하의 일부분이다. 사실 태원에서 태어나고 오랫동안 거주하는 시민들도 분하원두의 위치를 제대로 아는 이들이 많지 않

다. 동행에게 분하원두를 가고 싶다 하니 나를 데려온 곳이 알고 보니 분하이고였으니까….

헛다리 짚었다 생각해 조금은 실망스러웠지만 그래도 분하의 또 다른 부분을 볼 수 있음에 기분이 나쁘지는 않다. 겨울이라 분하이고의 분하는 얼어붙은 상태로 황량하고 세찬 겨울바람만이 나를 반겨줄 뿐이다.

'분하가 얼면 어떡하지?'라고 순간적으로 걱정했지만 표면만 얼었을 뿐이고 얼음 아래의 분하는 끊임없이 흐를 것이라 생각하니 마음이 놓인다.

뿌리에 대한 담론을 나누다 보니 음수사원이라는 고사 성어를 다시 떠올리게 된다. 직역을 하면 '물을 마실 때 우물을 판 사람의 노고를 잊지 말라'가 될 것이고 의역을 하면 '일을 함에 있어 근원을 잊지 말라' 정도가 될 것이다. 요의 선양이라는 미덕, 수백 년이 흐른 뒤에도 홍동대괴수를 자신의 뿌리로 여기는 중국인들, 미래의 동량을 위한 정보의 보고 박물관, 산서성의 모친강 분하원두….

모두가 근본을 생각하게 만드는 소중한 유적들이다.

03

백년을 이어온 선행,
'이가대원'식
노블리스 오블리주

프랑스어인 노블리스 오블리주(Noblesse Oblige)는 프랑스어 사전에 '귀족 계급이란 자신의 이름에 명예가 되는 의무를 (스스로) 만들어내는 것'이라 정의하고 있다. 오늘날에는 '높은 사회적 신분에 상응하는 도덕적 의무'를 일컫는다. 노블리스 오블리주를 실행한 것은 로마시대로 거슬러 올라간다. 로마시대의 왕과 귀족들이 보여 준 투철한 도덕의식과 솔선수범하는 공공정신이 바로 그것이다. 전쟁에 자발적으로 참여하어 로마의 힘을 과시한 후 정복한 국가의 전리품들과 함께 의기양양하게 개선하는 것을 최고의 영예로 여기는 것이 그들의 전통이었다. 전쟁의 현장뿐 아니라 로마 사회의 고위층에서 이루어진 공공봉사와 기부는 의무이자 명예로 받아들여져 경쟁적으로 이루어졌다. 로마 귀족층의 희생과 사회에 대한 기여로 로마는 세계의 맹주로 오랫동안 군림할 수 있었던 것으로 역사는 알려주고 있다.

나라가 위기에 처했을 때 보여준 노블리스 오블리주는 국가별로 다양한 사례들이 있다. 로마가 한니발의 카르타고와 16년간 제2차 포에니 전쟁을 치렀을 때 최고 지도자인 집정관만 13명이 전사했다. 1, 2차 세계대전 당시 영국 고위층 자제가 다니던 이튼칼리지 출신 중 약 2,000명이 전사했다. 실제로 교내에 있는 교회 건물에는 전사한 졸업생의 이름이 새겨져 있다. 제1차 세계대전 1,157명, 제2차 세계대전 748명의 이름들이…. 6·25 한국전쟁 당시 미국 참전용사들 중 142명이 미군 장성들의 아들이었는데 그중 35명이 목숨을 잃거나 부상을 입은 것으로 알려져 있다. 당시 미 8군 사령관 밴플리트의 아들은 야간폭격 임무 수행 중 전사했다.

그러나 현재를 살고 있는 한국 사회에는 이러한 노블리스 오블리주를 보기 힘들고, 반노블리스 오블리주 현상이 만연해 안타까운 마음이다. 국가의 지도자를 선임하면 인사청문회에서 십중팔구는 터져 나오는 본인이나 아들의 군대 기피 문제는 참으로 많은 것을 생각하게 만든다.

하지만 근대의 한국에서도 노블리스 오블리주를 실현한 이가 있었다. 바로 독립운동가 우당 이회영 선생이다. 1910년 경술국치로 나라를 잃은 이회영 선생은 형제들과 함께 가문의 전 재산을 조국 독립을 위해 바치기로 결심한다. 그리고는 처분한 전 재산으로 만주에 신흥무관학교를 세우고 독립투쟁의 근간이 되는 3,500여 명의 독립군을 길러낸다. 학비와 식비 모두 전액 무료로 제공해 학생들의 부담을 덜어주었고, 한 명이라도 더 많은 독립군을 배양하기 위해 노력했다. 그러다 보니 이회영 선생의 일가족은 하루에 죽 한 끼 먹기 힘들 정도의 가난에 시달리는 것이 다반사였다고 한다. 게다가 형제 중 4명이 항일 운동 중 사망했고, 이회영 선생마저 66세가 되던 해인 1932년 일본 경찰에 체포되어 모진 고문 끝에 눈을 감아야 했다. 일제의 회유와 협박에도 아랑곳하지 않고 신분과 재산 모든 것을 초개처럼 내던진 이회영 선생과 그의 가족들은 조국의 독립을 위해 숭고한 노블리스 오블리주를 몸소 실천한 것이다. '이루고 못 이루고는 하늘에 맡기고 사명과 의무를 다하다가 죽는 것이 얼마나 떳떳하고 가치 있는가!'라는 선생의 말씀이 지금을 살아가는 우리에게 던지는 의미를 깊이 새길 수밖에 없다.

독립군 양성을 통한 조국의 독립이라는 그의 노블리스 오블리주는 잃어버린 나라를 되찾기 위한 간절함이 표현된 애국충정의 숭고한 노블리스 오블리주다.

산서성 운성시에서 북쪽으로 약 38㎞ 떨어진 만영현 염경촌에 위치한 이가대원은 또 다른 방식의 노블리스 오블리주를 행한 사례라 소개하고자 한다. 산서성 진중시는 명·청시대 금융 중심지로 '중국의 월스트리트'라 이름을 떨친 지역이다. 그러다 보니 상가장원, 교가대원을 비롯해 당시의 부호들이 살았던 부잣집들이 유독 많이 몰려 있다. 반면 이가대원은 산서성 남부지역인 진남에서 유일한 거상의 호화 주택으로 청나라 도광연간에 지어져 약 200년의 역사를 지니고 있다.

이가대원을 들어서면 선행의 대명사답게 '선은 보상을 바라지 않는다', '선은 기다리지 않는다', '선은 끝이 없다', '선은 많고 적음이 없다', '선은 크고 작음이 아니다'라고 적힌 팻말이 걸린 벽을 정면으로 만날 수 있다.

이가는 천으로 가업을 세운 집안이다. 1821년 13대손 이문병이 16세의 나이에 농업에서 벗어나 손으로 짠 면포를 파는 상업에 종사하기 시작한다. 후덕한 인품과 성신(誠信)을 추구하는 정신을 바탕으로 면포 판매사업이 성공을 거두고 사업을 확장하며 자산을 축적하기에 이른다. 이후 부단한 노력이 대대로 이어졌고 1862년부터 1937년까지의 반세기 동안 최고의 번영기를 누린다. 이가가 내세운 경신의(敬信義) 등의 상호는 산서·섬서·감숙성과 북경·상해 등 15개 성시, 40여 개 현 등에 100여 개의 점포를 소유한 총자산 수백만 은원에 달하는 기업으로 성장한다. 먼 길을 물건 팔러 다녀도 이가 사람들은 다른 이의 밥을 먹지 않고 다른 이의 집에 머물지 않는다는 얘기가 있었다 할 정도니 사업의 융성을 짐작할 만하다. 이가는 의(義)로 이익을 취하고 이익과 의가 함께하는 가운데 부를 축적하는 모범적인 모습을 보여준다. 대대로 부가 쌓여도 자만과 사치를 멀리하고 덕을 베풀었는데 그러한 선행들이 지금까지 많은 이들의 귀감이 되고 있는 것이다. 이가의 대대에 걸친 선행의 족적들은 현재를 살아가는 우리들로 하여금 존경의 마음을 불러일으키게 하기에 부족함이 없다. 지금부터 이가가 행한 선행 중 몇 가지를 구체적으로 언급해 이가의 아름다운 향기를 느껴보려 한다.

첫 번째, 이재민과 기근을 구제한 사례다.

청나라 광서제 3년(1877)은 산서성 일대에 대가뭄이 닥친 것으로 기록되어 있다. 종자의 씨까지 말라버리는 등 조 한 말이 백금 4량(兩, 청나라 때의 화폐 단위)까지 치솟았다고 하니 심각함을 미루어 짐작할 수 있다. 속출하는 이재민을 구제하기 위해 이가는 만천 일대에 구호소를 설치하고 먹을 양식을 제공한다. 구호소에서 끼니를 해결한 백성의 수가 헤아릴 수 없을 정도였다고 하니 참으로 아름다운 미덕이 아닐 수 없다. 50년이 지난 민국 17년과 18년(1928~1929) 기간에도 산서성에 연이은 대가뭄이 닥친다. 농작물이 고갈되어 집 안에 쥐까지 멸종하는 상황에서 사망자가 속출하는 등 진남 지역의 재난이 가장 심했다고 전해진다. 보리 한 말에 4은원(銀元, 민국시대 유포되었던 1원에 해당하는 은화)까지 치솟고, 엎친 데 덮친 격으로 겨울을 앞두고 얼어 죽는 소와 양이 수를 헤아릴 수 없을 정도였다고 기록되어 있다. 이도승, 이도행, 이도재, 이도영, 이도림 등 형제들이 이재민 구제에 모두 참여해 굶주린 백성들을 구제하는 활동을 전개한다. 하동 열일곱 개 재난 현에 총 16,000은원을 기부하고, 구호소를 설치해 죽을 쑤어 양식을 제공했다. 촌민 모두 등록하고 식사시간 종이 울리면 밥그릇과 젓가락을 가져와 1일 3끼 배가 부를 때까지 먹을 수 있도록 배려했다고 한다. 굶주린 배를 채운 수많은 이들이 어찌 감동하지 않을 수 없었을까 싶다. 50년 전 선조가 행했던 선행을 후손들이 이어받은 이가의 대를 이은 선행은 칭찬받아 마땅하다.

두 번째, 공익사업에 대한 기부를 주동적으로 행하는 등 사회적인 책임을 기꺼이 담당했다.

현대에 들어 기업의 사회적 책임이 강조되고 있는데 100여 년 전에 이를 자발적으로 이행한 이가는 시대를 앞서간 모범적인 기업의 사례인 셈이다. 저수지와 공공도로 수리, 고아원 건설 등 공익활동에 많은 기부를 해 지역의 경제문화 발전에 기여하고 시민들의 생활조건을 개선하는데 많은 기여를 한다. 특히 이도승은 8세에 부친을 잃었지만 부친의 유지를 계승해 자선사업에 일생을 던진 것으로 알려져 있다. 현립고등소학교 건설 등 그의 공익사업에 대한 기부의 손길은 셀 수 없을 정도라고 한다.

세 번째, 이가는 이웃 사랑을 실천한 마음이 따뜻한 부자들이었다.

이가의 고향 주민들에 대한 애정 어린 도움의 손길은 끊임이 없었다. 이는 가진 자와 못 가진 자 사이에 화목한 관계가 유지되는 보기 힘든 정경을 연출한다. 고향 주민들이 애경사나 어려움에 봉착했을 때 이가는 언제나 있는 힘을 다해 도움을 주었고 이가의 선행은 그들로 하여금 따뜻함을 느끼게 하기에 부족함이 없었을 듯하다. 이러한 이가의 끊임없는 선행은 없는 이들의 부자들에 대한 적대의식을 해소하고 고향의 안정과 마을의 화목을 촉진시켰다. 구체적인 실화를 들면 민국 15년(1926) 여름의 얘기다. 한바탕의 큰비로 하동의 남북교통요도인 하진현 창저파의 길이 끊어졌다. 왕발아 라는 불한당이 사람을 고용해 길을 수리한 후 통행료를 받기 시작했다. 석탄을 실어 나르는 차를 대상으로 작은 차는 1은원, 큰 차는 2은원, 돈이 없는 이는 석탄으로 대신 통행료를 요구했다고 한다. 이 해프닝은 순식간에 석탄을 나르는 이들의 인심을 흉흉하게 했다. 이도승이 이 사실을 인지한 후 왕발아를 불러 통행료를 받지 말 것을 요구하고는 도로 수리비에 수고비 100은원을 추가로 지급해 민원을 해결해 주었다고 한다.

지금까지 소개한 이가의 선행은 조족지혈에 불과하다.

100여 년을 이어온 이가의 선행은 참으로 많은 것을 생각하게 한다. 그들이 쌓은 부가 어찌 보면 선조 때부터 보부상 등 온갖 고난을 통해 축적한 것이기 때문이다. 이재민과 기근을 구제하는 행위, 공익활동에 기부하는 행위, 어려운 이웃에게 도움의 손길을 내밀어 구제하는 행위, 이 모든 것들을 국가가 해야 할 일로 치부해 버릴 수도 있었을 것이다. 그럼에도 가진 자로서 국가와 이웃이 어려움에 처했을 때 아낌없이 그들이 가진 것을 꺼내어 아픔에 동참한 이가의 선행은 현대인들이 배워야 할 진정한 노블리스 오블리주가 아닌가 한다. 자자손손 100년을 넘어 자발적으로 이어진 선행은 어디에서든 보기 힘든 사례이기에 이가의 선행은 특별함이 넘치는 노블리스 오블리주다.

이가대원은 원래 20개의 정원이었으나 지금은 11개가 남아 있다. 수갱식 사합원으로 휘(徽, 안후이성 휘주)식 건축양식을 받아들여 중국 남북 건축 특색을 융합한 특별함을 보여주고 있다. 이가대원의 벽돌조각, 석조, 목조 등 장식들은 진남 지역의 민속과 문화를 생동감 있게 드러낸다. 대부분이 다자다복, 오복임문, 부귀평안 등 상서로운 의미를 담고 있고 있는데 그 조각 기술이 기가 막힐 정도의 정교한 아름다움을 보여준다. 특히 일자영벽(一字影壁)은 이가대원의 벽돌 조각 중에서도 가장 뛰어난 작품이다. 중간에 기린팔상(麒麟八祥) 도안과 좌우로 있는 사슴과 학 조각의 섬세함이 출중한 것으로 청나라 강희제 50년에 제작된 것이라고 한다. 서원의 주인이었던 이도행은 유학 중에 영국인 여자와 결혼해 중국으로 데려와 살았는데 그녀를 위해 일부분을 고딕 건축양식을 반영하는 등 중서교류의 예술적 특성까지 보여주고 있다. 안휘성의 건축양식과 유럽의 고딕식 건축양식을 결합한 이가대원은 중국 내에서도 민간 건축의 진기함으로 알려져 있다.

백선영벽(百善影壁)은 청나라 도광 연간에 만들어진 것으로 상, 주, 진(秦), 한, 진(晉), 남북조, 수, 당, 송, 원, 명, 청나라 서법대가의 각기 다른 필체로 365개의 선이 새겨져 있다. 365개의 선을 새긴 것은 1년 365일 매일 선을 행해야만 덕을 쌓을 수 있다는 것을 후인들에게 훈계하기 위해서라고 한다. 깊이 새겨두고 기억해야 할 금과옥조라 여겨진다. 넓디넓은 이가대원을 돌아다니다 보면 백선영벽를 포함해 유난히도 선과 관련한 것들을 많이 보게 되는데 이가에서 행한 100여 년이 넘는 음덕을 알게 된다면 충분히 이해할 수 있는 부분이다.

다시 노블리스 오블리주라는 화두로 돌아가보자. '현대를 살아가는 이들에게 노블리스 오블리주는 과연 무엇을 의미하는 것일까?' 답은 너무나 간단하다. 국가별로 지도층에 있는 이들이 자리에 걸맞도록 솔선해서 받는 명예에 어울리는 책임과 의무를 다하는 것이다. 세계 2차 대전 후 70년 가까이 평화의 시대를 살고 있는 현대에는 재력가들의 노블리스 오블리주가 많은 관심을 끈다. 워런 버핏이 자신의 전 재산 50% 이상을 빌 게이츠 재단에 기부한 것 등 가진 자들의 노블리스 오블리주는 나라를 가리지 않고 행해지고 있다. 사실 재벌들의 경우 기업 운영 자체를 노블리스 오블리주로 볼 수 있을 것이다. 기업의 성공과 발전이 수많은 고용을 창출하고 창출된 고용으로 생활을 꾸려가는 사람들이 부지기수이기 때문이다.
알리바바의 창시자인 마윈은 '세상에서 가장 위대한 일은 다른 사람을 돕는 것이고, 세상에서 가장 위대한 사람은 다른 사람이 성공하도록 돕는 사람이다'라고 말하고 있다. 그가 알리바바라는 기업을 만들고 그가 만든 공간에서 수십만 개의 중소기업들이 성공할 수 있도록 하는 것 자체가 어찌 보면 현대판 노블리스 오블리주를 행하고 있는 것이라 할 것이다. 다만 일부 부자들이 축적한 부를 개인들의 영욕만을 위해서 일반인들의 정서에 맞지 않는 행태를 보이는 것이 안타까울 뿐이다.

재산의 기부만이 노블리스 오블리주라 할 수 없다. 배상민은 세계 4대 디자인 공모전에서 49회나 우승을 한 놀라운 경력의 소유자다. 미국 디자인 학교로는 명문대로 손꼽히는 파슨스대 교수 역임 후 지금은 카이스트 교수로 봉직 중이다. KBS2의 '오늘, 미래를 만나다'라는 프로그램에서 그를 우연히 접하게 되었다. 그의 강연 속 노블리스 오블리주가 너무나 공감이 되어 소개하려 한다.

그는 나눔의 중요성을 강조하면서 10%의 가진 사람들이 인류에 존재하는 90%의 빈곤자들에게 나눔을 베푸는 삶을 살기를 권고한다. 선진국 또는 후진국에서 태어나는 것은 스스로가 선택할 수 없는 주어진 운명이다. 그러기에 빈곤한 나라에서 인간 이하의 삶을 살고 있는 이들을 위해 할 수 있는 방법을 고민하라고 한다. 10%의 삶을 살 수 있도록 기회를 주신 신이 어떤 사명을 주셨는지도 잘 생각해보라는데 참으로 마음에 와 닿았다. 그러면서 빈곤한 국가에 가서 물질을 지원해주는 일회성 지원은 진정한 나눔이 아니라고 강조하며, 근본적으로 살아갈 수 있는 방법을 전수해 주는 것이 장기적이고 지속적인 도움이 된다는 얘기를 전하며 자신의 나눔 사례를 알려준다.

그는 아프리카 빈민지역 봉사활동 중 아이들이 정화되지 못한 물을 먹는 것을 보고 아픈 마음에 언젠가는 해결해야지 하며 일기장에 적어둔다. 한참을 잊고 있다가 7~8년이 지난 후 카이스트 교수로 재직 중일 때 우연한 일로 그때의 기억이 떠올랐다 한다. 교수들과의 회식 중에 술잔을 막고 뒤집으니 온도차에 의해서 기포가 올라가는 것을 보고는 정수 뚜껑 보틀업을 발명한다. 그 기술을 활용해 아프리카 봉사활동을 가서 학생들과 함께 정화된 물을 먹을 수 있도록 현지인들에게 가르쳐 주는 나눔을 실천하고 왔다며 뿌듯해한다. 그러한 가르침을 받은 현지인들이 스스로의 노력에 의해 살아가는 방식을 터득한 것으로 느끼게 만든 부분에서 더욱 감동이다. 나눔을 행하되 나눔을 받는 이들이 나눔을 받은 것을 느끼지 않도록 하는 배려가 참으로 마음에 와 닿았기 때문이다.

배상민 교수의 노블리스 오블리주는 사회의 지도층이 행하는 노블리스 오블리주에서 폭이 넓어진 관념이다. 이제는 재력이든 지식이든, 가지지 못한 자들을 위해 누구나 노블리스 오블리주를 행할 수 있는 시대가 된 것이다. 사회의 지도층은 지도층대로, 재력가는 재력가대로 주어진 명예에 맞는 노블리스 오블리주를 행하면 될 것이다. 한편으로는 빈민 국가의 어려운 형제들을 위해 장기적으로 살아가는 방법을 전수해 주는 배상민 교수식 노블리스 오블리주도 필요하지 않을까 생각한다.

　2015년 3월 살구꽃이 막 피기 시작하는 아름다운 계절 봄, 이가
대원을 방문했을 때 각기 글자체가 다른, 백선영벽에 새겨진 365개
의 '선(善)'자를 보며 이가대원을 공부하게 되었다. 산서성 여행기를
만들게 되면 이가가 행한 100년이 넘는 선행을 세상에 널리 알리고
싶었다. 더불어 그들의 선행이 현대를 살아가는 많은 이들에게 진
정한 노블리스 오블리주가 무엇인지를 다시 한 번 생각하게 만드는
화두를 던질 수 있다 여겨져 의미가 없지 않다고 생각했다. 로마시
대부터 이어진 노블리스 오블리주가 나라를 막론하고 사회 각 계층
에서 활발하게 이루어져, 가진 자와 가지지 못한 자 사이에 서로 존
중하고 존중받는 풍토가 조성되기를 바랄 뿐이다.
　이가대원에서 유독 많이 보이는 선은 이가가 대대로 행한 노블리
스 오블리주 100년의 흔적이다. 백선영벽이 붙여진 것 역시 이가대
원만이 갖는 특권이다. 진상들이 행한 선행이 적지 않지만, 100년을
이어 선을 행한 것은 이가대원이다. 그들의 대를 이은 노블리스 오
블리주에 다시 한 번 존경의 염을 보낸다.

산서성의 가장 남쪽인 운성시에 위치한 이가대원은 진중시에 소재한 진상들의 부잣집과는 또 다른 특색을 보여주는 곳이다. 주말을 이용해 아이들의 손을 잡고 막대한 부를 이룬 진남지역 유일한 부잣집인 이가대원의 화려한 저택을 돌아보는 것은 어쩌면 아이들에게 산교육이 될 수 있을 것 같기도 하다. 이가가 대대로 부를 축적한 과정에서 겪은 고난과 그 고난을 극복하며 성공할 수 있었던 정신, 나아가 축적한 부를 주위의 없는 자를 위해 베푼 수많은 고사들을 아이들과 함께 나누어 보라. 그러다 보면 아이들의 꿈도 무럭무럭 자랄 것이고, 아이들이 주변을 돌아보는 넓고 건전한 시야를 키울 수 있을 것이다.

04

산서성의 산

산서성은 화북지구 서부와 황토고원 동부 그리고 황하유역의 중단에 위치하고 있다. 총면적 15.68만㎢로 동쪽 하북성, 서쪽 섬서성, 남쪽 하남성 그리고 북쪽의 내몽구자치구에 둘러싸여 있다. 동쪽으로 태행산이 천연 병풍 역할을 하고 있으며, 서남쪽으로 황하를 사이에 두고 섬서성, 하남성과 서로 마주 보고 있다. '바깥에는 바다, 안에는 산'인 이런 지세는 산서성에 표리산하(表里山河)라는 아름다운 이름을 부여하고 있다. 산서성은 황토에 의해 덮여 있는 산지고원으로 동북에서 서남쪽으로 기울어져 있으며, 그 높낮이가 현격한 차이를 보인다. 산과 구릉이 전체 면적의 2/3 이상으로 북부지역은 대부분 해발 1,000~2,000m, 남부지역은 주로 500~900m 사이에 위치하고 있다. 참고로 가장 높은 곳은 오대산 북대 엽두봉의 3,058m이고, 가장 낮은 곳은 원곡현 경내 서양하가 황하로 유입되는 곳으로 해발 180m라고 한다.

산서는 태행산의 서쪽에 위치해 있어 붙여진 이름이다. 태행산의 기산준령은 산서가 밖으로는 침략을 막고 안으로는 혼란을 다스리는 데 유리한 천혜의 조건을 제공하고 있다. 태행산은 많은 요새와 고도(古道)가 있는 곳이기도 하지만, 깊은 문화와 아름다운 경관도 품고 있다. 오대산 3,058m는 화북지역에서 우두머리로 이름을 떨치고 있다. 뿐만 아니라 항산·장산·황애동·왕망령 등 유서 깊은 역사와 수려한 아름다움을 겸비한 산들이 수를 셀 수 없을 정도다. 오악의 하나인 북악 항산, 4대 불교 명산의 우두머리인 오대산, 도교 명산 북무당산과 면산, 중국에서 10대 아름다운 자연 보호구의 하나인 로아산, 화북지역에서 가장 큰 면적의 원시삼림을 보유하고 있는 역산, 태행산맥의 기암준령 태행대협곡과 왕망령, 영공산 등 모두가 유구한 역사를 품고 있는 아름다운 산들이다. 지금부터는 태원 생활을 통해 나의 발길이 닿은 곳들을 소개하고자 한다.

충의의 대명사, 장산

장산은 양천시 우현에 위치하고 있다. 조씨 고아를 숨긴 고사가 담겨 있어 더욱 이름이 알려진 곳이다. 동쪽으로는 석가장, 서쪽으로는 태원시, 남쪽으로는 낭자관, 북쪽으로는 오대산에 접해 있으며, 진동제일산이라고 불린다.

춘추시대 진(晉)나라 경공은 간신 도안담을 총애하며 기강을 어지럽히고 백성들을 해치는 황음무도한 군주였다. 상국(相國) 조순은 수차례에 걸쳐 간언하지만 받아들여지지 않는다. 오히려 화를 내며 도안담을 불러 그를 제거하라는 의사를 전달한다. 조순은 도안담의 암수에서 벗어나지 못하고, 일가족 300여 명의 생명을 빼앗기게 된다. 오직 하나 남은 것이 장산의 주인공인 조씨 고아 조무였다.

어린 조무는 조순의 문객이었던 정영의 도움으로 겨우 탈출하긴 했지만, 도안담에 의해 계속 추적 당한다. 끈질긴 탐문에도 조씨 고아를 찾아내는 데 실패한 악독한 간신 도안담은 전국에 '조씨 고아를 내어놓지 않으면 조씨 고아의 나이와 같은 남자 아이들을 모두 죽이겠다'는 반인륜적인 고시를 내린다. 이에 정영은 또 다른 문객이었던 공손저구와 상의 후 공손저구의 친아들을 조씨 고아로 속이고 위기에서 구해낸다. 이후로 정영은 어린 조무를 장산으로 데리고 와 15년이라는 긴 세월을 은닉한다.

세월은 유수처럼 흘러 조무가 성인이 되자, 정영은 사건의 전모를 알려준다. 분노한 조무는 대장 한궐의 도움 하에 도안담을 주살하고 벼슬을 회복한다. 모든 것이 원상태로 돌아오자, 정영은 당시 자신의 친아들과 죽음을 함께했던 구천에 있는 공손저구과의 약속을 지켜야 한다며 자결한다. 은인의 죽음을 애통해 한 조무는 상복을 입고 3년간 그를 기리고 사당을 지어 제사를 지낸다.

장산이 '충의의 산'으로 불리게 된 고사의 개요다.

'문객이 누구인가?' 학식과 소양은 갖추었지만 때를 못 만나, 명망 있는 인사의 집에서 밥을 얻어먹으며 지내는 이들을 일컫는 것으로 알고 있다. 그러한 문객이 '자신의 친아들을 희생하면서까지 집주인의 아들을 구해준 그 충의가 어디서 나왔을까?'가 무척이나 궁금해, 자료를 뒤적여도 잘 찾아지지 않는다. 조순의 후덕한 성품에 반했거나, 아니면 문객으로 있을 당시 조순이 그에게 베푼 잊지 못할 무엇인가가 있었을 것이라 추정할 수밖에 없다. 고사의 내막을 알지 못했을 때는 조씨 고아의 불운에 초점을 두고 장산을 보았었는데, 내막을 알게 되니 문객이었던 정영과 공손저구의 목숨을 바친 의로운 행위에 감동이 물밀 듯이 몰려온다.

문객 정영과 조씨 고아의 비극적이면서도 감동적인 이야기가 전해오는 장산을 2015년 4월에 찾았다. 봄을 맞아 화사하게 피고 있는 벚꽃 위로 싸라기눈이 시샘하듯 내리는 것이 인상적이다. 장산 입구를 들어서 조금을 걷다 보면, 용봉신송이라는 나무가 눈길을 사로잡는다. 나무가 하늘을 향해 뻗은 것이 아니라, 땅으로 기울어져 뻗은 것이 신기하다. 좌우로 보이는 아름다운 산세를 즐기며 한참을 걷다 보니, 산 중턱에 걸려 있는 장산사가 눈에 들어온다.

충의의 고사가 서린 현장을 본다는 생각에 설레는 가슴을 안고 부지런히 발걸음을 옮긴다. 멀리서 조망되는 장산사의 균형감이 돋보인다. 드디어 장산의 하이라이트라고 할 수 있는 장산사로 들어선다. 대부분이 조씨 고아의 삶, 그리고 목숨을 바쳐 충의를 지킨 두 명 문객들과 관련된, 감동 어린 역사적 사실에 초점이 모아져 있다. 관련된 벽화와 조씨 고아가 15년간 지냈다는 좁은 동굴 등을 돌아보며 참으로 많은 것을 생각하게 된다. 불현듯 바깥을 내다보면 푸른 하늘과 아름다운 조각이 새겨진 장산사 누각의 지붕, 그리고 초봄에 피기 시작한 벚꽃이 어울리며 조화로운 모습을 보여준다. 장산사의 건물들은 장산의 품에 다소곳이 안겨 있다. 마치 장산이 조씨 고아를 15년간 말없이 품어주었듯이….

사실 장산은 식수율이 97%에 달하는 울창한 삼림으로 덮인 산이다. 서식하고 있는 70여 종의 식물 중 30여 종이 희귀식물이고, 10여 종은 약재로 사용되는 식물이라고 한다. 그런 삼림을 찾아보고 신선한 기운을 받고 싶었는데, 일정상 그러지 못해 아쉽다. 아무려나 중국 전통 미덕인 장산의 충의 정신은 존중받아 마땅하다.

진 문공, 개자추, 청명절 그리고 면산

면산은 태악 북단에 위치한 도교 명산이다. 입구에 웅장하게 서 있는 개자추의 동상을 보며 '한식과 청명절'의 고사를 떠올리게 된다. 도교와 불교가 공존하는 이곳은 수도구 등 아름다운 자연 경관까지 볼거리가 많은 관광지다. 면산을 둘러보기 전 개자추와 청명절이 어떤 관계가 있는지 알아보기 위해 역사 속으로 들어가 보자.

춘추시대 중원의 패권을 쥔 진나라 문공 중이가 19년간의 유랑 생활을 하며 숱한 고초를 겪었다는 고사는 너무나 잘 알려진 사실이다. 기나긴 유랑 생활에 지치고 먹을 것도 다 떨어져 비탄에 빠져 있던 어느 날, 신하들이 먹을 것을 찾아 사방팔방 다녀도 구하지 못하는 상황에 이른다. 이런 비참한 광경을 목도한 개자추는 과도로 자신의 넓적다리 일부분을 도려낸다. 맨살을 도려낸 아픔과 흐르는 피에도 불구하고 자신의 몸 일부를 익혀 탕을 만들어 중이에게 헌상한다. 참으로 오랜만에 고기 요리를 본 중이는 허겁지겁 들이켠다. 맛있는 고기 요리로 배고픔을 달랜 후 무척이나 만족한 그는 공을 치하하기 위해 "누가 이렇게 맛있는 짐승을 사냥했느냐?"라고 신하들에게 물어본다. 모두 다 고개 숙이고 말을 꺼내지 않는 분위기에 이상한 낌새를 느낀 중이는 개자추의 창백한 안색과 아랫도리의 피 흔적을 목격하고는 상황을 파악한다. 개자추의 충정에 너무나 감동한 중이는 그를 따뜻하게 안으며, 때가 되면 반드시 충정에 보답하겠다는 말을 전한다.

그러나 중이가 진의 군주 자리에 올랐을 때, 고난을 같이했던 모든 이에게 관직과 상을 내렸지만 유일하게 개자추만 빠진다. 개자추는 어떤 불평도 하지 않고 연로한 모친을 등에 업고 면산에 은거하며 청빈한 생활을 꾸려 나간다. 문공은 뒤늦게 개자추를 떠올리고 신하들을 보낸다. 하지만 개자추는 미동도 하지 않는다. 이에 문공이 친히 면산에 내려와 다시 청하지만, 개자추는 깊은 산 속에 숨어 나오지 않는다. 요청에 불응하는 그를 강제로라도 끌어내기 위해 하나의 출구를 제외한 삼면에 불을 놓을 것을 지시한다. 그러나 노모와 개자추는 산을 나오지 않았고, 버드나무를 안은 채 불에 타 죽는다.

이듬해 문공은 신하들을 거느리고 소복 차림으로 산에 올라 그를 위해 제사를 지내준다. 그가 안고 죽었던 버드나무가 다시 살아나 있는 것을 본 문공은 애통해 하며 청명류(淸明柳)라는 이름을 하사하고, 그 날을 청명절로 정한다. 개자추가 죽은 후 진나라 백성들은 중춘(仲春, 봄의 두 번째 달인 음력 2월)에는 불을 때지 않고 찬밥을 먹었다고 한다. 이러한 풍습이 오랜 세월이 흘러 한식절로 불리게 되었다.

이상이 진 문공, 개자추, 청명절 그리고 면산과 엮여 있는 고사다.

개자추의 충절을 곰곰이 되씹으며 면산을 들어서면, 절벽 위에 아찔하게 걸려 있는 도교 사원 대라궁을 만날 수 있다. 13층의 건물로, 전란 때 소실된 것을 재건축한 것이라 한다. 대라궁의 7층까지는 걸어서, 또는 15위안을 지불하고 엘리베이터로 오를 수 있다. 8층부터는 층별로 도교 관련 자료들이 전시되어 있다. 중국의 전통 종교인 도교에 관심 있는 이들에게는 반가운 곳이 될 듯하다. 계단을 오르다 보면 그 아찔함의 강도가 점점 심해진다. 하지만 층별로 다른 아름다움을 전해주는 면산의 다양한 자태가 아찔함을 덮고도 남는다.

대라궁뿐 아니라 보복암에 조성된 불교 사찰 운봉사도 볼 만하다. 운봉사의 공양함이 있는 곳에서 무턱대고 절하는 것을 자제할 필요가 있다. 공양 금액이 199, 299, 399, 499 심지어는 1,999위안으로, 적지 않기 때문이다. 공양 금액에 9가 들어가 있는 것은 중국어로 오래 산다는 구(久)와 발음이 비슷하기 때문이라고 한다. 보복암 절벽 위로는 금령과 원반이 다닥다닥 매달려 있는 것을 볼 수 있다. 복을 기원하는 여행객이 원하면 전문가가 꼭대기에 걸린 밧줄을 타고 내려와 걸어준다고 한다. 조건은 3,000위안에 근접하는 비교적 높은 대가를 지불해야 한다.

까맣게 된 것은 오래전에 건 것이고, 비교적 빨간색들은 최근에 걸린 것이다. 운봉사를 오르면 정면에 보이는 산이 부처가 누운 모습이라고 해설사가 설명한다. 코, 입 등의 모습이 보이는 것 같기는 한데, 부처의 형상인지는 모를 일이다. 운봉사 끝자락에는 절벽으로 올라가는 길이 지그재그로 조성되어 있다. 절벽을 오르는 아찔함도 즐기고, 절벽 위의 정자에 올라 면산을 조망해볼 수도 있다.

면산에는 다른 곳에서는 볼 수 없는 독특한 곳이 있다. 깎아지른 절벽에 세워진 호텔 운봉야원이 그것이다. 숙박을 위해 투숙한 사람들로 붐비는데, 한국 사람들도 많이 묵는다. 하긴, 절벽 위에서 하룻밤 잠을 청하며 아찔함을 느껴보는 것도 잊지 못할 추억이 될 듯하다. 이외에도 수도구 등 아름다운 자연 경관과 개자추와 모친이 지내던 곳 등이 있어 하루 종일 시간을 내야 들여다볼 수 있다.

개자추의 충절(忠節)이 서려 있는 곳이자 청명절의 유래가 있는 곳, 도교 사원과 불교 사찰이 사이좋게 위용을 뽐내고 있는 곳, 아름다운 풍광이 있는 곳, 절벽 위에 세워진 호텔에서 하룻밤을 보내는 아찔하고도 멋진 추억을 만들 수 있는 곳, 스토리와 볼거리가 넘쳐나는 곳, 그곳이 바로 진중시 영석현에 위치하고 있는 면산이다.

투박한 아름다움, 북무당산

　북무당산은 어량산맥의 중단 어량시 방산현에 위치하고 있다. 장산과 면산 같은 심금을 울리는 고사는 없지만, 보는 이의 마음을 설레게 하고 눈을 즐겁게 만드는 빼어난 자연 경관이 돋보이는 산이다. 용왕산 또는 진무산으로 불렸던 북무당산은 총면적 80㎢로, 72개의 봉, 36개의 낭떠러지, 24개의 골짜기로 이루어져 있다. 주봉인 향로봉은 해발 2,254m로, 사방이 거의 깎아지른 절벽으로 둘러싸여 있다. 향로봉 바로 아래로는 돌을 쌓아 만든 방성인 진무행궁이 웅장하게 서 있다. 당나라 때 건설된 것으로, 현재 보는 건물은 명·청 때 새로 지은 것이다. 1,455개의 계단을 오르면 진무행궁을 만날 수 있고, 곧바로 주봉인 향로봉으로 연결된다.

　아름다운 북무당산을 2015년 4월의 화창한 봄날 찾았다. 향을 피우는 사람들로 인산인해를 이루고 있다. 평일에도 관광객이 오늘처럼 많이 찾느냐고 물어보니, 북무당산의 묘회(공양 날 묘 주변에 임시로 설치하던 장)가 있는 날이라 지역 주민들이 많이 찾았기 때문이라고 알려준다. 수많은 인파의 틈에 묻혀 계단으로 정갈하게 조성되어 있는 산길을 오르며 아름다운 북무당산을 보는 것 자체가 행복이라 여긴다.

오르는 각도에 따라 사방으로 전개되며 유려한 아름다움을 보여주는 산세는 중국의 다른 명산들에 비해 결코 떨어지지 않는다. 완연한 봄빛, 화사하게 핀 봄꽃들의 향연 속에 바람에 하늘거리는 푸른 소나무와 하얀 색깔의 돌산이 눈부시도록 아름답다. 중간중간 바람에 흐르는 하얀색의 뭉게구름들이 그 아름다움을 더해준다. 향로봉 정상에서 바라보는 사방의 경치는 한마디로 확 트임이고 상쾌함이다. 끝없이 펼쳐지는 산등성이의 이어짐이 북무당산의 위용을 전해주고 있다.

애국 혼이 깃든 '만주흑송의 고향(油松之乡)', 영공산

영공산은 장치시 심원현에 위치하고 있는 태악삼림공원 핵심 볼거리의 하나이다. 넓은 지역에 유송 천연림이 분포되어 있어 '유송의 고향'이라 불리기도 한다. 사실 영공산은 나의 산서성 여행 계획에 포함되어 있지 않았다. 함께 일하는 중국인 동료의 권유에 의해 발품을 팔게 된 특별한 사연이 있는 명소다. 자신의 고향집 앞에 아름다운 산이 하나 있는데 들러보면 만족할 것이라며 강력하게 추천해온다. 해서 임기 만료를 앞둔 2015년 4월의 화창한 봄날 영공산을 찾게 된 것이다.

차량으로 이동하며 담소를 나누는 중에 "내 고향은 일제 침략 8년 동안 단 한 명의 매국노가 없었다."며 자랑스러워한다. '8년이라는 긴 세월 동안 그런 상황이 있었을까?' 하고 반신반의하며 사무실로 돌아와 자료를 찾아보니, 과연 그의 자부심에 찬 얘기가 틀림이 없다. 관련 자료의 내용을 간단히 소개하면 다음과 같다.

영공산이 있는 심원의 백성들은 항일전쟁과 민족을 위해 고향의 역사 문화 유산 대부분을 훼손당하고, 현민 중 1/4의 목숨을 바치는 대가를 치러야 했다. 중무기 하나 없었던 8만 명의 백성들이 약 2년 반 동안 크고 작은 전투를 치러 '일본 괴뢰정부의 군인(日僞軍)'에게 타격을 입히고 물러나게 했다. 심원 사람 중에는 항일전쟁 8년 동안 단 한 명의 매국노도 없었고, 단 한 명도 일본군에게 항복한 이가 없었다.

실로 놀라운 사실이 아닐 수 없다. 일제의 총칼 아래 일본군 앞잡이 노릇을 한 이들이 지역을 막론하고 없지 않았을 텐데, 모든 현민이 뜻을 모아 이런 기적과 같은 업적을 남겼다는 사실은 칭찬받아 마땅하다. 이러한 사실을 알게 된 후로는 심원의 피를 이어받은 나의 중국인 동료를 더욱 존중하는 마음이 저절로 우러났다. 영공산

바로 옆에는 자랑스러운 전통을 이어받은 중국인 동료의 집이 위치하고 있다. 그의 부모님께 인사도 드리고, 차 한 잔 나누며 이런저런 얘기도 나눈다. 그분들의 안내에 따라 40가구가 채 되지 않는 마을을 돌아보며, 주민들과도 반가운 인사를 교환한다. 한결같이 순박하고 친절함에 감동하지 않을 수 없다. 그의 집 앞에 전개되는 사방의 경치가 웬만한 명승지와 다를 바 없다. 오염 하나 없는 청정함과 짙푸른 하늘, 그리고 중간중간 떠 있는 하얀 구름들이 너무나 조화롭다. 집 앞에 쌓여 있는 장작들은 시골에서의 생활을 위해 준비된 모습이다.

영공산은 온통 유송으로 덮여 있다. 신록이 무르익는 6월에서 8월에는 볼 것이 더 많다고 하는데, 그의 권고를 수차례 미룬 것이 후회될 정도다. 영공산 입구를 들어서면 널리 알려진 구간기가 눈에 들어온다. 높게 솟은 나무의 뿌리 하나에서 9개의 줄기가 뻗어나가 무성한 잎들로 덮여 있다. 구간기는 기네스북에 등재될 정도로 신비롭고 독특하다. 여태껏 보지 못한 특이함이라 여러 각도에서 한참을 들여다본다. 겨울의 기운이 남아 있는 영공산은 메마른 풀들로 덮여 있지만, 유송의 푸름이 황량함을 덜어준다.

끊임없이 이어지는 유송의 향연을 만끽하다 보니, 영공산 자락 아래 소분하게 앉아 있는 성수사의 균형 잡힌 모습이 눈에 들어온다. 사방에 보이는 모든 것들, 느끼는 모든 것들에 심신이 치유되는 듯한 느낌이다. 너무나 상쾌한 기운이 온몸을 감싼다. 곧게 뻗은 유송들, 가지 사이로 보이는 푸른 하늘과 하얀 구름이 눈이 부시도록 아름답다. 성수사는 영공산의 품에 안겨 있는 불교 사찰이다. 성수사 역시 유송에 덮여 인간들과 마찬가지로 삼림욕을 즐기며 치유받고 있는 듯하다. 사람의 마음속에 곧고 푸른 소나무가 자리할 수 있다면 좋겠다는 생각을 해본다.

이슬람풍 건축 양식으로 지어진 성수사의 모습도 특이하다. 꼭대기에 자리하고 있는 문수전에 오르면, 질서정연하게 배치된 성수사의 모습이 한눈에 들어오고, 사방으로 보이는 아름다운 산세에 매료된다.

천리태행제일협, 태행대협곡

태행대협곡은 3개 향진(乡镇) 23개 촌에 방대하게 걸쳐 있다. 삼림율이 74.9%에 이르는, 풍광이 온화하고 아름다우며 자연 경관이 풍부한 협곡이다. 숲, 기암절벽 등이 넓은 지역에 분포되어 각각의 아름다움을 뽐내는 명소다.

대협곡에 도착하니 내부 차량들이 쉴 새 없이 다니며 청룡담, 홍두협, 여요동 등의 볼거리로 사람들을 실어 나른다. 장관이다. 대협곡은 워낙 넓은 지역이라 하루 만에 모든 볼거리들을 돌아보는 것이 사실상 불가능에 가깝다. 특히 내가 방문한 노동절 연휴 같은 때면 사람들이 많이 몰려, 버스를 기다리는 데만도 많은 시간이 소요된다. 12시 경 도착해 홍두협 한 곳만 보는 데도 반나절이 소요되다 보니, 다른 볼거리를 찾아볼 수 없어 아쉽다. 전체를 섭렵하지도 않고 대협곡을 소개하려니 조금은 겸연쩍지만, 용기 내어 홍두협의 경험만이라도 공유하고자 한다.

홍두협은 협곡 내부에 희귀 수종인 홍두삼(紅豆杉)이 널리 분포되어 자라고 있다 해서 이름 지어진 것이라 한다. 기이하고 험한데다 깊어서 태행대협곡의 주요 볼거리로 알려져 있다. 대부분의 관광객들이 가장 먼저 방문하는 이 협곡의 총길이는 약 15㎞에 이른다. 협곡 길을 거닐다 보면 기암괴석들이 만들어낸 절벽과 졸졸 흐르는 물, 초록의 선경, 희귀한 생물, 기괴한 돌 등을 만날 수 있다. 홍두협의 지협인 칠선욕과 삼첩담이 개발되어 관람객들의 발길이 이어지고 있다.

노동절 연휴 유난히도 많은 관광객들의 틈에 끼어 홍두협 투어에 몸을 싣는다. 봄이 무르익어가는 홍두협은 녹음이 짙어지며 물오른 아름다움을 보여주고 있다. 칠선욕을 통과하는 곳에 있는 삼첩담에는 뱃놀이를 즐기려는 관광객들이 줄을 서서 순서를 기다리고 있다. 가파른 협곡을 사이에 두고 잔잔히 흐르는 삼첩담에서 뱃놀이를 즐기는 이들의 여유가 부럽다. 녹색 나무들 사이로 보일락말락하는 태행의 산세가 아름답다. 잔뜩 흐렸던 날씨라 비가 올 듯했는데, 언제부터인지 모르게 보슬비가 내린다. 촉촉하게 내리는 빗줄기가 나뭇잎을 두드리는 소리, 내리는 비에 아랑곳없이 뱃놀이하는 이들의 낭만적인 모습, 안개비에 보일 듯 말 듯 하는 산등성이의 이어짐, 이 모든 것들이 별세계에 와 있는 듯한 환상에 빠지게 한다.

끊임없이 변하는 주변 경관을 감상하다 보면, 보통걸음으로 900보 정도의 천년동굴이 나타난다. 어슴푸레 보이는 동굴을 조심조심 걸어 나오면, 아래서 올려다본 것과는 또 다른 경관이 눈앞에 전개된다. 아름답다. 아래서 위를 보면 세부적인 아름다움은 즐길 수 있지만, 전체 모습이 눈에 들어오지 않아 아쉽다. 이러한 아쉬움을 떨쳐내듯 동굴 뒤로는 칠선욕의 전체 모습이 한눈에 들어온다. 무척 반갑다. 빗줄기는 굵어져 있고, 내리는 빗속에 모습을 드러내는 홍두협은 운치로 넘쳐난다. 갑작스럽게 들이닥친 운무가 협곡을 둘러싸며 빚어내는 장면이 몽환적이다.

설산환영(雪山幻影), 왕망령

왕망령은 진성시 능천현에서 동쪽으로 40km 지점 숭산준령에 웅장한 모습으로 우뚝 서 있는 산이다. 서한 말 왕망과 유수가 이 곳에서 전투를 벌여 이름 지어졌다고 전해진다. 산서성 능천현과 하남성 휘현의 경계에 위치하고 있다. 속칭 천주관으로 불리는 동쪽 끝부분은 높고 낮은 56개의 산봉우리가 불규칙하게 흩어져 있다. 남쪽으로는 높게 솟은 절벽이 마치 하나의 돌을 깎아놓은 것처럼 서 있고, 북쪽으로는 높고 큰 암석들이 겹쳐 있어 수려하고 환상적인 아름다움을 뽐낸다. 왕망령이 위치하고 있는 남태행산은 화북평원과 황토고원의 분계선으로, 단층 지질대 위에 형성된 지질기관(地質奇觀)으로도 알려져 있다.

왕망령을 들어서면 붉은색으로 '왕망령'이 새겨진 바위가 눈에 들어온다. 나도 누구나처럼 기념사진을 남긴다. 2014년 10월에 들르고 두 번째 방문하는 터라, 어느 정도 친숙해져 반가운 느낌이다. 그때는 흐린 날씨라 왕망령의 아름다움이 제대로 보이지 않아 안타까웠는데, 오늘은 다행히 푸른 하늘이 모습을 드러내고 있어 기대를 한다. 그러나 왕망령은 자신의 아름다움을 보여주기 싫은 듯 운무가 짙게 드리워져 있다. 중국의 어느 명산들과 마찬가지로 가장 아름다운 곳을 정해 전망대를 조성하고 계단을 만들어놓아, 등산한다는 기분은 느끼지 못한다.

　만들어진 계단을 오르며 바람에 흘러가는 운무의 움직임에 따라 중간중간 드러나는 왕망령의 수줍어하는 모습을 즐긴다. 멀리 보이는 산들이 운무로 인해 뚜렷한 모습이 드러나지 않아 아쉽지만, 보여줄 듯 말 듯 한 모습이 오히려 묘한 매력을 전해준다.

　한참 걷다 보니 한국에서 온 일군의 무리들이 경상도 사투리를 구사하며 부지런히 걷고 있다. 너무나 반가워 수인사를 나눈다. 한국인의 발길이 비교적 오지라고 볼 수 있는 이곳까지 이어지고 있다니 대단하다 여겨진다.

　천주관에 있다는 56개의 산봉우리를 보기 위해 전망대에 오르면, 운무에 가려진 일부분밖에 볼 수 없어 아쉽다. 붙여진 이름과 생긴 모습을 비교해가며 즐기려 했는데, 전혀 그런 일기 조건이 아니다. 병풍을 친 듯한 아름다운 모습들이 눈앞에서 겹겹이 이어지는데, 운무에 가려져 있어 안타까울 뿐이다. 그럼에도 절세미인이 수줍은 자태를 뽐내듯, 운무 속에 가려진 왕망령의 모습도 나름 매력이 넘친다. 시시각각으로 운무가 지나며 봉우리와 기암괴석을 감추고 있어, 상상력을 동원해 그 아름다움을 그려볼 수밖에 다른 도리가 없다.

중국인 관광객 부부가 말을 붙여와 대화를 나눈다. 자기들은 하룻밤 묵고 새벽에 일출을 볼 계획이라 한다. 왕망령의 일출이 너무 아름답다고 침이 마르게 얘기하며, 나에게도 하룻밤 묵어가길 권한다. 운해가 넓게 퍼져 충만한 기운을 발산하며 장관을 연출한다는 일출을 보고는 싶었지만, 또 다른 일정 때문에 그럴 수 없는 처지가 조금은 안타깝다. 동악 태산을 비롯한 오악의 주봉을 정복하면서도, 이런저런 이유로 일출을 보지 못한 것이 아쉽기는 하다. 언제 기회가 되면 왕망령을 비롯한 중국 명산의 일출을 보는 이벤트를 만들면 좋겠다는 생각도 해본다.

험준한 봉우리가 겹쳐 환상적이고, 그 환상적인 봉우리를 넓게 퍼진 운해가 감춘다고 해서, 순식간에 변화하는 모습을 두고 왕망령을 설산환영이라고 일컫기도 한다.

순의 발길이 머문 곳, 역산

역산은 심수현, 원곡현, 익성현 3개 현이 교차하는 곳에 위치하고 있다. 수려한 산과 협곡, 순왕평과 같은 고산 초원이 매력적이다. 사실 애초부터 역산을 찾겠다는 생각을 한 것은 아니었다. 순의 발자취를 찾아다니다 보니, 순이 직접 경작한 고사가 서려 있는 순왕평을 알게 되었다. 순왕평을 찾아 나서다 보니, 역산에서 가장 높은 곳이 해발 2,358m의 순왕평이라는 사실을 알게 된 것이다.

2015년 4월 말 봄으로 향하는 풋풋한 계절에 순록으로 들어차 있는 역산을 찾아 나섰다. 전세 택시를 이용해 산을 돌아보는 색다른 경험을 하게 되었는데, 그런대로 나쁘지 않다. 산서성에서도 가장 남단인 진성시에 위치한 산이고, 애초부터 산을 트래킹하는 것이 아니라 순왕평을 찾아보는 것이 주된 목적이었기 때문이다. 다만 비용을 조금 더 지불하면 된다. 하긴, 첫 방문이라 길도 모르는데, 시간적 요소를 고려할 때 공공 차편 이용이 오히려 비효율적이고 고비용일 수도 있겠다고 여겨진다.

역산은 심수현과 원곡현을 통해 진입할 수 있다. 우리는 심수현을 통해 들어선다. 지그재그로 깎아 조성된 산길을 오르는 차량 속에서 온통 초록으로 물들어가는 역산의 푸름을 마음껏 즐기다 보니 낙원이 따로 없다. 낮은 곳에서부터 높은 곳에 이르기까지, 역산은 유독 숲이 무성한 것이 청량함과 상쾌함을 더해준다.

봄이 먼저 들어서는 남쪽 지역이라 그런지 5월을 앞두고 피기 시작한 각양각색의 꽃들이 앞다투어 아름다움을 뽐낸다. 실제로 역산에는 아한대와 온대 지역에서 자라는 전나무, 아열대 지역의 계수나무와 홍두삼 등의 수종이 서식하고 있다. 산길을 오르다 보면 백운동, 칠성담동 등 볼거리들이 눈에 들어온다. 가장 볼 만한 곳이 백운동으로 2,000m의 동굴에 생동감 넘치는 종유석이 장관이라 한다. 목적한 바가 아닌 데다 장가계의 황룡동 등을 돌아본 바도 있어, 아쉽지만 그냥 지나친다.

유려한 경치를 감상하며 한참을 오르다 보면, 황고만이라는 곳이 눈에 들어온다. 자연 생태계인 황고만은 해발 2,143m로, 순왕평에 이어 역산에서 두 번째로 높다. 순제의 두 번째 부인 아황 여영생이 거주하던 곳이라고 전해진다. 항상 운무가 자욱해 장막에 가려진 것 같다 해서 붙여진 이름이다. 웅장한 산세에 숲과 괴석이 곳곳에 널려 있어 아름다운 경치를 보여준다. 연간 최고 온도가 23℃로서 피서지로 적격이라고 알려져 있다.

목적지인 순왕평에서 약 30㎞ 거리에 있는데, 늦은 시간이라 바깥에서만 감상하는 것으로 아쉬움을 달랜다. 접근성이 용이하지 못하고 볼거리들이 분산되어 있어 어쩔 수 없는 선택이다. 역산을 오르내리는 동안 눈에 들어오는 아름다움은 중간중간 만들어놓은 볼거리들에 못지않다. 끝없이 겹쳐 이어지는 능선, 화려한 색깔의 꽃망울과 무성한 나무숲 사이로 살랑거리는 초록 잎사귀들의 하늘거림이 그리 평화로울 수가 없다.

미덕과 감동, 로아산

로아산은 산서성의 모친 강 분하원두, 얼음 조각의 환상적인 향연이 펼쳐지는 만년빙동 등 볼거리가 많은 명소다. 개인적으로 아쉬움이 있지만 아름다운 미덕을 목격한, 기억 속에 오래 남을 잊지 못할 곳이기도 하다.

로아산은 관잠산의 주봉으로 흔주시 저무현에 위치하고 있다. 해발 2,729m로 산의 생김새가 '갈대의 싹' 같아 보인다 해서 붙여진 이름이다. 로아산에는 화북 지역에서 가장 큰 고산 초원이 자리하고 있다. 산의 북쪽에 위치한 마룬초원으로, 가장 높은 곳이 해발 2,721m다. 정면에 깎아지른 화강암 절벽의 사방이 무성한 숲으로 둘러싸여 있다. 정상에는 초원이 펼쳐져 있는데, 대대로 이어온 방목 기지라고 한다.

태원에 머물면서 로아산을 들르지 못해 항상 허전한 느낌이었는데, 2015년 3월 시간을 쪼개 드디어 발품을 팔았다. 주된 목적은 마룬초원을 친견하는 것이었다. 내몽구자치구와 우루무치 등 먼 지역에 있는 초원은 다녀왔는데, 태원에서 3시간여 거리에 있는 초원을 다녀가지 않는다는 것이 있을 수 없는 일이라 생각했기 때문이다. 마룬초원을 다녀온 주위 사람들의 강력한 추천도 나의 마음을 흔들어놓았다.

태원에서 약 3시간가량 차를 달려 도착한 로아산은 3월 말인데도 눈이 녹지 않은 구간이 중간중간 남아 있어 이동에 많은 지장을 준다. 같이한 중국인 동료의 감동 넘치는 배려로 마륜초원으로 향하는 좁은 산길로 들어선다. 그러나 마륜초원을 약 6㎞ 앞에 두고 산길에 묶이는 해프닝이 발생한다. 해발 2,721m 높이에 있는 산길 도로에 눈이 내리고, 언 상태에서 다시 눈이 내려 빙판을 만들어놓은 것이다. 20~30m는 돼 보임직한 구간의 벽을 넘지 못해 너무나 아쉬워한다. 6㎞만 더 이동하면 보고 싶어 하던 마륜초원의 아름다운 경관을 감상할 수 있다는 생각에….

장비를 꺼내 온몸에 땀이 범벅될 정도로 1시간여를 발버둥 친다. 그러나 두 사람만으로는 힘겨워 바퀴가 눈 덮인 빙판길에 더 깊이 빠져버렸다. 마륜초원의 아름다운 정경을 보겠다는 생각은 어느 순간 사라지고, 빙판을 빠져나와 태원으로 무사히 복귀하는 것이 주된 관심사로 바뀌어버린다. 태원은 눈이 자주 오는 곳이 아니다 보니, 눈과 관련된 장비가 부족한 것도 걸림돌이다. 꽤 먼 거리에 떨어져 있는 민가에서 삽 등 작업 도구를 구해와 또다시 1시간을 투자한다. 그러나 사태는 진전을 보이지 않고 점점 초조해진다. 봄이 오기 전의 산길이라 로아산을 찾는 차들도 거의 보이지 않는다. 한두 대 올라오다가 우리 차가 빙판길에 묶인 것을 보고는 본척만척하고, 야속하게도 왔던 길을 돌아간다.

2시간여 동안 탈출하기 위한 몸부림을 치고 있자니, 차 한 대가 다가서며 사정을 물어온다. 젊은 부부였는데 자기네도 마륜초원으로 가는 길이라며, 두 팔 걷어올리고 도움의 손길을 내민다. 얼마나 반가운지…. 남편이 가세해 3명이 되고 차가 두 대가 되니, 빠져나 갈 방안이 여러 가지 생긴다. 민가에서 끈을 빌려와 차와 차를 연결해, 여러 번의 시도 끝에 겨우 빠져나올 수 있었다.

그의 도움이 1시간 30분 이상 이어졌다. 남의 일에 자신의 시간을 쪼개줌에 얼마나 고마웠는지 모른다. 눈물이 날 정도로…. 3시간 이상 20여m의 얼음 빙판에 묶여 있었으니, 그 감사한 마음은 미루어 짐작할 만하다. 고마움에 보답하기 위해 식사를 같이 하자 하니 동의한다. 도로 입구에서 차량 정비 후 만나기로 했다. 이런저런 차량 점검 후 그들과 약속한 로아산 입구로 내려오니, 그들의 차량이 보이지 않는다. 곤경에 처한 이에게 도움을 주고는 아무 일 없었던 듯 자신들의 길을 간 듯하다. 아차, 싶었다. 명함이라도 챙겨주든지 전화번호라도 적어두었어야 했는데…. 여러 시간 곤경에 처하다 보니 경황이 없어 깜박한 것이다. 너무나 후회스러워 자신을 탓한다. 같이했던 중국인 동료 역시 한참을 아쉬워한다.

오늘은 태원에서 로아산까지 왕복 6시간을 달리고, 빙판길에 약 4시간을 묶이는 흔치 않은 경험을 했다. 목적했던 마륜초원을 눈앞에 두고 볼 수 없어 아쉬웠지만, 그 아쉬움을 덮을 아름다운 미덕을 목격하게 되어 무척이나 즐거운 날이다. 경제력의 상승에 따라 메말라가는 인정에 아쉬워하던 차라, 그들의 도움이 더욱 감동스러웠다. 수고비를 드리고 점심이나 같이 하자 제의했음에도, 홀연히 사라져버리는 그들 부부의 정의감에 감동하지 않을 수 없다. 나 역시 이런 일이 발생하면 그들처럼 도움을 주기로 다짐한다. 마룬초원은 다시 방문할 수 있지만, 오늘 만난 젊은 부부의 따뜻한 도움의 손길은 날로 메말라가는 세상에서 다시 보리라는 보장이 없기에 더욱 소중했다.

도움의 손길을 내밀고 말없이 사라진 젊은 부부에 대해 중국인 동료와 함께 칭찬을 입에 마르도록 한다. 돌아오는 3시간의 지루할 수 있는 길이 그리 행복하고 감사하고 빨리 지나갈 수가 없다. 선량해 보이던 젊은 부부의 미덕은 한국에 돌아가서도 오랫동안 나의 기억 속에 남을 듯하다.

아름다운 추억이 깃든 로아산을 귀국을 앞둔 5월 초 다시 방문했다. 그러나 이번에도 마룬초원은 산림방화 작업 등의 원인으로 입장을 통제한다. 나와 인연이 없다고 여긴다. 하지만 기적에 가까운 만년빙동과 분하원두를 볼 수 있어 흡족하다. 만년빙동에서 차로 10분 정도 이동하면 현관(懸棺)이 있는 곳의 입구에 도착한다. 참고로 현관은 절벽에 걸려 있는 관이다. 입구에서 약 1㎞ 정도 걸으면 현관을 볼 수 있다고 안내되어 있다. 주위의 경관을 감상하며 유유자적하게 걷다 보면, 절벽 중간에 작은 사찰이 아슬아슬하게 세워져 있다. 작은 현공사라고 하는데, 좌우로는 절벽 중간으로 잔도가 놓여 있는 것이 볼 만하다.

현관이 있는 곳에 도착하면, 절벽의 그다지 높아 보이지 않는 위치에 관이 10여 개 걸려 있는 것이 눈에 들어온다. '사후 통상적으로 땅에 매장하는 관을 왜 절벽에 매달아 놓았을까?' 궁금해서 자료를 찾아보니, 이유와 시기가 알려져 있지 않다.

요의 숨결이 남아 있는 곳, 고사산

고사산은 임분시에서 서남쪽으로 20㎞ 지점에 있는 유촌진에 위치하고 있다. 요제가 4대 현인을 알현하고, 녹선녀를 만나 부부의 연을 맺은 곳이라고 한다. 풍경구는 남선동, 북선동, 운무사 등 3대 고건축으로 이루어져 있다.

2015년 4월 5일 청명절 연휴를 이용해 발품을 판다. 조상의 묘지를 찾아 성묘하는 중국 사람들을 보니, 청명절 한식의 풍습은 한국이나 중국이나 다를 바 없다. 꼬불꼬불 산길을 오르다 보면 절벽 중간에 아름다운 건축물들이 걸려 있는 것이 눈에 들어온다. 알고 보니 남선동이라는 곳이다. 산허리에 걸려 있는 남선동은 지그재그로 오르는 차 안에서 보이다 말다를 반복한다. 청명절의 푸른 하늘 아래 아름다운 고사산의 품에 안겨 있는 모습이 보기 좋다.

입구에 다가서니 본격적인 성수기 개장을 앞두고 이곳저곳 보수 작업으로 분주하다. 남선동으로 향하기 전 오른쪽에 운무사로 오르는 길이 보인다. 조금 걸어 올라가면 한참 보수 중인 운무사를 만날 수 있다. 대부분 건물이 수리 중이라 어수선하기 짝이 없다. 운무사에서 내려다본 고사산은 얇게 낀 구름과 쪽빛 하늘, 그리고 바람에 흔들리는 푸른 숲들이 함께 조화를 이루는 아름다움을 보여준다. 운무사를 끼고 산길을 더 오르면 정상 아래에 비구니가 거주하는 니고사가 있다. 남선동에서 올려다보니 니고사에서는 많은 이들이 분주하게 움직이고 있다.

운무사의 왼쪽 길로 들어서면 절벽 좌우로 건물들이 길게 늘어서 있는 남선동이 모습을 드러낸다. 오늘 방문의 하이라이트다. 청나라 강희제 52년에 지어졌다는 높게 솟은 산문을 들어서면 종루, 고루, 희대, 관음각 등 붉은색 계통의 화려한 건물들이 눈에 들어온다. 흰색 절벽과 푸른색 나무들이 원색의 조화를 이루며 아름다운 모습을 보여준다. 관음각은 절벽 중간에 원형 지붕으로 웅장하게 자리하고 있는 것이 눈길을 끈다. 절벽 안으로 좁은 공간을 이용해 들어서 있는 관음각의 유려한 지붕과 지붕 아래의 정교한 조각들이 아름답다. 내부로 들어서니 불상을 중심으로 빽빽이 들어서 있는 다양한 채색 인물소조들이 사방으로 걸려 있는데, 그 화려함에 감탄한다. 이렇게 정교하고 생동감 있고 아름다운 조각들을 만든 장인들의 빼어난 예술성이 경이로울 뿐이다. 백성과 구도자를 위한 종교 시설을 이런 방식으로 조성한 것을 보며 중국인들의 내세에 대한 염원을 들여다본다.

남선동의 안쪽으로 들어가면, 요제와 녹선녀가 부부의 연을 맺은 동방과 신거동을 차례로 만날 수 있다. 신거동은 속칭 삼십삼천으로 불리는데, 명나라 성화 12년(1476)에 만들어진 것이라고 한다. 내부에는 용 조각과 인물 소조들이 빽빽하게 차 있는데, 생동감이 넘친다. 동굴의 모양대로 조각과 소조들을 배치시켜놓은 것이 자연스럽다. 좌우 벽에는 각종 인물들을 그려놓은 벽화들이 가득 차 있다. 세월의 흐름에 훼손되어 있지만, 눈여겨볼 만한 가치가 있다. 임분시가 요도인 것을 일깨워주는 듯, 고사산 역시 요제와 불가분의 관계를 맺고 있음을 보여준다.

달을 감상할 수 있는 명산, 각산

각산은 진성시에서 동남쪽으로 약 10㎞ 지점에 위치한 태행산맥의 줄기로, 주봉의 높이가 973m인 비교적 높지 않은 산이다. 자연경관이 아름다우며 인문적인 요소도 풍부한 도교 문화의 보고다. 예로부터 '달을 감상하는 명산'으로 널리 알려진 곳으로, 문화부에서 전국 중추습속 시범 보호지로 지정하고 있기도 하다. 단하가 산기슭으로부터 흘러내려, 마치 은색 띠가 각산을 둘둘 감고 있는 듯한 기막힌 경관을 보여준다. 도교 선경으로서 예로부터 '남 무당, 북 각산'으로 불릴 만큼 유명세를 날렸다고 한다.

저녁 6시가 넘어서야 각산에 도착하는 바람에 한바탕 해프닝을 겪었지만, 나를 태워다준 택시 기사의 친절한 도움으로 산 위의 각산빈관에서 하루를 묵는 행운이 따라주었다. 시간이 지나 입장 불가하다는 경비의 완고함에도 불구하고, 외국인이라는 이유를 들어 자기 일인 양 양해를 구해주는 친절함과 배려에 감동할 수밖에 없었다. 여행을 하다 보면 이런 친절한 중국인들을 많이 만나게 된다. 더러는 돈에 눈이 먼 이들도 없지 않지만, 대부분 선량하고 고마운 분들이다. 노동절인 내일은 객실이 만원이라 아침 8시 전에 퇴실할 것을 요구하는 것을 보니, 찾아오는 관광객이 많은 듯하다. 크게 기대하지 않고 각산을 찾았는데, 도교의 성지로서 많은 이들이 찾는 곳이라는 사실을 이곳에 와서야 알게 되었다. 산등성이에는 도관들이 여기저기 세워져 있고, 어둠이 짙어가며 실루엣 지는 모습을 보여주는 것이, 색다른 정취를 느끼게 한다. 끝없이 이어지며 뻗어나가는 산등성이의 유려한 흐름이 아름답다.

노동절인 5월 1일은 늦잠으로 일출 시간을 놓쳤다. 어제 일정이 피곤했는지, 계획보다 늦은 5시에야 눈을 떴다. 하지만 일찌감치 숙소를 나서 해 뜨는 방향으로 노을이 비치는 것을 보며 산을 오른다. 새벽녘의 공기가 너무나 상쾌하다. 진성시 도교협회 건물을 지나니 등산로가 이어진다. 산을 오르며 아침잠에서 깨어나는 각산 주위의 아름다운 풍광을 부지런히 눈에 담는다. 정상으로 다가설수록 아침노을을 받아 비추는 모든 것들에 신비한 아름다움을 느낀다. 가파른 계단 길을 뒤도 돌아보지 않고 쉼 없이 오르다가, 어느 순간 나 혼자만 산을 오르고 있다는 사실을 알게 되고는 묘한 흥분감에 사로잡힌다.

어느 산이나 각자의 아름다움을 지니고 있지 않은 산은 없을 것이다. 아침 정기를 먹고 멀리 끊임없이 전개되는 각산 역시 아름답기 짝이 없다. 일천문을 지나고 이천문 그리고 삼천문을 지나니 영관정이 모습을 드러낸다.

영관정에 오르니 떠오른 태양이 빨간 노을을 사방으로 비추고 있다. 황홀하다. 막 떠오른 해가 주위를 구석구석 붉은 노을로 물들이고 있다.

장관이다. 빨갛게 퍼지는 기운이 산등성이로 흘러가는 모습을 지켜보며 삶의 희열을 느낀다. 이 순간 내가 살아 있다는 사실을…. 일출의 순간도 아름답지만, 일출의 힘찬 용솟음 뒤 조금씩 떠오르며 주위를 밝혀주는 태양도 아름답기 짝이 없다. 강렬한 태양빛을 받은 산등성이, 나무와 나뭇잎 그리고 건물들이 보여주는 실루엣이 낭만적이다.

태양이 지고 다시 떠오르듯, 우리네 삶도 매일매일 태어남을 겪는다. 그 태어남을 죽을힘을 다해 살아갈 것을 스스로에게 다짐하는 소중한 시간이다.

산을 내려가며 보이는 도교 사원의 웅장하고 아름다운 모습에 도교 성지인 각산의 위용을 알게 된다. 각산의 정상인 영관정에서 아래를 내려다보면 각산을 휘감고 흐르는 단하를 조망할 수 있다.

각산으로 들어오는 초입에 있는 단하대교 역시 또 다른 볼거리다. 다리 길이 413m, 주공의 경간이 146m다. 세계에서 단공의 경간이

가장 큰 석공교로 기네스북에 등재되어 있는 기념비적 다리이다. 단하와 단하대교의 원형 공간 사이로 보이는 각산의 풍광이 기막힌 아름다운 모습을 보여주어 눈이 즐겁다.

위에서 소개한 산들 외에도 뛰어난 아름다움을 자랑할 뿐 아니라 교훈적이고 감동적인 고사를 품고 있는 명산들이 산서성 전역에 분포되어 있다. 기회가 주어지면 산서성 전역에 소재한 산들을 찾아 그 아름다움을 즐기고, 산들마다 품고 있을 선조들의 애환과 지혜를 보고 느끼고 배우고 싶다. 산서성이 안고 있는 오천년의 역사는 발길 닿는 어디서나 선조들의 숨결을 느끼게 하기 때문이다.

05

강남 3대 명루를
뛰어 넘는
진남 3개 명루

산서성의 가장 남쪽(晉南이라고 함)에 위치한 운성시에는 아름다운 누각이 3개 있다. 일반적으로 중국에서는 하남성 악양의 악양루, 강서성 남창의 등왕각, 그리고 호북성 우한의 황학루를 강남 3대 명루로 칭한다. 하지만 6개의 누각을 모두 돌아본 나의 눈에는 산서성 진남에 위치한 3개의 누각이 강남 3대 명루의 아름다움에 못지않다고 여겨져 소개하고자 한다. 바로 관작루, 추풍루, 비운루다.

관작루는 북주 때 지어진 누각으로, 모습이 장관일 뿐 아니라 기세 웅장한 건물이었다고 전해져 온다. 고대로부터 수많은 명사들이 누각 정상에 올라, 멀리 보이는 황하를 내려보며 아름다운 강과 산의 멋을 느끼고 천지가 넓다는 사실에 감동했다고 한다. 풍문에 의하면 관작이 서식해서 이름 붙여진 것으로 악양루, 등왕각, 황학루와 함께 중국 4대 명루로도 불린다. 당나라 시인 왕지환이 읊었던 '등관작루'로 더욱 유명한 누각이다.

　고대로부터 내려온 누각으로 생각하고 관작루를 바라보면, 너무나 새로운 모습에 실망할 수 있다. 실제로 북주 때 지어진 건물은 금나라 말기에 전화로 훼손되었고, 현재 건물은 2002년에 새로 지어졌기 때문이다. 위치도 서쪽으로 적지 않게 이동되고, 높이도 원래 누각보다 20여m 더 높아졌다고 한다. 그러나 당시의 풍모를 최대한 반영해 다시 지었다니, 아쉬움을 달랠 수 있다. 과거와 같이 6층 4개 처마의 누각으로, 층별로 다양한 문화 예술품을 전시해놓아, 찾는 이들의 눈을 즐겁게 하기에 부족함이 없다.

　이전보다 20여m 높아진 74m의 6층을 오르면, '등관작루'의 저자인 왕지환의 조상이 눈에 들어온다. 한숨 돌리고 아래를 내려다보면, 자그마치 840,000㎡나 되는 관작루 풍경구의 아름답게 가꾸어진 전체 모습이 한눈에 들어온다. 엄청난 규모와 너무도 정갈하게 조성된 풍광에 놀랄 수밖에 없다. 시야를 연장하면, 섬서성과 산서성을 가르며 도도하게 흐르는 황토색 황하가 조망된다. 날씨가 좋을 때면 서악 화산도 보인다고 하는데, 방문한 날은 안개에 가려 있어 조금은 아쉬웠다.

산서성 출신 시인 왕지환의 '등관작루'는 수없이 많은 작품들 중 가장 유명하다. 그의 시는 한자가 품고 있는 묘미를 극대화시켜, 관작루를 고금의 문인과 시인들이 동경하게 하는 곳으로 만들었다. "천리 멀리까지 보기 위해 다시 누각을 한 층 더 오르네(欲窮千里目 更上一层楼)."라는 10글자의 함축된 표현 속에 개인과 가정, 사회와 국가 각 계층에서 지녀야 할 가장 기본적인 의미를 담고 있다.

2014년 시진핑 주석이 한국을 방문했을 때, 대통령에게 선물한 글씨가 왕지환의 '등관작루' 속에 나오는 "欲窮千里目 更上一层楼"이라는 소식을 접하고, 의미 깊은 선물이라고 생각한 적이 있다. 아무려나 오랜 세월 동안 관작루는 중화민족의 혼을 진작시키는 데 뜻깊은 역할을 해오고 있고, 앞으로도 그 역할을 쉬지 않을 듯하다.

추풍루는 운성시 만영현의 만영후토사 내에 있는 누각이다. 만영후토사는 분하 하류 남쪽에 위치해 있는 중국에서 가장 오래된 후토낭낭묘로, 한 무제가 후토사를 지은 후 8차례나 순행했다고 전해진다. 한 무제가 남긴 유명한 '추풍사' 비각(원나라 때 쓰였다고 함)을 소장하고 있어 얻어진 이름이다. 추풍루는 삼진 명루의 하나로 불릴 만큼 아름답기 그지없다는 소문에 반드시 보고야 말리라는 각

오로 찾아 나섰다. 그러나 시골에 위치한 추풍루를 찾아가는 과정은 쉽지 않았다. 어렵사리 찾아냈을 땐 이미 지친 상태였다. 하지만 추풍루를 친견하니 그 모든 고생이 눈 녹듯 사라지는 묘한 경험을 하게 되었다. 지붕에 지붕을 올린 듯한 설계의 독특함, 하늘을 향한 지붕선의 유려함, 황하 색깔 같은 황토색 느낌의 누각 이미지 등…. 이 모든 것이 한마디로 독특한 아름다움이다.

추풍루는 높이 32.6m, 3층으로 이루어져 있다. 날아갈 듯한 처마의 두공 구조가 복합적으로 구성되어 있을 뿐 아니라, 정밀하고 깊이 있다. 전반적 건축미가 빼어나고 신령함이 깃들인 느낌을 준다. 인간이 조각한 것이 아니라, 신이 인간의 영역을 벗어나는 작품을 만든 것같이 여겨질 정도다. 마모되어 고색창연해진 누각의 모습이 오히려 세월의 연륜을 느끼게 만들어 더 보기가 좋다.

2층에 있는 '추풍사' 비각을 직접 본 후 3층에 올라 사방을 조망해 보고 싶었는데 방문한 날 공교롭게 수리 중인 관계로 입장이 허락되지 않아 안타까웠다. 소중한 문화유산을 보호하기 위한 조치라고 하니, 아쉬움을 달랠 뿐이다. 어쩔 수 없이 밖으로 나오니, 마침 석양이 지는 황하 변의 모습이 눈에 들어온다.

꿩 대신 닭이라고, 황하 변에 들어서 있는 촌락과 황하 변을 비추는 아름다운 석양을 바라보며 아쉬움을 달랜다. 흉노족을 정벌하고 장건의 실크로드를 있게 한, 그리하여 고대 중국의 위용을 대내외에 떨친 위대한 한 무제. 그가 가졌던 감상을 추풍루에 보관된 비각에 새겨진 '추풍사'를 직접 접하고 느끼려 했는데, 아쉬울 뿐이다. 그가 남긴 '추풍사'를 음미하며 아쉬움을 달랜다.

가을바람 일고 흰 구름 흐르도다	秋风起兮白云飞
초목은 떨어지고 기러기는 남으로 가는구나	草木横落兮雁南归
난초는 수려하고 국화는 향기로운데	兰有秀兮菊有芳
좋은 사람들이 그립고 잊을 수가 없구나	怀佳人兮不能忘
망루가 있는 큰 배를 띄우고 분하를 건너니	泛楼船兮济汾河
물줄기를 가로지르며 하얀 물결 출렁이는구나	横中流兮扬素波
퉁소와 북 울리며 뱃노래를 부르니	箫鼓鸣兮发棹歌
환락이 극도에 달하고 슬픔이 넘치는구나	欢乐极兮哀情多
젊은 시절이 언제였던가! 늙을 수밖에 없는 것을	少壮几时兮奈老何

— 〈추풍사〉 한유철

'추풍사'를 꼼꼼히 음미하다 보니, 인생의 무상함이 한 글자 한 글자에 묻어 나온다. 나이 든 한 무제가 살아온 과정을 돌아보며 인생의 무상함을 표현한 듯하다. 가슴에 와 닿아 한동안 '추풍사'에서 빠져나오기 힘들 정도다. 봉건사회에서 절대 권력을 수십 년간 누린 한 무제도 인간이기에 느낄 수밖에 없는 비애가 있었던 것이니, 그것은 바로 인간이면 누구나 피해 갈 수 없는 늙음과 죽음이었다. 최고의 환락에서 슬픔을 느끼고 돌이킬 수 없는 젊음 앞에 놓인 자신을 돌아보며 느끼는 심사가 그대로 표현된 진솔하고 인간적인 시가 바로 '추풍사' 아닌가 싶다.

운성시 만영현에는 삼진 명루의 또 다른 하나인 비운루가 있다. 추풍루와 함께 뛰어난 건축 작품으로 만영현에 있는 만영동악묘 내에 위치하고 있다. 2014년 운성을 찾았을 때 시간적인 여유가 없어 보지 못한 것이 아쉬워 2015년 노동절 휴가를 이용해 재차 방문을 감행했다. 그러나 이번에는 만영동악묘 전체가 보수 중이라 출입이 허용되지 않는다. 안타깝지만 어쩔 수 없다. 바깥에서나마 비운루를 볼 수 있어 행운이라 생각하기로 한다. 멀리서 보니 모양새가 추풍루와 비슷하다 여겨지는데, 전문가가 아닌 만큼 그 차이를 찾기가 어렵다. 추풍루와 쌍벽을 이루는 비운루 역시 명·청 시대의 건축 양식을 보이고 있다.

　높이 23.19m로서 하늘로 비상할 듯한 처마가 인상적이다. 밀집해 있는 두공이 345조에 이른다는데, 형상의 변화가 마치 수많은 꽃들이 화려하게 피어 있는 듯한 모습을 보여준다. 어찌 보면 전체적인 분위기가 추풍루와 많이 겹쳐 보여, 쌍둥이 같은 느낌을 받기도 한다. "건축의 생동감과 수려함은 비운루가 낫고, 문화적인 위치는 추풍루가 우위를 점한다."라고 서로를 비교한 것을 보니 재미있다. 비교하고 평가하기 좋아하는 사람들이 의견을 제시한 것 같은데, 내가 보기에는 비교 자체가 의미 없다고 생각된다. 추풍루는 추풍루대로, 비운루는 비운루대로 각각 문화적인 가치, 그리고 건축적인 아름다움을 가지고 있다. 그렇기에 앞에 놓인 누각을 놓고 어떤 것이 낫다고 평가할 필요 없이, 있는 그대로의 아름다움을 눈에 비치는 그대로 즐기고 감상하면 될 일이다.

　노동절 휴일을 맞은 만영동악묘 앞 공원에는 시민들이 흥겨운 음악에 맞춰 춤을 추는 등, 화창한 봄날의 정취를 즐기는 데 여념이 없다. 하긴, 태원에서 찾아온 나에게는 비운루가 신기한 누각이지만, 매일 보는 그들에게는 일상일 것이다. 아무리 귀한 것도 곁에 있으면 그 소중함을 잊기 마련인 것을….

지난 번 추풍루를 친견할 때와는 달리, 운성시 만영현의 날씨가 너무나 청명해 푸른 하늘을 배경으로 서 있는 비운루가 더욱 아름다워 보인다. 5월의 초록과 푸른 하늘 아래 우뚝 서 있는 황토색 비운루가 너무나 조화롭다.

강남 3대 명루와 산서성 삼진 명루를 두고, 어느 것이 낫고 어느 것이 못하다는 비교를 한다는 것 자체가 어리석은 행위라 여겨진다. 풍취가 뛰어난 강남 명루들이 수많은 묵객들의 발자취로 유명세를 떨치듯, 삼진 명루 역시 산서성의 유구한 역사를 품고 있다.

왕지환의 '등관작루'에서 표현된 "천리 멀리까지 보기 위해 다시 누각을 한 층 더 오르네(欲窮千里目 更上一层楼)"라는 시구는 관작루를 고금의 문인과 시인들이 동경하는 곳으로 만들었다. 추풍루에는 한무제라는 일세를 풍미한 걸출한 황제가 남긴 '추풍사'라는 진솔하고 인간적인 시가 함께하고 있다. 방대한 중국 대륙의 곳곳에 남겨진 유적들의 독특함을 느끼면 될 뿐이다. 위대한 조상들이 남긴 아름다운 흔적들을 감상할 수 있음에 행복할 따름이다.

06

산서성의
불가사의

산서성을 방문하면 "1,000년의 역사를 보기 위해서는 북경, 3,000년의 역사를 보기 위해서는 서안, 5,000년의 역사를 보기 위해서는 산서성을 가보라."라고 말하는 사람들을 만나게 된다. 유구한 중국의 역사 속에서 산서성이 빚어낸 수많은 고사와 역사적 가치를 지닌 유적들에 대한 산서성 사람들의 무한한 자부심을 에둘러 표현한 것이다. 그들의 말마따나 5,000년 역사를 품고 있는 산서성에는 연구 대상이 되고 예술적 가치가 뛰어난 유적과 유물들이 부지기수다. 산서성 하면 대부분의 사람들은 세계문화유산인 윈강석굴, 평요고성, 오대산 등을 떠올릴 것이다. 그러나 나의 경우에는 또 다른 시각으로 산서성의 명소들을 바라보게 된다. 나의 발길이 닿은 많은 유적들 중에 인간이 만들어냈다는 사실이 믿기지 않는 유적들이 있다. 더불어 자연이 빚어낸 아름다움이 과학적으로 설명할 수 없는 곳에 존재하고 있기도 하다. 이러한 명소들을 묶어 '산서성의 불가사의'라는 주제로 소개해보려 한다.

응현목탑은 삭주시에 위치하고 있다. 대동시에서 약 76㎞ 정도 떨어져 있어 원강석굴과 현공사를 참관한 뒤 발품을 팔아보기에 적당하다. 회사를 방문하는 손님에게 응현목탑의 모형을 선물하는 것을 옆에서 지켜보며 처음으로 접했다. 아이러니하게도 그 숱한 시간 동안 한번 찾아본다고 입으로만 되뇌다가, 한국으로의 복귀를 앞두고 어렵게 시간 내어 방문하게 되었다.

응현목탑은 요나라 청녕 2년(1056)에 지어진, 중국에 현존하는 가장 이른 시기의 목조 고층 건축물이다. 높이 67.3m로서 현재 기준으로 20층 건물 높이에 비견될 수 있다. 아래층의 직경은 30.27m이고, 총 무게는 약 7,400톤에 이른다. 회사를 방문하는 손님들에게 선물로 제공하는 응현목탑 모형을 처음 보았을 때는 그 정교함과 우아한 아름다움에 반했고, 친견했을 때는 그 규모에 다시 한 번 입이 벌어질 정도로 놀랐다.

경이로운 것은 959년 전에 이렇듯 높고 웅장하고 아름다운 탑을 세웠다는 사실이다. 고대 중국인들의 건축 기술에 놀라움을 금하지 못할 뿐이다. 현대와 같은 첨단 기술과 장비가 구비되지 않은 상태에서 어떤 방식으로 20층 높이의 건축물을 세워 나갔을까 머릿속으로 상상해보지만, 상상하기 어렵다. 한마디로 대단하다고 할 도리밖에 없다.

탑은 평면 8각형으로 탑기, 탑신, 탑찰의 세 부분으로 나뉘어져 있다. 바깥에서 탑을 보면 5층으로 보이는데, 4개 층이 숨겨져 있어 실제로는 9층이라고 한다. 각 층 내부에는 안과 바깥으로 나무 기둥이 지지하고 있고, 각 층별로 바깥으로 24개, 안으로 8개의 기둥이 있다. 기둥과 기둥 사이에는 목재를 비스듬히 대어 탑의 내진과 내풍력을 높이는 기술을 적용했다. 목탑을 만들 때 다량의 두공을 사용했는데, 자료에 의하면 탑 내부에 54가지 종류의 두공이 있다고 한다.

더욱 신비로운 것은 단 한 개의 철못도 사용하지 않고 나무 자체 상호간의 연결에 의존하는 건물을 만들었다는 사실이다. 천년의 세월이 흐르는 동안 수없이 발생해 지나갔을 자연재해에도 응현목탑은 큰 손상을 당하지 않고, 오늘날까지 당시의 모습을 유지하고 있다. 기적이 아닐 수 없다. 천년이라는 무수한 세월의 풍파 속에 못하나 사용하지 않은 목조 건물이 오늘날까지 본연의 모습을 유지하고 있다는 사실을 누가 믿을 수 있겠는가? 그러나 지금 내가 눈앞에서 보고 있는 이 탑이 그런 역사의 현장을 보여주고 있다고 생각하니, 감동스럽고 경이로울 뿐이다.

목탑은 1층만 개방하고 있다. 내부로 들어서면 11m 높이의 석가모니 불상이 웅장하게 서 있고, 섬세하고 유려한 천장이 눈길을 사로잡는다. 각 층을 오르며 신기한 건축술의 묘미를 음미하고자 했는데, 숱한 세월의 흐름 속에 몸체의 일부가 기울어가고 있다는 이유로 탑을 오르는 것이 허용되지 않는다. 목탑을 보호하기 위해서라고 하니, 안타까움을 달랠 수밖에 없다.

현재의 목탑이 서북 방향으로 기울어지는 것이 명확하게 보인다고 하는데, 전문가가 아니기에 식별하기 어렵다. 목탑의 아랫부분을 지지하는 나무 기둥이 부패했는데, 특히 2층 기둥의 기울어짐과 부패가 가장 심각하다고 한다. 20년 전부터 산서성 문물보호국에서 목탑의 긴급 구제방안을 마련 중이라고 한다. 신기에 가까운 응현 목탑이 정상을 되찾아, 자손 대대로 선조들이 만들어낸 기적과 같은 건축 기술의 현장을 감상할 수 있기를 바란다. 가까이에서 목탑의 아름다움을 음미하고 정상에서 삭주시 응현의 풍광도 만끽하고 싶었는데, 그러지 못해 아쉽다. 다만 불가사의에 가까운 목탑을 친견할 수 있음에 만족할 뿐이다.

목탑의 각 층에 걸려 있는 현판은 명, 청, 민국 시대 작품들로 대부분 걸작이다. 그중 가장 오래된 것이 탑 정면으로 보이는 석가탑(釋迦塔)이라고 한다. 목탑을 감상한 후 뒤로 걸어가면 불궁사가 모습을 드러낸다. 여러 차례에 걸친 목탑 응급 보수 과정 중 불상 안에서 부처 이빨 사리가 발견되었는데, 이로 인해 세상에 알려지게 되었다고 한다. 부처 이빨 사리를 볼 수 없어 조금은 아쉬워한다.

못 하나 사용하지 않은 목재 건물이 천년이 가까운 세월을 버텨내고 있다는 사실을 눈으로 목도하며, 다시 한 번 고대 중국인들의 건축 기술에 감탄한다.

　목탑이 응현의 푸른 하늘 쪽빛과 어울려 아름다움이 더해지는 가운데, 하얀 비둘기들이 자유롭게 날아오르며 목탑의 층층에 앉는 모습이 눈에 들어온다. 목탑을 가까이에서 볼 수 있는 그들이 부럽다는 생각에 웃음 짓는다.

　천년의 목탑, 세월의 모진 풍파와 알게 모르게 지나갔을 지진의 흔들림에도 꿋꿋하게 견뎌내고 아름다운 모습을 후세에 전해줌에 고마울 따름이다. 실제 탑 건설 200년 후 원나라 때 대지진이 일어나, 응현 일대가 쑥대밭이 된 와중에도 피해가 없었다고 기록되어 있다. 기적이 따로 없다 여겨진다. 나아가 이런 목조 건물을 만든 천 년 전의 중국 장인들에게 존경의 염을 보낸다.

　이제 떠나면 다시 볼 기회가 없을 것 같은 생각에 그 역사적 아름다움, 불가사의한 아름다움을 다시 눈에 담는다.

현공사는 이름 그대로 '공중에 걸려 있는 절'이다. 북악 항산 입구의 절벽에 절이 걸려 있다고 생각하면 된다. 2002년 처음 중국어를 배우기 시작할 때, 중국어 교재에 현공사가 소개된 것을 기억한다. '절이 절벽에 걸려 있어 아래에서 위를 올려보아도 아찔하고, 현공사를 오르는 길 역시 아찔하고, 위에서 내려다보는 것은 더욱 아찔하다'는 중국어 문장을 열심히 되뇌었던 기억이 있다. 세계문화유산인 대동의 원강석굴과 함께 중국어 교재에 실릴 정도이니, 널리 알려진 유적지라 하겠다.

　　하늘에 매달려 있는 사찰인 현공사는 대동시에서 약 80㎞ 떨어진 항산의 초입에 있는 금룡협이라는 깎아지른 절벽에 세워진 목조 건축 군이다. 북위 때 료연(了然)이라는 중이 건설한 것으로 알려진 1,400여 년의 역사 깊은 유적이다. 북악 항산의 18경 중 가장 독특한 곳으로 '소오강호'의 무대이기도 하다. 절벽에 구멍을 파서 대들보를 연결한 후 40여 동에 달하는 건물을 건축했다.

무려 1,400년 전 기술로 절벽에 건설한 불가사의한 건물로 정평이 나 있다. 각 건물들은 잔도라는 절벽 길로 연결되어 있다. 좁은 잔도를 걷다 보면 순간순간 아찔함을 느낄 정도로 스릴 넘친다. 절에서 밖을 내려보면 높이 솟은 잔도와 수직 나무, 그리고 횡으로 지탱하는 나무밖에는 보이지 않는다. 철편단이라 불리는 나무들은 지역 특산 솔송나무를 가공하여 만든 것으로, 암석 깊숙이 박혀 있어 현공사를 안전하게 지지하고 있다. 현공사의 면적은 약 152.5㎡로 크지 않은 공간이다. 40개 건물 모두가 목조로 산세에 따라 지어져, 일종의 동굴 안의 건물, 건물 안의 동굴, 반 건물 반 동굴, 동굴과 건물, 건물과 동굴이 연결된 독특한 건축 양식을 보인다. 좁은 공간을 오르내리다 보면 아찔한 순간이 한두 번이 아니다. 성수기 관광객들이 몰릴 때는 아찔함이 극도에 달한다. 특히 많은 인파가 좁은 공간을 가득 채울 때면 위태로이 서 있는 현공사가 무너지지 않을까 두려운 생각이 들기도 한다.

'만들어져 있는 현공사를 오르는데도 이렇게 아찔한데, 최초로 현공사를 짓는 과정에서는 어땠을까?'라는 생각을 해본다. 현대와 같은 첨단 장비가 없는 것은 기본일 테고, 어떤 방식으로 안전장치를 하고, 어떤 방식으로 건물을 지어 나갔을까? 상상만 해도 아찔하다. 절을 짓는 과정에서 실족해 죽은 인부들이 한둘이 아닐 것이라는 생각에, 그들의 도전이 무모해 보이기도 한다. 하지만 1,400년 전을 살아갔던 선조들이 이루어낸, 너무나 비과학적이면서도 과학적이고, 너무나 비현실적이면서도 현실적인 작품 앞에서 현세를 살아가는 우리들은 감탄하고 있다. 독창적인 발상과 무모한 독창성을 실현시킨 지혜와 기술의 현장을 보기 위해, 대륙에서 찾아오는 관광객은 물론 이역만리에서 벽안의 외국인들까지 찾아오는 명소가 되었으니, 선조들이 흘린 피와 땀이 충분히 보상받고도 남는다 할 것이다.

현공사를 오르면 좁은 공간에 있는 삼궁전, 삼성전, 삼교전 등을 차례로 만날 수 있다. 삼성전 안에는 진흙으로 조각한 석가모니, 천녀 소상 등이 당과 명나라 양 대의 우아한 풍취를 풍기며 화려한 모습으로 서 있다. 특별한 곳은 가장 높은 곳에 있는 석가모니와 노자, 공자를 함께 모신 삼교전으로, 불교와 도교, 유교의 조상 78개가 들어서 있다. 삼교 합일의 정신을 보여주는 곳이다.

현공사가 지어진 후 항산 일대가 '병가필쟁지지(兵家必爭之地)'였음에도 훼손되지 않았을 뿐 아니라, 역대 왕조에서 보수를 통해 완벽한 상태를 유지하고 있다. 금나라 대정 18년 보수 작업 후의 형태를 그대로 유지하고 있다고 하니, 대단하다 여길 수밖에 없다. 절벽에 세워진 현공사, 목조에 의지해 지탱하고 있는 현공사가 1,400년을 지나며 온전한 모습을 보여주고 있는 비결이 무엇일까? 그게 너무나 궁금하지만, 적확한 답을 제시하는 자료를 찾을 수 없다. 신비로울 뿐이다.

수직으로 세워진 나무 기둥, 암석에 박혀 횡으로 연결된 나무들이 1,400년의 세월 동안 부패하지 않은 채 현공사를 지탱하고 있는

것을 눈으로 보며, 신비로움에 놀랄 뿐이다. 오랜 세월 전 절벽 중
간에 절을 세우겠다는 발상을 한 이도 그렇지만, 나무 기둥만의 힘
으로 그 오랜 세월을 버텨 지금까지 과거의 모습을 간직하고 있는
것을 목도하며, 건축 기술의 오묘함에 경외감을 느낄 수밖에 없다.

　현공사 아래는 '장관(壯觀)'이라는 글자가 새겨져 있는 돌이 있다.
장(壯)자 오른쪽에 점이 하나 찍혀 있다. 이백이 술에 취한 상태에서
현공사를 친건하고 그 모습에 반해, '장관'을 넘어서는 표현이 없어
점을 찍었다고 한다. 해설사 설명의 진위 여부를 떠나 흥미로워 자
세히 보니 과연 점이 하나 찍혀 있다.
　삭주시에서 천 년 가까이 버텨오는 응현목탑의 신비함에 반했지
만, 대동시의 현공사는 그보다 더 역사가 오래된 목조 건물이라 신
비감이 더하다. '깎아지른 절벽 중간으로 골재와 재료를 어떻게 운
반했을까?' '건물을 지탱하는 기둥들이 비바람과 폭풍이 지나갔을
수많은 세월을 거치며 훼손되지 않도록 설계한 기준은 무엇일까?'
'이러한 고난도의 공사를 하며 얼마나 많은 인명이 희생되었을까?'
'선조의 피와 땀이 남긴 유물이 얼마나 많은 관광 수입을 벌어들이
고 있을까?' 여러 가지 의문들을 스스로에게 던져보며 현공사를 다
시 한 번 돌아다본다.

영락궁은 운성시 예성현에서 북쪽으로 3㎞ 떨어진 곳에 위치하고 있다. 800년 가까이 온전한 모습으로 보존되고 있는 벽화의 신비함을 확인하기 위해 발품을 팔아본 곳이다. 중국 고대 도교 팔동신선의 한 인물이었던 여동빈을 제사 지내기 위해 원나라(1247년) 때 지어진 도관이다.

영락궁은 국내외적으로 영향력 있는 고건축으로서, 벽화 예술로 널리 알려져 있다. 내부에 보존되어 있는 벽화는 현존하는 벽화 예술의 진귀한 보물로, 둔황의 벽화와 비견되는 수준 높은 작품이다.

입구에는 '유신선부제, 상절륜벽화(游神仙府第 賞絶伦壁畵)'라는 플래카드가 걸려 있다. '신선의 저택을 유람하며 탁월하게 뛰어난 벽화를 감상하라'는 의미인데, 그만큼 영락궁에서 벽화의 비중이 크다는 사실을 알 수 있다.

입구를 들어서면 원나라 때 지어진 건물들이 용호전, 삼청전, 순양전, 중양전 순으로 일직선으로 배치되어 있다. 벽화는 4개의 건물에 꽉 들어차 있는데, 총면적 960㎡에 달한다고 한다. 풍부한 얘깃거리와 뛰어난 벽화 예술로 원대 도관 벽화 중 걸작으로 알려져 있다.

무극전으로도 불리는 삼청전에서는 800년 세월의 흔적을 충분히 느낄 수 있다. '무극지전'이라 쓰인 현판은 고색창연한데, 고건축의 진면목을 보는 반가움이 있다. 삼청전 지붕 아래 조각되어 있는 용 문양과 다양한 모양의 두공들이 퇴색한 아름다움을 보여주는 것도 보기 좋다.

삼청전을 들어서면 벽 사방으로 403.34㎡에 달하는 벽화가 빽빽하게 그려져 있어, 순간 황홀함에 빠진다. 영락궁 전체 벽화 면적의 약 50%를 점유하는 규모다. 눈에 익은 듯한 느낌이 들어 곰곰이 생각해보니, 일전에 석탄 박물관을 들렀을 때 모사품을 전시한 곳에서 본 벽화라는 것이 떠올라 무척이나 반갑다. 800여 년 전 그려진 벽화가 지금까지 색상의 변화를 느끼지 못할 정도의 완벽한 상태로 보존되어오고 있다는 사실이 신기할 뿐이다.

　하루 대절한 차량 기사에게 물어보니, 화학제품을 사용하지 않고 황하의 흙 같은 광물질인 천연 재료를 사용해 장기간 보관되고 있다고 알려준다. 과학적으로 증명된 사실인지는 모르지만, 현지에서는 그렇다고 하니 그런가보다 여긴다. 하긴, 응현목탑이나 현공사처럼 과학적으로 설명되지 않는 불가사의가 존재하지 않는 것이 아니니, 영락궁의 벽화 역시 선조들의 지혜가 아니었나 싶다.

벽화에 등장하는 인물이 286명으로, 영락궁 벽화의 정수다. 수많은 인물들이 천존에게 예배드리는 도교 의식에 참여하고 있어 '조원도(朝元图)'라 불린다.

삼청전의 벽화도 아름답지만, 천정을 올려보면 또 다른 아름다움을 발견하게 된다. 천정 문양의 정교함과 화려함에 눈길을 떼지 못한다. 당시 벽화를 그려낸 화가뿐 아니라, 삼청전을 만든 건축가의 예술성도 뛰어났던 것으로 여겨진다. 벽화와는 또 다른 고건축의 뛰어난 예술성에 눈이 즐겁다. 세월에 빛바랜 고색창연함이 아름다움을 더욱 아름답게 만드는 듯하다. 순양전의 벽화 역시 감상할 만하다. 여동빈의 출생으로부터 득도 후 신선이 되고 중생을 제도하는 일련의 신화를 연속되는 벽화로 보여주고 있다. 삼청전의 벽화에 비해 규모나 선명도는 미치지 못하지만, 역사가 남긴 위대한 족적임에는 틀림이 없다.

만년빙동은 흔주시의 로아산풍경구에 있는 얼음 동굴이다. 빙동으로 들어서는 길은 숲으로 덮인 아름다운 공원을 떠올리게 한다. 상쾌한 기분으로 유유히 숲길을 거닐며 곰곰 생각해보니, 이런 곳에 얼음 동굴이 위치하고 있다는 사실이 조금은 믿어지지 않는다. 의아심을 품고 빙동의 입구에 도착하면, 120위안이라는 입장료가 터무니없다고 생각될 정도로 초라해 보인다. 그러나 불과 몇 미터 이동한 후 빙동을 들어서면서부터 그런 생각은 180도로 바뀐다. 마치 타임머신을 타고 공간 이동한 듯, 온통 얼음으로 덮여 있는 또 다른 별세계를 만나게 되기 때문이다.

빙동을 들어서면 마치 냉동고에 들어온 듯 한기가 온몸을 엄습한다. 무더운 여름날 입장료를 내고 빙동을 하루 종일 들락날락하면서, 빙동이 만들어내는 신기한 아름다움을 즐기며 자연이 만든 냉장고에서 더위를 피하는 것도 재미있겠다는 엉뚱한 생각도 해본다. 하기는 1년 사계절 내내 영하 4℃ 이하를 유지한다고 하니, 조금은 춥다는 느낌을 가질 수 있기는 하겠다.

빙동은 신생대 제4기 빙천기에 형성된 것으로, 약 3백만 년의 역사를 지니고 있다. 만년빙동이 기이하고 특수한 것은, 빙동이 위치한 바깥의 기후조건에 의하면 근본적으로 얼음이 얼 수 있는 환경이 아니라는 데 있다고 한다. 그러나 빙동 내부에는 1년 내내 얼음 기둥이 녹지 않을 뿐 아니라, 안으로 들어갈수록 얼음이 더욱 두꺼워진다. 중국에서 지금까지 발견된 가장 큰 빙동으로, 북극 같은 영구적으로 얼음이 어는 지역 외에는 보기 힘들다고 한다.

빙동 내에는 얼음으로 만들어진 얼음 기둥, 얼음 커튼, 얼음 폭포, 얼음 종, 얼음 침대, 얼음 사람, 얼음 보살 등 기이하고 특이한 형상들로 가득 차 있다. 크고 작은 얼음 조각들이 빚어내는 정교한 아름다움, 투명하게 맑아 눈부신 아름다움, 간드러지는 자태를 보이는 아름다움, 웅장한 아름다움 등이 도처에 널려 있어, 보는 이들로 하여금 감탄하지 않을 수 없게 만든다. 한마디로 얼음 세계다.

빙동 내부는 관람객을 위해 만들어놓은 계단 길을 제외하고는 온통 얼음으로 덮여 있고, 형형색색의 조명과 어울려 몽환적인 분위기를 연출한다. 계단을 내려가며 양 옆으로 보이는, 천정 위로 달려 있는 얼음 조각들의 각양각색 모양들은 자칫하면 미끄러질 수도 있는 계단 길이라는 사실을 망각할 정도로 혼을 빼놓는다. 미끄러운 계단 길을 조심히 걸으며 빙동으로 깊숙이 들어갈수록 좌우로, 위로 보이는 얼음의 향연들이 점점 더 화려하고 다양해진다.

동굴 위로 빽빽이 달려 있는 뾰쪽하게 뻗어 내린 불규칙한 얼음 기둥들의 조화가 환상적인 곳이 있는가 하면, 아주 큼지막한 얼음 기둥이 마치 뛰어난 예술가가 조각한 듯 웅장하게 서 있기도 하다. 얼음의 형상이 사람 모양이든 커튼 모양이든 그다지 중요하지 않다고 본다. 자연의 조화가 만들어놓은 가지각색 투명한 얼음 조각의 향연을 즐기면서 여유롭게 빙동을 돌아보면 될 일이다. 적당히 설치해놓은 조명이 이러한 자연의 예술 작품들을 비추며 관람객들을 환상의 세계로 안내한다.

빙동에서 200m도 떨어지지 않은 곳에 현지인들에 의해 천년화산이라 불리는 화산이 위치하고 있어 더욱 신비롭다. 상극인 얼음과 불이 하나의 산에 공존하는, 보기 힘든 기이한 현상이 존재하는 곳, 그곳이 바로 만년빙동이다.

위의 명소들을 장성, 병마용 같은 불가사의와 비교하는 것은 거리가 있다. 그러나 세상에 존재하는 것이 상식적으로 이해되지 않는다는 개념적인 측면에서 볼 때, 좁은 범위의 불가사의로 간주할 수 있다고 본다.

못 하나 사용하지 않은 67.3m 높이의 거대한 목조 건물 응현목탑이 지진 등 자연의 온갖 풍파를 거치며 천 년 가까이 온전한 모습을 지키고 있는 것은 분명 불가사의에 가까운 조화다. 절벽 위에 매달려 1,400년 세월을 버텨오고 있는 현공사 역시 기적이라 아니할 수 없는 고대인의 걸작이다. 영락궁 삼청전에 그려진 벽화 '조원도'가 온전한 모습으로 800여 년을 이어져 내려오는 것은 과학적으로 설명하기 어렵다. 상극인 얼음과 불이 하나의 산에 공존하는 만년 빙동 역시 상식적으로 이해하기 힘든 사실임을 인정하지 않을 수 없다. 불가사의라는 의미를 떠나, 불가능해 보이는 유물들을 후세에 남겨놓은 선조들의 창조적이고 도전적인 정신에 박수를 보낸다.

07

젊은 리더의 교만이
빚어낸
비극의 현장

장평전투유지는 조(趙)나라 명장 염포가 방어진을 구축하여 진(秦)나라를 움츠리게 만들었던 곳으로, 진성시 고평(古, 장평) 대량산 위에 조성되어 있다. 전쟁터의 규모와 희생자가 묻힌 지역의 광범위함을 고려할 때 어쩔 수 없다 여겨진다. 전국시대 말기의 장평전투가 이곳에서 발생했다. 모두가 알고 있는 역사적인 사실이지만, 전쟁의 배경과 결과를 간단히 소개하여 이해를 돕고자 한다.

기원전 262년 진나라 소양왕은 상당군(지금의 장치시)과 한(韓)나라 수도와의 연결 고리를 끊기 위해 대장군 백기로 하여금 상당군을 침공하게 한다. 위급 상황에서 상당군의 한나라 군대는 조나라에 사자를 보내 항복을 청하고, 조나라 효성왕은 군대를 보내 상당군을 접수한다.

2년 후 진나라가 다시 왕흘을 보내 상당을 포위하자, 소식을 접한 조나라 효성왕은 염포 장군에게 20만 대군을 주어 상당을 원조하게 한다. 그러나 장평(지금의 고평현)에 도달했을 때, 염포 장군은 상당이 이미 진나라의 손아귀에 들어간 것을 알게 된다. 왕흘이 군대를 이끌고 장평으로 들어오자, 염포는 장기 방어전을 펼 요량을 하고 방어진을 구축한다. 대책이 없는 왕흘이 사람을 보내 보고하고, 소양왕은 책사 범저를 불러 해결책을 논의한다.

범저는 조나라를 이기기 위해서는 염포를 제거해야 한다고 진언한다. 범저의 반간계에 따라 "진나라는 젊고 능력 있는 조괄이 군사를 총괄하는 것을 두려워한다. 염포는 늙어서 중용할 수 없고 조만간 투항할 것이다."라는 소문이 효성왕의 귀에까지 들어간다. 참고로 조괄은 명장 조사의 아들이다. 어릴 적부터 병법 공부를 좋아해서 용병법을 논하면 물 흐르듯 술술 나오고, 스스로 천하에 상대가 없다며 누구도 안중에 두지 않는 철없는 젊은이였다.

조왕은 조괄을 불러 진나라 군대를 물리칠 수 있느냐고 묻는다. 조괄은 진나라 장수가 백기라면 몰라도, 왕흘은 뛰어나지 않아 쉽게 상대할 수 있다고 장담한다. 그의 말을 믿은 조왕은 조괄을 보내 염포 장군을 대신하게 한다. 조왕의 결정은 인상여의 반대에 부딪혔으나, 그의 간언은 받아들여지지 않는다. 조괄의 모친 역시 반대하는 상소를 올리니 조왕이 그녀를 불러 이유를 경청한다. 모친은 조괄의 부친 조사가 임종 전에 재삼 당부한 얘기를 전한다.

"조괄은 용병과 전쟁을 놀이로 간주하는 아이이기에, 병법을 아무리 많이 안다고 해도 실제 전쟁터에서는 하등의 쓸모가 없다. 내가 죽고 난 후에도 조왕이 그를 쓰지 않는 것이 좋을 것이다. 그를 중용할 경우 조나라 군사가 그의 손에서 멸하게 될 것이 두렵다. 그러니 절대 그를 중용하지 말 것을 유언으로 남긴다."

이런 유언을 전하며 결정을 반려할 것을 간곡히 건의하지만, 조왕은 의지를 굽히지 않는다.

조괄이 염포를 대신하게 된 소식은 진나라로 곧바로 전달되었고, 범저는 자신의 반간계가 성공했음을 기뻐한다. 이후 곧바로 왕흘을 대신해 백기를 파견한다. 백기는 혁혁한 전공으로 명성이 천하에 알려진 장군으로, 탁상공론을 일삼는 조괄의 상대로는 너무나 벅찬 거물이었다. 권투로 따지면 헤비급과 플라이급의 대결로, 전쟁이 시작되기도 전에 승패는 이미 결정된 것이나 마찬가지라 하겠다.

조괄은 지휘권을 잡자마자 참모들을 교체하고 염포의 방위작전을 수정한 후 공격 준비를 지시한다. 기원전 260년 8월, 조괄은 주력 부대를 이끌고 성을 나와 진군을 공격하지만, 백기의 능수능란한 유인 작전에 넘어간다. 적진 깊숙이 쳐들어가다가 사방으로 매복된 진군에 포위되고 만다. 쥐새끼도 드나들 수 없을 정도로 완벽하게 포위망이 구축된 상태에서 식량 보급이 두절되어 인육을 먹고 원기를 보충하는 상황에 이른다. 먹을 것도 없는 상태에서 수시로 이어지는 진군의 기습 공격으로 조나라 군대의 병영에는 죽음의 공포가 번져나가기 시작했다.

이렇게 40여 일을 버틴 조괄은 정에 병사를 이끌고 포위망 돌파를 시도하는 중에 화살에 맞아 목숨을 잃는다. 지휘관을 잃은 조나라 군사는 무기를 버리고 항복한다. 하지만 후일의 반란을 두려워한 백기에 의해 나이가 어리고 체력이 약한 240명만을 조나라로 돌려보내고, 나머지는 장평에 잔인하게 생매장해 죽이는 선택을 한다. 기록에 의하면 이렇게 생매장 당해 죽은 군사가 40만 명에 이른다고 한다. 이 전쟁으로 전국시대 말 유일하게 진나라의 군사력에 필적하던 조나라는 큰 타격을 입고, 진나라는 절대적인 군사적 우위를 확보하게 되어, 중국 통일의 길을 순탄하게 걸어가게 된다. 이상이 장평전투의 처음과 끝이다.

비극의 역사를 곱씹으며 유지를 오른다. 입구에는 장평전투의 배경과 비극적인 결말, 그리고 진나라가 중국을 통일하는 과정을 그림으로 그려놓았다. 누가 보더라도 당시의 상황을 알 수 있도록 배려해놓은 것이 보기 좋다.

유지가 있는 대량산을 오르는 가파른 계단 양옆 난간으로는 전국시대에 일어난 고사들을 배경으로 만들어진 고사성어를 그림과 함께 새겨놓았다. 전국시대 7개의 크고 작은 나라들이 서로의 실리를 추구하며 이합집산하는 과정을 통해 패권을 다투던 역사를 이해하는 데 도움이 된다. 고사성어를 들여다보면 4글자 안에 당시를 살던 사람들의 함축된 지혜가 깃들어 있어 깊이 음미할 만하다.

염포의 수비 전략을 못마땅해 한 조나라 효성왕이 실전 경험이 전혀 없는 조괄에게 병권을 넘겨준다. 그의 잘못된 판단은 일순간에 40만 군졸의 목숨을 앗아가게 만드는 씻을 수 없는 오명을 남긴다. 이러한 역사적인 교훈이 담겨 있는 '지상담병(紙上談兵)'이라는 고사성어는 계단의 끝부분에 있다. 교만이 초래한 백면서생 조괄로 인해 목숨을 잃은 영혼들을 떠올리며 한참을 서서 많은 생각을 한다.

　계단을 오르면 명장 염포의 동상이 관람객을 맞이한다. 대량산을 지키며 방어 위주 전략을 구사한 그의 노련함은 진나라를 골치 아프게 만들었고, 당시 최강의 진나라와 각축을 다투던 조나라 입장에서는 그의 전략적 판단이 틀리지 않았음을 후세의 사람들이 인정해주는 듯하다.

　동상 뒤로는 북극현천상제 도장인 진무묘가 웅장한 모습을 보이고 있다. 진무묘가 위치한 곳은 아마도 당시 염포가 구축했을 법한 성곽이었을 것이라는 생각이 든다. 높은 산은 아니지만, 사방이 평지로 이어지는 지역에서 전략적 우위를 충분히 누릴 수 있는 위치라는 것을 비전문가인 내가 보아도 알 듯하다. 진무묘에 염포 장군의 테라코타가 수하 장수들과 함께 전시되어 있다. 이를 통해 그에 대한 염모의 정이 지금까지 이어져오고 있음을 알 수 있다.

　사당 계단 난간 곳곳에는 장평유지를 방문했다가 비극의 현장을 접한 이들이 남긴 애도시들로 덮여 있다. 2,200여 년 전의 비극을 통탄해 하며 남긴 '40만 젊은 주검들을 애도하고 영혼을 위로하는 시'들로 비장함을 더해준다.

대량산 정상에서 보는 사방은 지금은 논과 밭, 집들로 들어서 있어 너무나 평화로워 보인다. 그러나 2,200여 년 전 이곳에서 천하를 놓고 용호상쟁을 벌인 진나라와 조나라가 중국 역사의 향방을 결정하는 대규모 전쟁을 벌였다. 정상에서 보이는 모든 공간들이 전투를 위한 장비와 두 나라의 100만에 가까운 대군들로 덮였을 것을 상상해보니, 어마어마했을 정경에 정신이 혼미해진다.

장평유지는 동서 10㎞, 남북 30㎞의 넓은 지역에 분포되어 있고, 많은 지역의 지명이 전투와 관련되어 있다. 예를 들면 고평에서 5㎞ 떨어진 전두촌은 현지 농민들이 밭에서 일하면서 화살촉을 늘 줍게 되기에 붙여진 이름이다.

1995년 5월, 농민이 영록촌 장군령 아래서 해골 구덩이를 발견했는데, 다량의 백골과 화살촉 등이 출토되었다고 한다. 1호 갱은 넓이 5m, 길이 11m의 해골 구덩이로, 아무렇게나 널린 뼈 무더기가 쌓여 있다. 2,200여 년이 흘렀지만 여전히 당시 전쟁터의 잔혹함을 확인할 수 있다. 최근 들어 장평유지 내에서 계속 10여 개의 해골 구덩이가 발견되고 있다. 그럼에도 장평전투에 대해 우리가 알고 있는 것은 빙산의 일각이라니, 가슴 한편이 답답해진다.

대량산 정상에서 사방을 조망하며 깊은 생각에 잠긴다. 사방팔방으로 펼쳐진 이곳 대량산 아래, 주민들의 집 아래, 농사짓는 땅 아래, 차가 질주하는 도로 아래 40만 명 젊은 병사들의 영혼이 묻혀 있을 것이라 생각하니, 안타까운 마음을 주체할 수 없다. 우매한 왕이 명장의 충성심을 뒤로한 채 탁상공론으로만 박사였던 조괄을 보내는 결정을 했다. 그 잘못된 결정은 젊은 병사 40만 명이 산 채로 땅에 묻히게 한다. 그리고 그 병사들 뒤에 딸린 백만 명은 족히 넘었을 부모와 아내, 자식들에게 씻을 수 없는 고통을 준다. 장평전투 유지는 2,200년 전의 잘못된 리더십의 현장이지만, 현대를 살아가는 오늘날에도 유효하다.

대량산 정상에서 바라보는 고평시의 아름다운 모습은 전국시대나 지금이나 다름이 없다. 다만 당시의 치열했던 패권전쟁 시대와 오늘날의 평화 시대를 대비하며, 평화의 시대를 살아가고 있음에 얼마나 감사한지 모른다.

유지의 계단 난간에 남겨진 '40만 젊은 주검들을 애도하고 영혼을 위로하는 시'들 중 하나를 남기며 장편전투에 대한 이야기를 마치려 한다.

세상 옛일이 여기에 있네	世間往事那有此
사십만 명이 같은 날 죽으니	四十万人同日死
백골이 태행의 눈보다 높구나	白骨高于太行雪
피비린내가 단하를 자주색으로 물들이고	血腥并作丹流紫
애송이는 이를 것이 못 되는구나	锐头竖子何足云
너희는 스스로 죽어 평원의 주인이 되고	汝曹自死平原君

까마귀 배부르고 망령은 지극히 슬프니　　　　鴉飽宿鬼车痛至

지금까지 이곳은 처참하기 짝이 없구나　　　　至今此地多愁云

　　　　　─〈장평을 지나며 1(过长平作一)〉 명, 왕세정(明, 王世贞)

08

황하 유역의
명소들

고대로부터 현재에 이르기까지 자신의 자리를 지키며 흐르는 황하는 말이 없다. 높은 곳에서 낮은 곳으로 자연에 순응하며 묵묵히 흘러내릴 뿐이다. 폭이 넓은 곳을 만나면 흐름을 느끼지 못할 정도의 부드러움으로 모든 것들을 포용하기도 하고, 좁은 협곡을 지나면 언제 그랬냐는 듯 무서울 정도로 난폭해지기도 한다. 변덕스럽다고 생각할지 모르지만, 모든 것이 자연의 순리다. 황하는 이렇게 그의 숨결이 지나는 곳곳마다 풍부한 자양분을 제공해오고 있고, 인류는 그 자양분에 기대어 삶을 꾸린다. 그런 역사가 하루하루 누적되어 황하문명이 탄생하게 되고, 중국인들은 그러한 황하를 모친 강이라 부르며 우러러본다.

청해성에서 발원해 내몽구자치구를 흘러내린 황하는 그 도도한 흐름을 산서성으로 향한다. 이렇게 유입된 황하는 산서성을 관통하며 1,000㎞의 흐름을 이어간다. 지금부터는 나의 발길이 닿은 산서성 황하 유역의 명소를 소개하려 한다.

노우만은 명나라 장성의 산서성 중요 관문요새인 편관현 경내에 위치하고 있다. 내몽구자치구의 준격이기로부터 산서성으로 흘러들어오는 곳으로, 황하가 산서성의 대문을 처음 두드리는 곳이다. 오래전부터 방문하고 싶어 했던 터라, 어렵사리 시간을 쪼개 노우만으로 향하는 여정을 시작한다. 산서성의 북쪽인 삭주시에서도 가장 서쪽에 붙어 있는 오지라, 5시간 30분을 소요하고야 도착하는 거리다.

　　태원에서 직접 연결되는 고속도로가 없어 고속도로와 국도 그리고 고속도로를 연결해야 했다. 국도 구간에는 석탄을 나르는 화물차들이 끊임없이 이어져, 위험과 시간 투자를 감수해야 하는 쉽지 않은 여정이었다. 편관현은 내몽구자치구와 인접한 곳이라 그런지, 이동하는 차창 밖으로 보이는 경관이 마치 초원에 와 있는 듯한 착각을 불러일으킨다. 단지 초원이 없을 뿐이다. 푸른 초원은 없지만 황토고원이 연속적으로 이어지는 것이 독특한 아름다움을 보여준다.

황하가 황색이라고 알고 있었는데, 노우만에서 보는 황하는 짙은 푸른빛이다. 내몽구자치구에서 산서로 흘러드는 황하의 기세는 잔잔한 흐름이지만, 위용을 잃지 않고 황토고원의 중심부를 양쪽으로 가르며 아름답게 흘러내린다. 이곳으로 흘러드는 황하의 굽어지는 모양이 늙은 소가 누워 있는 형상을 하고 있는 것 같다고 해서, 현지인들에 의해 노우만으로 불린다고 한다. 실제로 노우만을 내려보니 물살의 흐름이 완만하고, 물길의 중간에 놓여 있는 고원지대가 늙은 소의 등 같아 보이기는 한다. 현지에서 전해 내려오는 민요가 이해에 도움이 될 듯해 인용해본다.

구곡 황하가 열여덟 번 굽어지는데	九曲黃河十八弯
신비로운 소가 편관까지 강 길을 열어	神牛开河到偏关
밝은 등이 한번 비추이니 깜짝 놀라	明灯一亮受惊吓
몸 돌려 쟁기 끌고 노우만을 떠나네	转身犁出个老牛灣

끝없이 흐르는 황하, 주위를 둘러싼 해발 1,500m 이상의 황토고원, 푸른 하늘과 하얀 구름이 조화를 이루는 것이 표현하기 어려울 만큼 아름답다. 내몽구자치구에서 황토고원으로 흘러 들어온 황하의 물길이 멀리 산서성 최남단 운성까지 연결되어, 다시 섬서성으로 빠져나가는 산서성 황하 1,000여㎞의 시발점이 여기라 생각하니 감회가 새롭다.

실제 노우만은 황하의 99개 만(灣) 중 가장 신기한 만의 하나로 알려져 있다. 높고 곧게 솟은 만한산이 험준한 황하의 협곡을 만들어내고, 그 사이를 가르며 짙은 남색의 황하가 도도하게 흐르고 있다. 소가 누운 형상을 하고 있는 노우만은 황하가 보여주는 또 다른 아름다움이다.

서구고도는 노우만이 있는 편관에서 서쪽으로 약 25㎞ 거리의 하곡현에 위치하고 있다. 하곡현은 삼면이 물로 둘러싸인 곳으로, 내몽구자치구, 섬서성과 강을 마주보고 있어, '닭이 울면 세 개의 성이 동시에 듣는다'는 계명문삼성(鸡鸣闻三省)'으로 알려져 있다. 노우만을 흘러내린 황하가 도달하는 서구고도는 서민들의 애환이 진하게 배어 있는 곳이다. 바로 주서구(走西口)의 출발점으로 수많은 이들이 가족 또는 연인들과 이별해야만 했던 장소이기 때문이다.

서구고도에 도착하니 태양이 서쪽으로 기울기 시작하는 즈음이
다. 유난히도 세찬 바람이 부는 날, 청량한 푸른색깔의 황하가 낙조
의 빛을 받으며 스산한 아름다움을 보여준다. 황하의 건너편에는
내몽구자치구 준격이기의 대구도, 왼쪽으로는 섬서성 부곡현의 대
산도가 눈에 들어온다. 3개 성이 교차하는 곳으로 상호간 교류가
이어지는 현장이다.

서구고도의 역사는 명·청 시기로 거슬러 올라간다. 당시에는 다리
가 없어 산서성, 섬서성, 내몽구자치구 간의 무역이 황하를 통해 이
루어졌다. 명나라 말 가혹한 세금 부담으로 서민들은 궁핍한 생활
을 이어갈 수밖에 없는 형편이었다. 배고픈 민초들의 모든 희망은
황하 반대편 미지의 세계로 향한다. 고생하러 떠나는 이들이나 남
아서 기다리는 이들 모두가 힘든 생활을 이어갈 수밖에 없는 조건
이었으니, 이별하는 마음이 어떠했을까 짐작할 수 있다. 선택의 여
지가 없는 사람들은 이곳에서 가족들과 이별을 고한 후, 행낭을 짊
어지고 배에 올라 황하를 건너 반대편의 바오터우(包頭)와 후허하오
터로 생업을 위해 떠났다고 한다.

서구고도를 천천히 걸으며 아주 오래전 먹을 것을 찾아 가족과
연인, 아이들과 이별을 나누어야 했을 아스라한 정경을 머릿속으로
떠올린다. 저녁 무렵 지는 태양에 비치며 반사되는 황하를 음미하
기도 하고, 세찬 바람에 흔들리는 가로수 잎사귀들의 흔들림도 온
몸으로 느껴본다. 먼 옛날 오늘과 같이 바람이 세차게 부는 스산한

날에 이별을 나누었다면 그 심정이 더욱 더 찢어졌을 것이라 생각하니 가슴 한편이 먹먹해진다. 지금 내가 서 있는 바로 이곳에서 이루어졌을 수백만 수천만 가지의 사연들을 말없이 흐르는 황하는 기억할 듯하다. 한편으로는 불확실한 미래에 도전한 산서인들의 용기에 경외심을 가지게 된다. 강을 건너면 겪게 될 온갖 어려움들에 대한 두려움을 떨치고 미지의 세계를 향한 그들의 도전에… 이들이 이별하며 불렀던 민요를 소개하며 그때의 정경을 떠올려본다.

오빠! 서구로 가는가요?   哥哥你走西口

동생은 붙잡기가 어려워요   小妹妹我实在难留

오빠의 손을 잡고   手拉着哥哥的手

오빠를 문 입구까지 보내요   哥送到大门口

오빠! 서구로 가는가요?   哥哥你走西口

동생이 할 얘기가 있어요   小妹妹我有话儿留

큰 길로 나가면 인마가 넘쳐나니 근심을 버려요

                 走路要走大路口人马多来解忧愁

오빠의 손을 꼭 잡고   紧紧拉住哥哥的手

눈물이 고여 흘러내리니   汪汪泪水扑洒洒地流

동생이 오빠와 같이 가지 못함을 증오할 뿐이고

               只恨妹妹我不能跟你一起走

오빠가 빨리 돌아오길 바랄 뿐이에요　　　　　只盼哥哥早日回家门

오빠! 서구로 가는가요?　　　　　　　　　　哥哥你走西口
동생이 고민이 있어요　　　　　　　　　　　小妹妹我苦在心头
이리 가시면 얼마나 많은 시간이 걸릴지　　　这一去要多少时候
오빠를 기다리다 백발이 될까 두려워요　　　盼你也要盼白了头

　　　　　　　　　　　　　　　　　　　— 주서구(走西口)

참으로 애절한 노랫말이다. 오빠라 부르는 여동생이 친여동생일 수도 있고 연인일 수도 있을 텐데, 연인이 헤어지는 것이라면 더욱 더 슬픈 장면이리라….

이렇게 비장하게 헤어지고 성공을 기약했겠지만, 그들 중 얼마나 많은 이들이 희망대로 돈을 벌고 금의환향했을까? 아마도 극소수일 것이다. 어떤 이는 사막의 모래 폭풍에 귀중한 생명을 잃었을 것이고, 어떤 이들은 출몰하는 도적떼들에게 볼모로 잡혀 목숨을 부지하지 못하는 등, 수많은 종류의 실패가 널려 있었으리라 짐작할 수 있다.

'주서구'를 되뇌며 황혼의 서구고도를 말없이 바라본다. 수없이 많은 사연을 안고 무수한 세월이 흐른 지금, 노을에 실루엣 지는 서구고도 앞 황하의 모습이 환상적이다. 세월은 흐르고 사람들은 출생과 죽음을 반복하지만, 황하의 물길은 수천 년 전에도, 지금도 세월의 흐름에 아랑곳하지 않고 묵묵히 흐르고 있다.

적구고진은 인근에 황하가 흐르고 있다 해서 발품을 팔아본 곳이다. 비포장도로 길을 물어물어 어렵게 찾은 적구고진은 너무나 초라해 보이는 촌락이다. 그러나 자세히 들여다보면 화려했던 시절의 흔적을 찾을 수 있다.

적구고진은 서구고도가 있는 하곡현에서 흘러나온 황하가 여량시를 통과하는 지역에 위치하고 있다. 한때 번영을 구가했던 나루터로서 명·청나라 때부터 민국 초기까지 서북지구와 화북지구 간을 이어주는 중요한 상업도시였다. 지금도 당시의 영화를 알려주는 나루터, 거리, 점포, 사찰, 촌락 등이 모여 있는 유명한 문화촌이다.

적구의 번영은 대동적(大同磧)의 험난함에서 찾을 수 있다. 대동적은 0.5㎞의 짧은 암초 구간이다. 낙차가 10m인 데다 물살이 빠를 뿐 아니라 파도가 높아 배가 지나기 어려운 지역이라고 한다. 따라서 황하를 거쳐 무역을 하던 상선들은 적구에 돛을 내리고 짐을 부린 후 육로를 이용할 수밖에 없었다. 말하자면 대동적이란 자연조건이 적구고진에 중간 기착점의 역할을 부여한 것이다. 이런 연유로 적구고진은 급속한 발전을 이룬다. 그러나 해상 기술의 발전은 적구고도라는 중간 귀착점을 필요로 하지 않았다. 지금은 산서성 내에서 가장 낙후된 지역으로 분류된다.

　발전 여부를 떠나 무엇보다 반가운 것은, 넓은 폭으로 흐르고 있는 황하를 볼 수 있다는 사실이다. 적구고진을 흐르는 황하는 노우만과 서구고도의 푸른 빛깔에서 황하 본연의 황토색으로 돌아와 있다. 넓은 폭의 황토색 황하가 과거의 영화를 품고 있는 적구고진을 말없이 지켜본다. 적구고진은 마치 과거의 영화를 잊지 못하는 듯, 거리의 모습들이 당시의 형태로 보전되고 있다. 나날이 발전하는 다른 지역과 비교해볼 때 초라하기 짝이 없어 안타깝다. 번영과 낙후가 공존하는 적구고진은 역사가 보여주는 극명한 대비를 확인할 수 있는 교훈적인 곳이다.

　호구폭포는 임분시 길현에 위치한 황하의 한 부분이다. 노우만에서 달리기 시작한 황하가 온화하게 흘러오다가, 좁은 협곡을 만나면서 맹렬한 모습을 보이는 현장을 목격할 수 있다. 세상 만물을 포용하던 황하가 마치 못마땅한 것을 만난 듯 굉음을 내며 주위를 질타하고 있다.

2007년 섬서성 연안에 갔을 때 아들과 함께 섬서성 쪽에서 보이는 호구폭포를 찾은 기억이 있다. 당시에는 폭포의 규모와 아름다움이 생각보다 보잘것없었다는 기억이 떠올라, 산서성 쪽에 있는 호구폭포 역시 크게 기대하지 않고 방문한 것이 사실이다. 단지 같은 폭포를 놓고 7년간의 시간적 괴리 속에 섬서성 쪽에서, 그리고 산서성 쪽에서 보며 비교할 수 있다는 것이 특이한 경험이라 생각했을 뿐이다. 해서 폭포라기보다는 산서성을 관통하고 있는 황하의 일부분을 보는 것에 만족하기로 마음을 다잡았다. 그러나 폭포에 다가가면서 이러한 생각은 급변하게 된다. 멀리서부터 들려오는 세찬 물소리가 7년 전의 생각을 버리게 만들 정도로 우렁차 정신이 바짝 든다. 경건한 마음으로 호구폭포를 친견하는 것으로 마음을 고쳐 잡는다.

호구폭포라는 이름은 황하가 흘러내리며 떨어지는 폭포가 3~4군데인데, 생긴 모양이 주전자의 주둥이 같다 해서 붙여진 것이라고 한다. 높지 않은 곳에서 힘차게 떨어지는 물살이 통쾌함을 전해준다. 심장박동 수가 빨라짐을 느낄 정도로 생동감이 넘친다. 사방에서 떨어지는 폭포의 물줄기가 뿜어내는 물안개가 벌린 입을 다물지 못하게 한다.

　환상적이다. 통상적으로 생각하는 맑은 빛깔이 아닌, 황토색 물 안개인 것 역시 또 다른 색다름이다. 가장 세차게 떨어지는 상류로 다가가니 황토색 황하의 물줄기들이 굉음을 내며 격동적으로 요동친다. 뿜어나오는 물보라가 순식간에 옷을 적셔 표현하기 힘든 자유를 느낀다. 뒷물이 앞 물을 밀어내고, 그런 밀어냄이 끝없이 지속되며 상승작용을 일으키는 것이 생명력이다. '소리는 또 어떤가?' 웅장하다. 가까운 곳에서 황색의 황하가 뱉어내는 폭포 소리가 심장을 마구 두드린다. 움츠려 있는 삶에 역동성을 부여하는 황홀함에 날아갈 것 같은 기분이다. 내가 살아 있음을 호구폭포를 통해 확인하는 순간이다. 황과수폭포에서 느꼈던 생동감이 되살아나는 느낌이라 너무나 통쾌하다.

　아침 시간에 오면 무지개가 피어나 형형색색의 빛깔이 물보라를 일으키며 비춘다고 하는데, 그때 보면 더 장관이겠다 싶다. 형형색색의 무지갯빛 장관은 볼 수 없었지만, 오늘 같은 적당한 물에 힘 있는 황하의 흘러내림을 볼 수 있었음에 만족한다. 물이 너무 없을 때는 힘 있는 폭포를 볼 수 없고, 물이 너무 많을 때는 아예 폭포 근처에 접근할 수도 없기 때문이다. 적당한 물에 힘차게 떨어지는 폭포를 볼 수 있었으니 운이 좋은 편이라 여기기로 한다.

오늘은 산서성에서 생활한 지 2년이 지나면서 가장 좋은 경관을 본 날이다. 너무나 흡족한 하루로 기억될 듯하다. 호구폭포가 위치한 길현의 사과는 맛있기로 정평이 나 있다. 혹여 호구폭포를 찾게 된다면, 폭포로 향하는 길 양 옆으로 파는 사과를 맛볼 것을 팁으로 제시한다. 그다지 비싸지 않은 가격에 맛도 기가 막힌 길현 사과를 맛보며 웅장한 호구폭포를 감상한다면, 일거양득이 아닐까.

운성시 하진현 용문촌을 흐르는 황하는 원래 용문고도를 방문할 목적이었으나, 찾는 데 실패하고 만나게 된 인연을 가지고 있는 곳이다. 용문고도는 산서성 하진과 섬서성 한성의 동서 간 경계를 남북 방향으로 흐르는 황하의 옛 나루터다. 이곳에서 호구폭포로부터 60㎞ 정도 협곡에 갇혀 흐르던 황하가 협곡 밖의 넓은 지역으로 퍼져나간다고 한다. 해서 용문고도가 보여준다는 장관을 경험하기 위해 발품을 팔아본 것이다. 그러나 용문고도를 찾는 여정이 쉽지가 않다. 하진에 사는 현지 주민들조차도 용문고도의 위치를 아는 이들이 없다. 우여곡절 끝에 용문촌을 찾아 이리저리 수

소문한 후 황하가 있는 곳에 도달한다.

그러나 좁은 협곡에서 넓게 퍼지는 모습을 볼 수 있는 곳인 용문 고도가 아니라서 아쉽다. 내가 찾은 용문촌의 황하는 이미 넓게 퍼진 상태에서 흐르고 있고, 날씨마저 좋지 않아 멀리까지 조망되지 않는다. 다만 호구폭포를 빠져나온 황하가 수십 킬로미터 협곡을 맹렬하게 흐르다가 넓게 퍼져나온 곳이 이곳이라는 사실을 확인한 것만으로도 의미가 없지 않다 여긴다. 이쪽은 산서성 시민들이, 강 건너에는 섬서성 사람들이 장대한 황하의 아름다움을 즐기고 있다. 2개 성 시민들이 동시에 같은 황하를 향유하는 모습을 보며, 중국 대륙의 거대함을 다시 한 번 실감한다.

대우도는 계획에 없었는데 현지 전세차량 기사의 권고에 의해 찾은 곳이다. 산서성의 가장 남쪽인 예성을 흐르는 황하 주변에 대규모 관광단지를 만들어둔 것으로 보면 된다. 최근에 조성된 만큼 규모도 클 뿐 아니라 우왕묘, 강철로 만든 현수교 등 볼거리를 만들어놓아 찾는 이들의 눈을 즐겁게 한다. 입구를 들어서면 웅장한 우왕묘가 화려한 모습을 드러낸다. 황하를 치수한 공적으로 왕이 된 우(禹)는 지금까지도 중국 사람들에게는 고마운 사람이다.

    우왕묘에서 보이는 황하는 좋지 않은 날씨로 인해 선명하게 조망되지는 않지만, 황토색 물줄기의 도도한 흐름을 충분히 감지할 수 있다. 내가 지금 보고 있는 황하가 전날 하진 용문촌에서 본 바로 그 황하라 생각하니, 그리 반가울 수가 없다. 조금 지나면 산과 산 사이에 아슬아슬하게 매달려 있는 180m의 강철 현수교가 눈에 들어온다. 강하게 부는 바람 때문인지 이용하는 관광객은 보이지 않는다.

    황하 변으로는 4~5㎞ 구간의 산책길을 조성해놓았다. 보는 각도에 따라 달라 보이는 황하의 멋을 바로 앞에서 눈으로 즐길 수 있다. 시간이 허락된다면, 여유로이 걸으며 황하가 주는 낭만을 즐기는 것도 나쁘지 않을 듯하다.

노우만을 통해 흘러 들어온 황하는 1,000여㎞를 달려와 이곳 대우도에서 산서성을 빠져나갈 준비를 하고 있다. 노우만에서 본 황하나 대우도에서 바라보는 황하나, 모두 하나의 황하다. 인간의 편리에 의해 지역적으로 구분된 물리적 한계일 뿐이다. 노우만에서 본 푸른 빛깔 황하는 적구고진에서 우리가 알고 있는 황토색의 황하로 바뀌어 있다. 묵묵히 흐르는 황하는 그 빛깔이 푸른색이든 황토색이든 불평하지 않는다. 지나는 공간이 넓든 좁든 따지지 않는다. 주위의 환경조건을 불평 없이 받아들이며 묵묵히 흐른다. 그러면서 자신의 주위에서 삶의 터전을 일구며 살아가는 인간들을 말없이 지켜보고 있을 뿐이다. 때로는 자연재해를 일으켜 인간들을 괴롭히고, 때로는 어머니 같은 넓은 가슴으로 어루만져주기도 하며, 억겁의 세월 동안….

산서성을 관통하는 1,000여㎞의 황하 중에서 내가 경험한 것은 극히 작은 부분에 불과하다. 언제 기회가 다시 주어진다면 1,000㎞ 황하길 위에 배를 띄워 5,000년 산서성의 역사를 지켜본 황하와 무언의 대화를 나누고 싶다.

09

산서성
인물 이야기

진시황이 중국을 통일하기 전 3,000년간 산서성 지역은 중국의 중원(中原)으로 알려진 군사상의 요지였다. 숱한 세월 동안 끊임없이 변화하는 크고 작은 나라들이 패권을 겨루는 전쟁에서, 중원을 제패하느냐의 여부에 따라 천하의 향방이 결정되었다고 해도 과언이 아니다.

난세는 영웅을 필요로 한다는 속설같이 5,000년의 역사를 품고 있는 산서성은 그 유구한 세월만큼이나 출중한 인물들이 많이 배출된 곳이다. 한국인들에게 도원결의를 통해 어릴 적부터 너무나 친근한 관우는 운성 출신이다. 중국 역사상 최초이자 마지막인 유일한 여성 황제 무즉천은 여량, 무즉천의 신임 하에 일인지상 만인지하의 자리에 오른 적인걸은 태원 사람이다. 한 무제 때 흉노족 정벌에 혁혁한 공로를 세운 위청, 중국 4대 미녀의 하나인 양귀비,『자치통감』을 저술한 사마광, 그리고 이름만 대면 누구나 알 수 있는 숱한 영웅호걸들이 바로 산서성이 배출한 인물들이다. 여기서 그들 모두를 언급하는 것은 부적절하다. 그러므로 산서성에 머무는 동안 직접 발품을 팔아 찾아보았던 유적지를 위주로 소개하려 한다.

운성시에서 관제묘로 향하다 보면, 멀리서부터 **관우** 전신상이 눈에 들어온다. 대형의 관우상은 관제묘로 들어가는 넓은 도로 입구에 들어서 있다. 작금의 중국에서 송나라 명장 악비와 함께 백성들의 열렬한 사랑과 존경을 받는 관우이기에, 그를 배출한 자부심의 표현이라 여겨진다.

　해주관제묘는 운성시에서 서남쪽으로 약 15㎞ 떨어져 있는 해주진에 위치하고 있다. 관우는 재물 신으로 백성들의 사랑을 받고 있어, 중국의 어느 지역이든 관제묘가 없는 곳이 없다. 이곳 해주관제묘는 중국에 현존하는 관제묘 중 가장 큰 규모다. 뿐만 아니라 관제를 제사 지내는 가장 큰 장소로서, 국내외를 통틀어 중국 사람들의 마음속에 차지하는 위치가 매우 높은 곳이다. 관우는 운성시 해주 사람이며, 해주에 위치한 관제묘는 수나라 개황 9년(589)에 세워졌다. 명나라 가정제 때 지진으로 훼손되는 등 많은 굴곡을 거치며 보수가 이어지다가, 청나라 후기에 재건된 것이 지금 보는 관제묘다. 총 면적이 약 73,000여㎡나 되니, 가히 그 규모를 짐작할 만하다. 더불어 관우가 중국 사회에서 차지하는 비중을 알 수 있다.

　관제묘를 들어서면 사면이 개방된 오문이라는 넓은 정자를 만날 수 있다. 오문 곳곳에는 많은 편액이 걸려 있다.

편액들을 유심히 들여다보노라면, 관우라는 희대의 명장을 알기에 부족함이 없다. '사해공앙(四海共仰)', '충의천추(忠義千秋)', '대위덕(大威德)', '천도수인(天道酬仁)', '구응생휘(久應生暉)', '충의인용(忠義仁勇)', '무이심(無二心)' 등… 그의 일생을 관통하는 표현들이 수없이 건물의 요소요소에 걸려 있는 것이 특이하고 볼 만하다. 특히 '충의천추'라는 현판은 관우가 가장 중시하던 덕목인 '충의가 영원하라'는 의미로, 지금도 후세 사람들이 그를 존경하고 사랑하는 이유 중의 하나이다. '무이심' 역시 의리를 존중하는 관우의 유비에 대한 끝없는 마음을 표현한 것이다. 조조의 끈질긴 구애에도 도원결의로 맺은 유비를 향한 그의 변함없는 마음을 알려준다. 역사를 통틀어 그렇게 일편단심으로 의를 지킨 경우가 그다지 많지 않기에, 후세 사람들의 존중을 한몸에 받는 것이지 싶다.

'관제묘'라 적힌 석방에는 왼쪽으로 대의참천(大義參天)이, 오른쪽으로는 정충관일(精忠貫日)이 새겨져 있다. 이 역시 그의 살아간 방식을 알려주고 있어, 현재를 사는 우리에게 많은 생각할 거리를 던져준다.

벽면에 유비 그리고 장비와 맺었던 도원결의, 너무나도 유명한 '과오관, 참육장(過五關, 斬六將)' 등 관우와 관련한 고사들을 그림으로 그려놓은 것을 볼 수 있다. 한 폭의 그림 속에서 화려하고 보는 이로 하여금 통쾌하게 만드는 그의 영웅적인 일대기를 볼 수 있어 마음에 든다.

어서루는 제왕의 권위를 나타낼 정도로 웅장하고 화려하다. 이곳은 관우를 제사 지내는 주요한 장소다. 주전에 걸려 있는 신용(神勇)이란 편액은 건륭제가 흠정한 것이라고 한다. 후궁은 춘추루를 중심으로 좌우로 도루와 인루가 마주보고 서 있다. 춘추루의 처마 밑에 조각되어 있는 정교하고 생동감 넘치는 인물, 동물, 화훼 등의 예술품을 감상할 수 있어 눈이 즐겁다. 관제묘를 벗어나면 어원이 조성되어 있다. 그 크기의 엄청남에 입을 다물지 못하고 있으니, 관우는 공자와 더불어 중국 사회에서 황제 수준의 대우를 받고 있다고 설명사가 귀띔해준다. 관제묘를 자세히 들여다보려면 반나절도 부족하다. 구석구석까지 돌아보지는 못했지만, 어릴 때부터 흠모해 온 관우의 고향에서 그의 향기를 느낄 수 있었음에 만족하기로 한다.

의리와 충직함으로 후세의 사랑과 존경을 독차지하고 있는 관우의 최후가 불운했다는 것은 모두가 알고 있는 사실이다. 오나라 여몽의 계략에 빠져 목숨을 잃고, 유비의 복수가 두려웠던 손권에 의해 그의 수급이 조조에게로 보내진다. 관우의 사람 됨됨이를 잘 알고 있고 그의 영웅적인 기질을 흠모해 온 조조는 관우의 목에 나무로 된 몸을 조각해, 장사를 치른 후 묘를 세워준다. 하남성 낙양에 있는 관우의 무덤 관림을 2015년 7월에 들러본 바가 있기에, 여기에 추가해서 경험을 공유하고자 한다.

관림은 공자와 더불어 2대 성인으로 추앙받는 관우의 묘다. 관림에는 관우의 목만 묻혀 있는데, 어떻게 보면 안타깝기도 하다. 마지막 전투에서 비록 실패했지만, 중국 백성들은 역사의 무대에서 사라진 그를 더욱 흠모하게 된다. 전설적인 영웅담과 목숨을 버리면서까지 지켰던 의리와 지조가 그의 상징이 되었기 때문이다.

관우는 사후에 더 많은 관심을 받게 되는데, 송나라 때 더욱 열렬했다고 한다. 정치적, 군사적 내우외환으로 총체적 난국에 빠져 있던 송나라 조정은 그를 국가적 영웅으로 공식화한다. 그들의 무능으로 인한 백성들의 원성을 관우 숭배를 통해 희석시키려 했던 것으로 보인다. 결국 죽은 관우를 왕으로 봉한다. 관우에 대한 숭배는 시대가 흐를수록 심화되었고, 명나라 때는 황제로, 청나라 때는 신의 위치에까지 오른다. 살아서는 의리의 화신이었던 관우가 사후에 왕과 황제, 그리고 신으로까지 격상되어 중국 백성들의 사랑을 받기에 이른 것이다.

실제로 불교의 사찰이나 도교의 도관 등 어디를 방문하든 관우는 재물 신으로 받들어져, 그의 사당 앞에서 간절히 소원을 비는 중국인들을 언제나 만날 수 있다. 인간에서 신으로 격상된 배경은 알 수 없지만, 백성들의 아픔을 어루만지고 백성들의 소원을 받아들이는 위치까지 오른 관우라는 인물이 신비하게 여겨질 따름이다.

관림은 낙양 시내에서 멀지 않은 곳에 위치하고 있다. 입구를 들어서면 계성전, 재신전, 춘추전 그리고 관우의 목이 묻혀 있는 관림으로 이어진다. 모두 명대의 건물로 궁전 건축양식을 띠고 있다. 어렵게 방문한 날 계성전과 관림 앞에 있는 향화소가 대대적인 보수 작업 중이다. 어수선한 분위기에도 불구하고 많은 관람객들의 향화와 염원이 이어지고 있다. 계성전으로 향하는 길 양쪽 난간으로 어느 지역의 관제묘에서든 볼 수 있는 붉은색 리본이 빽빽하게 걸려 있다. 계성전 내부에는 대형 관우상이 자리하고 있어 위용을 뽐내고 있다. 재신전 오른쪽에는 금색 인조 나무가 세워져 있는데, 관우를 통해 재물에 대한 염원을 비는 이들의 열망이 담긴 듯하다.

그의 무덤 앞 향화소에는 보수 중임에도 향을 봉양하는 이들의 발길이 끊임없이 이어지고 있어, 중국 백성들의 마음속에 관우의 위치가 어느 정도인지 짐작할 수 있다. 향화소 뒤에는 관림이 자리하고 있다. 위대했던 인물들의 묘가 다 그렇듯, 초라한 무덤 위에 푸른 잔디와 나무만이 무성하게 자라 있다. 관우의 생일 음력 1월 13일은 발 디딜 틈이 없을 정도로 많은 관람객들이 몰린다고 한다.

'**무즉천**이 누구인가?' 그녀의 미모가 40세 중년이던 당 태종의 귀에 들어가 14세에 입궁한 후, 무미랑이라는 이름으로 불리다가 재인으로 책봉된다. "난폭한 말을 누가 능히 순하게 길들일 수 있는가?"라는 당 태종의 질문에 대해 "세 가지 도구만 있으면 가능합니다. 채찍으로 통하지 않으면 쇠망치를 사용하고, 쇠망치로도 통하지 않으면 칼로 말을 길들이겠습니다."라고 답변했다는 당돌한 일화는 널리 알려진 사실이다. '될성부른 나무는 떡잎부터 안다'는 속담과 같이 이때부터 무즉천은 보통이 아닌 아이였다. 태종 사후 감업사에 들어가 비구니가 되지만, 고종 이치에 의해 다시 궁으로 들어간다. 이후 황후의 자리를 차지하고 황제로 즉위하기까지, 그녀에 대한 고사는 『즉천무후』라는 책과 드라마를 통해 대중들에게 익숙해졌다.

중요한 것은, 유구한 중국 역사상 유일한 여성 황제로서 집권 25년(690~705) 동안 '땅에 떨어진 물건을 줍지 않고, 밤에 문을 잠그지 않는다(道不拾遺 夜不閉戶)'는 태평성대를 만든 걸출한 정치가였다는 사실이다. 또한 당 태종의 정관의 치를 이어 개원성세의 다리를 놓는 역할을 충실히 수행한 것은 뛰어난 업적이라 인정하지 않을 수 없다. 역사는 무즉천을 '집권 기간 중 경제는 발전하고 사회는 안정되었으며, 당나라의 본격적인 발전에 확고한 기초를 다진 황제'로 평가하고 있다.

무즉천기념관은 여량시 문수현에 있다. 기념관은 산문, 배전, 정전 등 30여 개의 건물들로, 그다지 크지는 않지만 아기자기하게 조성되어 있다. 입구를 들어서면 새하얀 무즉천 동상이 관람객을 반겨준다. 동상 아래에는 "무즉천은 중국 역사상 유일한 여자 황제로, 봉건시대 걸출한 여성 정치가다(武则天是中国历史上唯一的女皇帝, 封建时

代杰出的女政治家)."라는 문구가 새겨져 있다. 진열실에는 그녀의 업적이
체계적으로 전시되어 있어 이해를 돕는다.

　기념관의 핵심은 정전이다. 당나라 때 건설된 후 보수를 거쳤고,
현재 건물은 금나라 황통 5년(1145)에 중건된 것이다. 정전 내부의 대
들보 간격이 넓음에도 800여 년의 세월 동안 조금의 비틀림도 없이
건물을 지탱하고 있는 것이 신기하지만, 그만큼 견고하게 지어졌다
고 볼 수 있을 것이다. 무즉천을 모신 중앙의 감실 위에는 한 마리
의 걸어가는 용이 조각되어 있다. 여성의 신분으로 황제에 등극한
것을 의미하는데, 그리 화려하거나 정교하지는 않다.
　감실은 심하게 마모되고 훼손되어 고색창연한 것이 오히려 고건
축의 아름다움을 더해준다. 정전 지붕 아래는 흰색을 배경으로 수
묵화가 횡으로 그려져 있다. 나무 조각으로 정교하게 이어진 황색
의 건물들과 조화를 이루어 더욱 아름답다. 사방의 벽으로는 즉천

무후와 관련된 고사가 벽화로 그려져 있어, 그녀의 탄생으로부터 황제 즉위에 이르는 일생의 여정을 한눈에 확인할 수 있다.

무즉천의 묘지는 섬서성 서안에 있는 고종과의 합장묘인 건릉이다. 2014년 국경절에 다녀왔는데, 아름답고 웅장하게 조성되어 있다. 수많은 관광객들이 순례하듯 건릉을 찾는 모습을 넋 놓고 지켜본 적이 있다. 자세한 내용은『중국 여행기』에서 소개하고자 한다. 걸출한 인물을 배출한 산서성 여량시 문수현, 그녀의 사당 앞에서 광활한 대륙을 호령했던 옹골찬 여성 황제 무즉천의 향기를 느낀다.

적인걸은 당나라 정관 4년(630)에 태어난 태원 사람이다. 최초의 여성 황제 무즉천 통치 당시, 재상을 역임한 출중한 관료다. 무즉천은 정적을 잔혹하게 대했지만, 재능 있는 인재들은 가문과 출신을 가리지 않고 파격적으로 기용하는 용인술을 보였다. 무즉천이 기용했던 수많은 재능 있는 대신들 중에서도 널리 알려진 이가 바로 적인걸이다. 46세이던 676년, 사건에 대한 심판을 책임지는 대리승이라는 직책을 맡는다. 당시 문제가 뒤얽힌 복잡한 사건들이 누적되어 있었는데, 탁월한 능력을 발휘하여 1년 만에 17,000여 건을 해결한다. 그것도 모든 사건을 공평하고 합리적으로 해결하여 억울함을 호소하는 이가 하나도 없었다고 한다. 후세에 그의 넘치는 기지를

『적공안』 등으로 소설화해서 출판하기도 했다. 동방의 포와로라 불리기도 하는 그는 영화와 텔레비전 드라마의 단골손님이다.

고종이 그의 능력을 인정해, 백관을 감찰하고 탄핵하는 보직인 시어사로 발탁한다. 어려운 자리에서 본인의 안위를 돌보지 않고 권세 있는 탐관오리들과 투쟁하는 길을 소신 있게 걷는다. 조정의 잘못된 일에는 직간하는 것으로 유명했는데, 무즉천이 즉위한 후 더욱더 중용되어 재상에까지 이르게 된다. 민생을 중시하고 옳고 그름을 명확히 하는 데 일생을 바친 그는 당나라 때의 걸출한 정치가다. 그의 정치적인 업적과 국가의 안위를 위해 최선을 다한 행적은 오늘날에도 귀감이 되고 있다. 태원시에는 그와 관련된 명소가 두 군데 있다. 바로 적인걸고리와 장원교다.

적인걸고리는 태원시에 있다. 그가 태어난 적촌에 적공비와 회화나무가 있었는데, 회화나무를 중심으로 6,600㎡ 규모의 공원을 조성한 것이다. 뛰어난 인물을 배출해낸 지역정부에서 적인걸고리를 공원화한 것으로 보면 된다.

　2014년 6월 29일, 택시로 24위안 요금의 거리에 있는 공원에 도착한다. 도로에 인접한 공원 입구는 휴일을 맞아 오가는 시민들로 분주하기 짝이 없다. 입구를 들어서니 더운 날씨에 그늘을 찾은 시민들이 휴식을 취하고 있다. 입장료를 받지 않아 고맙게 생각하며 정면을 바라다보니, 적인걸고리비가 정자 안에 세워져 있는 것이 눈에 들어온다.

　비석 뒤로는 1,300여 년의 역사를 가지고 있다는 D001 회화나무가 웅장한 자태를 드러낸다. 공원 안에는 1,300여 년의 역사를 가진 회화나무가 4그루 있는데, D001, D002, D003, D004로 구분한다. 그중 가장 유명한 것이 D001 회화나무로, 적인걸 모친이 심은 것이라고 전해진다. D002, D003, D004 회화나무 역시 같은 시기에 심어진 것으로, 잘 보존되어 있는 고수명목(古樹名木)이다. 회화나무를 감상한 후 조금 걷다 보면, 적인걸 흉상이 모습을 드러낸다. 비석이 놓인 장랑에는 적량공비가 9면에 조각되어 있는데, 그의 공적을 기리는 내용들이다.

이렇게 20여 분을 돌아보면 볼 것이 없는 공원은 분주하게 오가는 시민들과 차량들에 포위되어 있다. 어울리지 않아 보이지만, 적인걸이라는 인물의 향기를 느낄 수 있어 유익하다. 태원시가 배출한 인물의 고사가 있어 아이들을 위한 교육 장소로 활용하기에도 부족함이 없을 듯하다.

장원교는 태원시의 아동공원 문영호에 걸쳐 있는 길지 않은 다리다. 원래 나무로 만든 것을 1952년 석조로 개조했다고 한다. 전해 오는 이야기에 따르면, 적인걸이 젊었을 때 어떤 노인이 여기서 그에게 살구꽃 한 가지를 주었다고 한다. 후에 장원급제 후 고사를 기념하기 위해 장원교라 부르게 되었다. 초겨울의 문영호는 세찬 추위에 얼어붙어 을씨년스러운 풍경을 자아낸다. 공원 입구를 들어서면 아동공원임을 알려주듯 아이들의 조각상이 눈에 들어온다.

조각상 뒤로 보이는 것이 장원교인데, 생각보다 크지 않다. 장원교를 중심으로 문영호와 태원 시내의 빽빽하게 들어선 건물들이 조화를 이루고 있다. 화창한 봄날, 숲이 무성한 여름, 낙엽이 지는 가을, 호수가 얼음으로 덮인 겨울 등, 1년 365일 아이들 손을 잡고 나들이 나와 태원시가 배출한 적인걸의 고사를 전하며 꿈과 희망을 심어주기에 이보다 적절한 장소가 없다 여겨진다. 적인걸이라는 걸출한 인물이 있기에 다른 지역까지 행차해 아이들에게 꿈을 불어넣는 수고를 할 필요가 없다. 그래서 태원은 복 받은 도시다. 요즈음 부모들이 아이들에게 꿈을 심어주기 위해 청화대나 북경대를 방문한다는 얘기도 있으니 말이다.

사마광은 운성시 하현 출신으로 북송의 정치가이자 역사학자다. 7세 때부터 독서를 시작해 추우나 더우나 책을 끼고 지냈다고 한다. 어릴 적 친구들과 정원에서 장난치며 노는 중, 한 아이가 물항아리로 오르다가 미끄러져 빠지는 사고가 발생했다. 어린이들에게는 상당히 큰 항아리로, 물이 가득 차 있어 그냥 두면 익사할 상황이었다. 다른 아이들은 울며불며 우왕좌왕하였지만, 어린 사마광은 조금도 당황하지 않았다고 한다. 태연히 큰 돌을 구해와 항아리를 깬 후 친구의 생명을 구했다. 뛰어난 기지를 보여준 이 우연한 사건은 어린 사마광을 유명하게 만든다.

사마광은 역사 연구에 관심이 지대했다. 나라를 올바로 다스리기 위해서는 역사를 꿰뚫는 눈이 있어야 하고, 역사로부터 나라의 융성과 흥망의 교훈을 배워야 한다고 생각했다. 이러한 그의 생각은 역사책 편찬에 많은 관심을 가지게 했다. 그는 기존의 역사서가 복잡하고 체계가 없어 황제들이 이해하기 어려운 것을 안타까워한다. 이후 전국시대부터 오대에 이르는 역사서를 편찬하여 영종에게 헌상한다. 영종은 왕조를 굳건히 하는 데 유익하다 판단하고 전문 기구를 만들어 그의 활동을 적극 지원한다.

　신종 즉위 이후 그간 작업한 것을 헌상하니, 신종은 소장하고 있던 2,400여 권의 책을 주며 편찬 작업을 독려하고 '자치통감'이라는 이름까지 지어준다. 양 대로 이어진 황제들의 지원에 힘입어 사마광은 19년에 걸친 작업을 통해 『자치통감』을 완성한다. 주 위열왕 23년(기원전 403)부터 후주 현덕 6년(959)까지 16개 나라 1,362년 역사를 담은 편년체 통사 『자치통감』은 이후 자타가 공인하는 역사학의 명저로 자리 잡는다. 사마광 역시 후세에 의해 영원히 기억되는 족적을 남긴다.

사마온공사는 사마광의 묘지가 있는 곳이다. 명·청 건축양식으로 사당, 묘지, 속수서원으로 구분되어 있다. 묘지 앞 광장에는 사마광의 동상이 관람객을 맞이한다. 동상 맞은편에는 책상에 앉아 『자치통감』을 집필하고 있는 사마광의 모습을 볼 수 있는데, 사마온공사의 핵심 부분이다. 사마광을 얘기할 때 『자치통감』을 떠올리고, 『자치통감』을 언급하면 사마광이 이끌어낸 역작으로 연계되기 때문이다.

사당은 북송 때 지어진 것으로, 사마광의 부친 사마지 등을 조상으로 만날 수 있다. 사당을 지나면 문관상, 석양석호상이 빛바랜 모습으로 양측에 늘어서 있어, 오랜 세월이 흐른 흔적을 충분히 느낄 수 있다. 짧게 조성된 문관상과 석양석호상을 지나면, 묘지가 모습을 드러낸다. 띄엄띄엄 보이는 무덤들 중에서 무덤 중간으로 길이 나 있는 묘가 사마광묘다. 사마광묘에 올라 주위를 돌아보면 숲에 덮인 사마광 일가의 묘지들이 질서가 있는 듯 없는 듯 들어서 있다. 사마광묘 역시 그들 중 하나로서 특별함이 없는 묘지로 고즈넉하게 서 있을 뿐이다.

위인들의 묘지를 들를 때마다 느끼는 것이지만, 주검 앞에서는 왕후장상이 따로 없다는 것을 알게 되고 겸손해진다. 한참을 이런 저런 생각에 빠져 있는 동안 '호랑이는 죽어서 가죽을 남기고, 사람은 죽어서 이름을 남긴다'는 속담이 떠오른다. 사마광이라는 이름 세 글자에 더해 『자치통감』이라는 불멸의 역사서를 남기고 간 그가 존경스럽고 위대하다 여기며, 너무나 짧은 그의 무덤길을 내려온다.

맑은 공기를 마시며 걷다 보면, 속수서원이 눈에 띈다. 사마광이 농촌 아이들을 위해 지은 서원으로, 아름다운 정원에 공부하는 공간이 들어서 있다. 푸른 5월 만발한 꽃들로 가득한 정원이 너무나 아름다워 한참을 바라본다.

어린 시절부터 천재성을 보인 사마광은 20세에 진사 급제 후, 밑에서부터 '일인지하 만인지상'의 자리에 오른 인물이다. 봉건제도 하에서는 황제의 역할에 따라 나라가 흥하거나 망하고, 백성들이 편안하게 지내거나 지옥 같은 날을 보낼 수도 있다는 것을 사마광은 꿰뚫어보았다.

『자치통감』이라는 불후의 역사서를 통해 통치자들이 오롯이 백성만을 생각하는 바른 정치를 할 수 있기를 사마광은 바랐던 것이 아닐까? 하는 생각을 한다. 그러한 그의 바람은 지금 이 시대에도 유효하다.

부산은 태원 사람으로, 명나라 말기와 청나라 초기를 살아간 사상가이자 서예가다. 역사, 불도, 의학, 시, 서화 등에 모두 정통했던 기이하고 색다른 경향의 인물이다. 명나라가 망한 현실을 통탄하고 인재가 필요했던 신생 청나라에서 그의 능력을 활용하고자 했지만, 거절하고 절개를 지킨 인물로 기억되고 있다. 1678년 강희제는 인재 선발을 위해 박학홍사과를 개설하고 전국에서 박학한 인재를 추천받는다. 그중에 부산도 포함되어 있었으나, 병을 핑계로 응시하지 않는다. 그러나 강희제는 시험을 면제해주고 내각중서라는 벼슬을 내리는 파격적인 인사를 한다. 벼슬을 받은 이는 고궁 오문에서 머리를 조아리고 황제에게 감사를 표시해야 하는 것이 당시의 법도였다. 한사코 가지 않겠다는 부산을 강제로 데려가게 되는데, 오문을 보자마자 명나라 왕조가 생각나 하염없이 눈물을 흘렸다고 한다.

뿐만 아니라 강희제를 알현하고서도 황제가 베푼 은혜에 대한 감사의 표시를 하지 않아 현장 관리들을 당혹스럽게 만들지만, 강희제는 죄를 묻지 않고 내각중서를 인준하는 도량을 보여준다. 그러나 그는 끝까지 절개를 지켰다고 전해진다. 명나라의 멸망을 지켜볼 수밖에 없었지만, 청나라의 녹을 먹지 않는 방식으로….

그의 뛰어난 천재성은 재야에 머물며 남긴 서예와 그림 등 많은 예술작품을 통해 전해지고 있다. 전서, 예서, 초서 모두 정통하지 않은 것이 없었다. 특히 행서는 더욱 특색 있는 것으로, 한 시대를 풍미한 명가종사(名家宗師)로 알려져 있다. 부산에 관한 고사와 전설이 태원에 널리 알려져 있는 것을 보면, 그에 대한 태원 시민의 관심이 적지 않은 것으로 보인다. 태원에는 부산과 관련한 명소가 2개소다. 하나는 중화부산원이고, 다른 하나는 그의 글씨체를 시내에서 감상할 수 있는 비림공원이다.

중화부산원은 태원시 여행서에 소개되지 않아 당초 방문 계획에는 없었다. 하지만 두대부사를 찾아가는 길목에 우연히 눈에 띄어 발품을 팔아본 곳이다. 최근에 조성된 듯 웅장한 외관에 큰 기대를 품고 입구를 들어선다. 꽤나 넓은 공간에 장원교, 12간지를 응용해 만든 팔괘환랑 등을 조성해놓았고, 부산당에는 그와 관련된 많은 자료들이 전시되어 있다. 그중에서도 특히 부산필이 눈길을 끄는데, 너무 큰 붓이라 실제 그가 사용한 것인지는 모를 일이다.

건물 밖으로 나오면 그의 글자가 새겨진 비석들이 부산당 좌우로 전시되어 있다. 시간적인 여유가 된다면 그의 힘 있는 필체를 음미하면서 감상하는 것도 나쁘지 않다. 화려한 외관에 비해 내용이 알차지 못한 듯해 조금은 실망스럽다. 찾아오는 관람객들이 그다지 많지 않은 듯, 한산한 가운데 여유 있는 관람을 할 수 있어 좋다.

비림공원은 태원 도심을 가로지르는 분하에 인접해 북원과 남원으로 구분되어 있다. 북원은 부산비림(傅山碑林)으로 부산의 서법을 정리해두었고, 남원은 삼진비림(三晉碑林)으로 명·청 200여 명의 서예 정수를 모아둔 곳이다.

사전 정보를 기반으로 본격적인 더위가 시작되는 6월 주말을 이용해 공원으로 향한다. 숙소에서 택시로 12위안 요금의 거리에 위치한 공원은 사방이 건물과 도로로 둘러싸여 있어, 오가는 차와 사람들로 어수선하다. 1.6위안밖에 하지 않는 입장료가 싸다 여기며 공원을 들어선다. 오가는 차들의 소음과 주위 건물들을 잊게 할 정도로 작지만 균형감 있는 공원을 만나게 되어 반갑다. 한마디로 도심의 서원이다. 북원을 들어서면 옛 것을 모방한 건축물과 연못, 정자 등이 조화롭게 배치되어 있는데, 아기자기한 것이 너무나 보기 좋다. 휴일을 맞아 연인들과 가족들이 휴식을 취하고 있는 여유로운 모습이 눈에 들어와 정겹다.

요소요소에 세워져 있는 부산의 다양하고 힘찬 글씨체를 볼 수 있음에 눈이 즐겁다. 종으로 혹은 횡으로 새겨진 글씨들 모두 나름대로의 향기를 발산하고 있다. 196개의 비석을 전시해놓은 남원은 청나라 강건성세 시기의 서법 변천 과정을 집대성한 곳이다. 비록 서법에 문외한인 사람이지만, 유구한 중국 서법의 변천 과정을 즐기기에 부족함이 없다. 흐드러진 나뭇가지들이 바람에 흔들리며 살랑살랑 춤추는 모습과 나무 밑으로 조성된 연못도 글씨들을 즐기다 쉬는 장소로는 적격이다. 정원을 중간에 두고 사방으로 전시되어 있는 비석의 주인공들이 어느 순간 모습을 드러내고, 마치 대화를 나누고 있는 듯한 착각에 빠져든다.

공원 입구에는 할머니 할아버지들이 구령에 맞춰 박수치며 운동에 열심이다. 건강한 생활을 위한 그들의 열정에 빠져들 수밖에 없다. 중국어의 아름다움을 표현하는 데는 서예의 다양함과 아름다움을 논할 수 있다. 글씨체의 대가 부산을 포함한 명망 있는 서예가들의 기품 있는 글씨체를 시의 중심에 이렇게 아름답게 조성해놓았다는 사실, 그리고 입장료 역시 터무니없는 가격인 1.6위안이라는 사실에 태원시 정부의 시민을 위한 따뜻한 마음과 배려를 느낀다.

공원 내부는 유명인들의 글씨 못지않게 아름답다. 선인들의 묵향을 체험하는 한편, 일상에서 벗어나 휴식을 취하기에 최적의 장소라 여겨진다. 태원시에 있는 관광지를 모두 다녀보았지만, 이렇게 마음에 들기는 처음이다. 서예에 관심이 있고 없고를 떠나, 피곤한 일상에서 벗어나 조용함을 즐기고 싶다면, 비림공원을 찾아보시라. 한편으로는 화려한 필체의 묵향을 즐기고, 한편으로는 마음에 휴식을 주는 데 이곳 비림공원만 한 곳이 없을 듯하기 때문이다.

양귀비는 운성시 영제 사람으로, 어릴 적 이름은 옥환이다. 어려서 부친을 잃고 숙부 집에서 자랐다. 중국 역사상 4대 미인의 하나로서, 음률에 밝고 가무에 뛰어난 당나라 때의 걸출한 무용가로 알려져 있다. 당 현종의 눈에 들어 745년 귀비로 책봉된 후 현종의 은총을 한몸에 받게 되고, 양씨 집안도 출세가도를 달린다. 그러나 안록산의 난 때 반란군에 쫓기던 재상 양국충은 부하들의 손에 죽임을 당하고, 양귀비도 함께 목매달아 죽는 비극을 맞는다. 귀비로 책봉되고 10년 만에 일어난 일이니, 권력이라는 것이 화무십일홍이라는 경각심을 전해준다.

양귀비고리는 운성시 중조산 인근의 용두에 위치해 있다. 성곽 모형으로 위엄 있게 만들어진 입구를 들어서면 가파른 계단길이 이어지고, 그다지 크지 않은 공간에 몇 개의 건물이 들어서 있다.

내부로 들어서면, 양귀비의 성장 과정에서부터 입궁 후 현종과의 다정했던 기간까지의 여정을 보여주는 그림과 테라코타가 몇 개 있을 뿐이다. 생각보다 볼 것이 많지 않아 실망스럽다. 현종과의 사랑

으로 일세를 풍미했던 중국 4대 미인의 고향에서 그녀의 숨결을 느
낀 것에 만족한다.

2015년 국경절 방송에서 1년 전 다녀온 양귀비고리에 대한 내용
이 나온다. 양귀비의 전라 동상에 관광객들이 볼썽사나운 행위를
한다며 경각심을 일깨우는 내용이다. 내가 방문했을 때는 없었는
데, 볼거리들을 보충한 듯하다.

양귀비 하면 중국 4대 미인이라는 사실과 현종과의 로맨스를 떠
올린다. 황제의 총애를 받은 여인네를 등에 업고 권력의 달콤함에
빠져들었다가 비참한 최후를 맞이한 인척들의 이야기는 부지기수로
존재하기에 특별함이 없다.

양귀비가 널리 알려진 것은 황제라는 특별한 신분의 남자와 평범
하지만 너무나 아름다웠던 여인과의 로맨스가 동서고금을 통틀어
사랑이라는 이름으로 연결되는 감동을 주는 스토리이기 때문일 것
이다. 그것도 현종의 18번째 아들인 수왕 이모의 아내, 말하자면 며
느리였던 양귀비를 취하는 반인륜적인 과정을 거친 사랑이었기에
더 자극적이지 않았나 싶다. 황후를 잃은 연로한 현종의 눈에 양귀
비가 들어오고, 출가했다 환속하는 과정을 거친 후 현종의 비가 되
는 것은 너무나 잘 알려진 사실이다. 양귀비고리에서의 아쉬움을
뒤로 하고 2014년 국경절 발품을 팔았던 서안의 화청지를 소개하고
자 한다. 현종과 양귀비의 로맨스가 발생했던 현장을 들여다보는
것이 양귀비를 이해하는데 도움이 되기를 바라며…

화청지는 온천 휴양지로서 역대 황제들의 별장 격인 행궁으로 쓰였던 곳이다. 화청지가 역사상의 무대에 화려하게 등장하게 된 것은 당 현종과 양귀비의 로맨스가 이루어진 장소였기 때문이다. 투기가 심했던 양귀비는 현종의 사생활에 사사건건 간섭하다가 현종의 노여움을 산다. 친정으로 쫓겨난 양귀비를 위해 당시 재상이자 양귀비의 오빠인 양국충이 현종의 화청지 방문 스케줄에 맞춰 양귀비를 보낸다. 현종이 도착했을 때 양귀비는 목욕을 끝내려는 찰나였다고 하니, 참으로 절묘한 타이밍이다. 막 목욕을 마친 홍조 띤 양귀비의 미모와 야릇한 자태에 현종의 분노가 눈 녹듯 사라지고 다시 화해하게 된다는 것이 전해지는 고사다. 어디까지가 진실인지는 모르지만 마치 각본으로 짜인 드라마처럼 흥미진진하다.

　국경절 연휴의 화청지는 사람들로 넘쳐난다. 입구 앞 분수대에는 양귀비 동상이 아름답게 모습을 드러내고 있어, 양귀비와 현종의 로맨스 현장임을 알려준다.

현종과 양귀비가 목욕을 했다는 해당탕은 귀비탕으로 양귀비의 전용 목욕탕이다. 두 사람이 사랑을 나누며 목욕하기에 적당한 크기로 앙증맞고 고급스럽다. 로맨스 현장을 보려는 인파들로 인해 해당탕 앞은 인산인해를 이룬다. 해당탕 외에도 연화탕 등 다양한 크기의 목욕탕이 당시의 화려함을 보여준다. 현종과 양귀비의 러브스토리가 가미되지 않았다면 그냥 목욕탕일 뿐이다. 해당탕을 나오면 사람들이 몰려들어 열심히 사진을 찍는 곳이 보인다. 바로 양귀비의 전라상이 있는 곳이다. 많은 관광객들이 맨발로 들어가 온천물에 발을 적시고 있다. 섭씨 43℃의 온천물로, 일반에 공개되기 때문이다. 광물질을 많이 포함하고 있기 때문에 관절염과 피부병에도 효험이 있다고 전해진다.

두대부(竇大夫)는 춘추시대 진(晉)나라 사람이다. 지금의 태원시 양곡의 황채 일대에서 수로를 만들어 백성을 이롭게 하는 덕정을 펼친 두주를 일컫는다. 권신 조앙에게 나라를 찬탈하려는 계획을 포기할 것을 간언하다가 살해되었다고 전해진다. 열국을 주유하던 공자가 자자하게 알려진 그의 덕행을 앙모하여 천릿길을 달려와 찾아온다. 그러나 수레가 황하 기슭에 도착할 즈음 그의 억울한 죽음에 대한 소식을 접한다. 하늘을 우러러보며 장탄식을 한 공자는 아래와 같은 말을 남긴다.

"아름다운 황하여, 참으로 웅장하구나, 황하를 건널 수 없으니

운명의 안배로다"　　　　　美哉水, 洋洋乎, 我不能北渡黄河, 是命运的安排呀

공자가 먼 길을 달려와 찾았다는 기록을 통해 그의 고결한 인품
을 알 수 있다.

두대부사는 태원시에서 약 20㎞ 거리에 위치해 있다. 현존하는
건물은 수해로 훼손된 것을 원나라 때 중건한 것이라 기록되어 있다.
송나라 신종 때 그를 영제후로 봉한 후 영제사로 불리기도 한다.

두대부사를 들어서면 정면에 영제분원(灵济汾源)이란 편액이 걸려
있는 정전을 만날 수 있다. 원나라 때 만들어진 목조 건물의 아름
다운 모습을 감상할 수 있어 즐겁다. 그다지 큰 규모는 아니지만,
두대부의 인품만큼이나 정갈하다. 세월의 흐름을 느낄 수 있는 고
색창연한 아름다움이 눈길을 끈다. 그의 업적을 전시해둔 곳도 있
는데, 강직한 성품과 그가 남긴 업적을 간접적으로 이해하는 데 도
움이 된다. 두대부와 관련한 자료가 그다지 많지 않아, 그를 깊게
이해하는 데 한계가 있어 조금은 안타까운 마음이다.

　그러나 백성들의 생활과 밀접한 관계가 있는 수리사업에 큰 업적
을 남긴 것을 보면, 그가 진정으로 백성을 아끼고 사랑한 인물이었

음을 알 수 있다. 공자까지 흠모할 정도였다고 하니… 택피창생(澤被
蒼生)이란 편액 아래 두대부가 앉아 있고, 온몸을 바처 추구했던 수
리사업의 효과가 백성들의 구석구석까지 미쳤음을 알 수 있다.

이빙은 도강언이라는 대역사를 일구어 사천성을 천부의 땅으로
만들며 백성 사랑을 실천한다. 넓디넓은 대륙의 또 다른 곳 산서성
에서는 두 대부가 그러한 위민정신을 실천한다. 보이지 않는 곳, 화
려하지 않은 곳에서 백성들이 살아갈 길을 모색하고 백성들의 삶을
윤택하게 만든 그의 인생을 돌아보며 많은 것을 보고 배운다.

낮은 산을 끼고 아늑하게 들어선 두대부사의 균형감 있는 아름다
움에 한동안 떠나기가 아쉬워진다. 그래서 이곳저곳을 왔다 갔다
한다. 뒷산에 오르니 서쪽으로 기우는 햇살이 옹기종기 모여 있는
원나라 때의 아름다운 건축들을 비추는 모습이 환상적이다. 백성
들이 살아갈 길을 실천적으로 행했던 그를 기리는 사람들이 많이
찾는 명소가 되길 바라면서, 그의 숭고했던 삶을 다시 돌이켜본다.

지금까지 나의 발길이 머문 인물들의 유적지에 대해 경험과 소회를 적어보았다. 사후 신의 경지에까지 오른 관우, 최초의 여성 황제로 태평성세를 이룬 무측천, 평생을 오롯이 백성을 위해 봉사한 적인걸, 『자치통감』이라는 불멸의 역사서를 만든 사마광, 보이지 않는 곳에서 백성 사랑을 실천한 두 대부⋯. 이들 모두가 장구한 산서성의 역사, 그리고 중국 역사의 한 페이지를 장식하고 있다.

수천 년 또는 수백 년 전 살아간 그들이 보여준 충의, 위민정신, 절개, 올바른 역사관 등은 지금도 우리의 곁에서 아름다운 향기를 발산한다. 이러한 덕목들은 오늘날에도, 그리고 미래에도 여전히 유효하다. 이들 외에도 산서성의 5,000년 역사는 숱한 위인들을 배출했다. 그들 모두를 소개하려면 한 권의 책으로도 부족할 것이다. 언제 기회가 된다면 산서성이 배출한 인물들을 통해 5,000년 역사의 산서성에 대한 이해의 폭을 넓히고 싶다.

10

산서성 장성
엿보기

장성은 중국의 유구한 역사가 중국의 광활한 대륙을 인위적으로 그어놓은 유형의 선이라 할 수 있다. 이 장대하고 위대한 방어 공사의 흔적은 지금도 중국의 북방지역을 가로로 꿰뚫고 있어, 고대 중국의 파란만장했던 역사를 알려주고 있다. 장성이 이토록 오랫동안 존재하며 발휘한 기능의 영향력과 그 심오함은 세계 어떤 문화유산과도 비교가 불가능하다. 중화민족의 근면함과 지혜의 상징인 장성은 인류 역사의 기적으로 보아도 무방하다.

기원전 7세기 전후 춘추전국시대, 중국 대륙의 패권을 겨루던 크고 작은 나라들이 방어를 위해 요새에 장성을 축조한다. 진시황이 중국 대륙을 통일하면서, 북방 흉노족의 남하에 대비하기 위해 진(晉), 조(趙), 연(燕)나라 북방 변경의 장성을 연결한 것이 바로 만리장성이다. 이후 명나라 때에 이르러 십여 차례의 축조 끝에 무려 12,400리에 달하는 현재의 장성으로 남아 오늘에 이른다.

산서성은 전국시대 조나라 이후 장성의 축조가 시작되었다. 이후 지속적인 보수를 거쳐, 오늘날 남아 있는 대부분의 장성은 명나라 때 축조된 것이다. 산서성 내의 장성은 약 850㎞로 여러 개의 시에 걸쳐 있다. 대동 득승구, 산서와 내몽구자치구 경계에 위치한 우옥현의 살호구, 가장 서쪽에 위치한 편(두)관, 평형관, 안문관 등이 많이 알려져 있다. 명 장성은 산서 북방 대부분 지역에 걸쳐 있는 셈이다.

웅장하고 고색창연한 장성의 흔적은 세월 속에 스며든 산서 문화의 일부분이라 해도 과언이 아니다. 장성이 위치한 곳들을 모두 찾아 위용을 느끼고 싶었는데, 대부분 산간벽지에 위치하고 있어 접근성이 떨어져 그럴 수 없었던 것이 안타깝다. 그나마 접근성이 양호한 장성을 만나볼 수 있어 다행이라 여긴다. 북경의 장성과는 또 다른 느낌을 주는 산서성의 장성 몇 개소를 지금부터 소개하려 한다.

안문관은 삭주시 대현에 있는 안문산 허리에 위치하고 있다. 영무관, 편관과 더불어 산서성의 장성 3관으로, 성벽의 높이는 4m이고, 길이는 약 1,000여m에 이른다. 전국시대 조나라 무령왕이 이곳에 안문군을 설치하면서부터 '천하 9개 요새 중 으뜸으로 전략적인 중책을 담당하기 시작했다고 전해진다. 당나라 때는 안문산에 군사를 주둔시켜 적들의 침입에 대비했고, 원나라 때 훼손된 것을 명나라 홍무 7년(1374)에 다시 축조했다고 기록되어 있다.

전략적 중요성을 꿰뚫어본 역대 왕조는 오랑캐의 침입을 막기 위해 안문관에 많은 공력을 들이고, 추호의 방심도 허락하지 않았다고 한다. "안문을 얻으면 중원을 얻는 것이고, 안문을 잃으면 천하를 잃는 것이다."라고 할 정도로 중요한 역할을 담당했던 안문관에서는 역대 수많은 전쟁이 발생했다. 사료에 따르면, 크고 작은 전쟁이 1,700회에 이른다. 전국시대 이목, 한나라 비장군 이광, 20대 젊은 장군 곽거병, 노비 출신 대장군 위청 등 수많은 영웅고사를 만들어낸 곳이 바로 안문관이다.

북송 때 요나라와 대치한 양업 양가장과 손자 양종보의 아내 여장부 목계영의 고사가 깃든 현장으로, 텔레비전 드라마를 통해 널리 알려진 곳이기도 하다. 양업이 대주(지금의 대현) 방어의 중책을 맡은 지 3개월이 채 되기 전에 요나라는 10만 대군을 이끌고 안문관으로 쳐들어온다. 양업은 군사를 이끌고 배후에서 기습을 단행하여 적군을 궤멸시킨다. 이는 송나라와 요나라 간의 가장 큰 전쟁으로 기록되고, 대승을 거두는 업적을 남긴다. 양업은 이후 8년간 안문관을 지키면서 백전백승하여 요나라 군사들이 두려워하는 존재가 된다.

이런 역사적 배경을 품고 있는 안문관을 들어서면 옹성이 눈에 들어오는데, 위압감을 느낄 정도로 높고 장대하다. 장성으로 향하는 길 한쪽으로는 양업과 부인 여태군을 비롯한 양가장 여덟 아들과 아내, 그리고 손자며느리 목계영의 동상이 일렬로 세워져 있다. 수많은 영웅호걸들이 안문관에서 남긴 족적이 적지 않지만, 양업을 비롯한 가족(여태군 등 모든 여성이 전쟁터를 마다하지 않음) 모두 합심해 나라를 지키겠다는 일념으로 희생하고 봉사한 그들을 기리는 것이 당연하다 여겨진다.

　북문에는 '안문관(雁門关)' 세 글자가 횡으로 걸려 있고, 좌우로는 '삼관 요충지, 천하 9개 요새의 제일관'이라는 글자가 새겨져 있어 자부심을 드러낸다. 장성 정상에 오르면 안문산의 줄기들이 겹겹이 이어지는 것이 장관이다. 인파에 묻혀 걷기 어려울 정도인 북경의 장성들보다는 한적해서 좋다. 그다지 길지 않은 안문관 장성 길을 천천히 걸으며 정취를 즐길 수 있다. 전국시대 이목 장군의 사당과 비석림 등, 보는 이의 눈을 즐겁게 하는 볼거리도 많이 조성돼 있어 유익하다. 북경의 장성에 비해 부족할 것이 없는 안문관, 쾌적함 속에 장성의 웅장함을 즐기고 영웅들의 향기를 느끼고 싶다면, 충분히 발품을 팔아볼 만하다.

광무성은 안문관에서 약 10㎞ 떨어져 있는 명나라 장성의 일부다. 안문관 전방의 중요 보루 역할을 담당했다는데, 오랜 세월이 흘러 훼손된 상태로 보존되어 있다. 장성 아래쪽에는 민가가 들어서 있어, 과거에 축조된 장성과 대비되며 묘한 분위기를 풍긴다. 평일인데도 생각보다 많은 관광객들이 단체로 찾은 것이 흥미롭다.

관광객들 사이에 끼어 흙으로 쌓인 장성을 걸을 수 있는 곳까지 걸어본다. 멀리서 볼 때는 황토색 담이 이어지고 있다고 여겨져 대수롭지 않게 생각했는데, 가까이 접근해서 보니 그게 아니다. 산의 정상을 뱀처럼 휘감으며 끝없이 이어지는 흙으로 만든 장성이 높이로는 4~5m 족히 될 듯하고, 폭은 1m가 넘어 보인다. 장관이다.

벽돌로 성을 만드는 것도 쉽지 않았겠지만, 산의 능선에 돌과 흙 그리고 짚을 혼합하여 성벽을 만든 것을 볼 때, 들어간 공력이 적지 않았을 듯싶다. 인간의 힘이 위대한 것인지, 봉건시대의 절대 권력이 위대한 것인지 모르겠지만, 남아 있는 장성의 흔적을 보며 장성

을 쌓아야만 했던 백성들의 노고를 목도한다.

북경의 장성들과 안문관과는 또 다른 형태의 성벽을 보며 색다른 놀라움에 빠진다. 패권시대, 봉건제 하에서 영문도 모르고 동원되어 성벽을 쌓았을 수많은 선조들을 생각하니, 그들의 고달팠을 삶이 장성의 흔적과 겹쳐온다. 우리에게는 가족이나 연인, 친구들과 산책하며 주위의 아름다움을 즐기는 대상이 되어 있지만, 살아남기 위해 만들 수밖에 없었던 역사의 유물, 광무성을 만들어낸 조상들의 고달팠던 삶을 되짚어보는 것도 의미가 있으리라 여긴다.

　　살호구(殺虎口)는 장성의 주요 관문으로서 살호구(杀胡口)로 불렸다. 살호보(옛 보루), 중관, 평집보(새 보루)가 연결되어 만들어진 연환보로, 예로부터 '삼관을 통제하면 오원을 장악할 수 있다(扼三关而控五原)'는 요충지다.

살호구 누각 옆에는 박물관이 있는데, 강희제 동상이 눈길을 끈다. 거얼단 정복을 위해 서정 나온 그를 기념하는 것이다. 살호구는 장성 요충지의 관문 역할을 수행한 것도 의미가 있지만, 중원과 서북 지역을 잇는 무역 통로로 더욱 큰 의미를 지닌 곳이다. 청나라 중기 이후 다수 대륙 사람들이 생업을 위해 장성을 넘어간다. 살호구는 바로 그 유명한 주서구가 본격적으로 시작되는 곳이기 때문이다.

산서성과 내몽구자치구는 인접해 있어 떼려야 뗄 수 없는 관계를 유지할 수밖에 없었다. 이러한 지리적 조건은 살호구가 초원과 대륙을 잇는 자연통로 역할을 하도록 만들었다. 진한 이래 전쟁이 빈발했고, 중원 문화의 매력을 접한 초원 민족들이 남쪽으로 이동하는 경향이 점점 늘어났다. 명나라 때 장성의 기능을 강화시키면서 주춤해졌지만, 자연스럽게 이루어지는 민족 간의 왕래는 단절할 수 없었다.

청나라가 중원을 지배하면서 대규모 남천이 귀화 등을 통해 이루어졌고, 이후로는 민족 이동의 역전 현상이 발생한다. 대륙의 사람들이 초원과 사막으로 이동하게 된 것이다. 진북(晋北) 지역은 척박한 땅과 연속되는 전란, 가중되는 부역으로 살기 어려운 반면, 장성 바깥은 땅이 넓고 토지가 비옥했다. 따라서 많은 사람들이 자발적으로 북쪽으로 향하게 되었고, 강희제가 거얼단 정벌을 나갈 즈음에는 비교적 큰 도시가 성립되었다고 한다. 이후에도 계속되는 북으로의 이동은 사막의 남쪽 지역에 많은 인구가 유입되는 결과를 가져와, 대규모 개간이 이루어진다. 황량하던 지역이 풍요한 지역으로 탈바꿈하게 된 것이다.

이 모든 것이 민간에서 끊임없이 주서구를 행함으로써 초래되었다. 주서구는 살호구를 통해 이민한 후 황무지를 개간하는 것과, 진상(晉商)들이 사막 지역과 대규모 무역을 하는 것, 생활이 어려운 이들이 육체노동을 하는 것 등의 여러 가지 유형으로 나눌 수 있다. 어떤 형식이든 주서구의 개척정신과 고생을 마다하지 않는 자세는 중국인들이 자부심을 가져도 될 만하다 싶다. 주서구의 비장함 뒤에는 산서인과 중국인들의 자부심이 내재되어 있다 하겠다. 장성의 기능과 주서구의 역사를 고스란히 담고 있는 살호구는 많은 것을 생각하게 만드는 유적이다.

낭자관은 산서성과 하북성 접경에 위치하고 있는 장성으로 '천하의 9번째 관문'으로 알려져 있다. 앞으로는 강이 흐르는 골짜기와 도로 그리고 철로가 교착하는 곳으로, 민가가 밀집해 있다. 낭떠러지와 골짜기, 도로의 목 부위에 위치하고 있어, 비전문가인 내가 보아도 한눈에 천혜의 요새임을 알 수 있다. 사람들이 낭자관을 "한 명이 지키면 만 명이라도 열 수 없다."라고 일컫는 이유를 알 만하다. 실제로 낭자관 입구의 석문에는 '경기번병(京畿藩屏)'이라는 4글자가 새겨져 있는데, 천혜의 요새라는 자부심을 오만할 정도로 과시하고 있음을 확인할 수 있다.

당 태종의 여동생 평양공주가 수나라와의 전쟁 중 낭자군을 이끌고 용맹을 떨친 곳으로, 낭자관이란 이름도 평양공주의 고사로 인해 붙여진 것이라 전해지고 있다.

현재의 낭자관은 명나라 가정 연간에 축조된 것으로서 보존 상태가 양호한 편이다. 성곽을 걸어 오르다 보면 옆으로는 낭떠러지, 앞으로는 도로, 그리고 빽빽한 민가들이 끝없이 이어지는 산들에 둘러싸여 있어 평화로운 분위기다. 정문만 제대로 지키면 쥐새끼 한 마리 들어갈 수 없는 요새 중의 요새다. 그러나 일본군과 수차례 격렬한 전투를 벌인 곳 또한 바로 낭자관이다. '낭자관'이라 적혀 있는 건물 벽의 파손된 흔적들이 치열했던 상황을 알려준다.

일본 침략 기간 동안 일본군들이 전쟁을 수행한 곳을 보면 재미난 점을 발견할 수 있다. 만리장성 중에서도 산서성의 평형관이나 안문관 그리고 낭자관까지, 수천 년 역사를 통해 요새로 알려진 곳에서는 일본군들의 모습을 찾을 수 있다는 사실이다. 세월이 흘렀어도, 전투장비가 달라졌어도, 한번 요새는 영원한 요새임을 알게 된다.

고관은 낭자관에서 멀리 떨어져 있지 않은 장성의 일부이다. 사통팔달로 펼쳐진 도로(307 국도와 태양고속과선교) 위로 각종 차량이 질주하고, 민가가 빽빽하게 들어선 삶의 현장에 고스란히 자리하고 있다. 현대와 과거의 대비가 극명하게 보이는 살아 있는 역사의 현장이다. 춘추전국시대 중산장성의 일부분으로, 총길이가 약 20km에 이른다. 북제 문선제 천보 6년에 복원한 것으로서 명청 때 거용관, 자형관, 도마관과 더불어 경서(京西) '4대 명관'으로 경기번병이라 불렸다고 기록되어 있다.

장성을 오르는 길 한편에 조성된 전시실에는 장성에 대한 개괄적인 소개를 해놓아, 장성과 고관에 대한 전반적인 이해에 도움을 준다. 옹성을 지나 고관을 오르면 견고하게 지어진 성벽을 눈앞에서 확인할 수 있다. 장성을 오르기 전, 고관을 방문했던 인물들을 테라코타로 만들어 방문 계기와 시기를 설명해놓은 진열관이 눈에 들어온다. 진시황, 한신, 주원장, 이자성, 강희제 등 쟁쟁한 인물들이 고관과 관련되어 있다고 소개하고 있다. 한신에 관한 자료를 보니, 기원전 204년 조나라와의 전투에서 배수지전(背水之戰)을 앞두고 병력을 주둔시킨 곳이 고관 일대라고 한다. 강희제는 재위 42년 서순

(西巡)시 과고관(過固關)이라는 시를 남겼다고 기록되어 있다. 그만큼 고관이 역사적으로 중요한 위치에 있었음을 증명하려는 노력이 눈물겹다.

드디어 장성을 오르면 왼쪽으로 장성의 남단 부분이 눈에 들어오는데, 개방되지 않는다. 오른쪽으로 장성의 북단 부분이 웅장한 모습으로 산 정상을 향해 힘차게 뻗어나간다. 산등성이로 이어진 성벽은 견고하기 짝이 없다.

성벽의 정상 부분에 붉은색으로 조성된 서봉사는 성곽 같은 웅장한 아름다움을 보여준다. 북쪽 끝으로 이어지는 성벽은 마치 뱀 모양으로 꾸불꾸불 이어진다.

푸른 하늘 아래 웅장한 장성 길을 오르며 감상에 젖는다. 그러다 불현듯 아래를 내려다보니, 고속도로 위로 석탄을 실은 화물차들이 분주히 오가고 있다. 고관은 1998년 대대적인 보수를 거쳐 현재의 모습으로 재단장했다. 장성 외에도 옹성, 봉화대, 서봉사 등 볼거리가 적지 않으니, 낭자관과 함께 묶어 발품을 팔아보아도 좋을 듯하다.

춘추전국시대 때부터 이어진 중국 대륙의 패권 전쟁이 만들어 놓은 장성은 외견으로는 수려해 보인다. 그러나 그 오랜 세월 전 산허리와 산 정상을 오가며 벽돌을 올려야 했을 선조들을 생각하면 가슴 한편이 답답해진다. 전쟁과 살육이 난무하던 시절, 상대를 죽여야 내가 살 수 있었던 시대를 살아간 선조들의 고달픔을 진하게 느끼며, 평화의 시대를 살아갈 수 있는 현재가 너무나 감사할 따름이다.

11

거상들의 저택
나들이

산서성에는 명·청 때 막대한 부를 형성한 거상들이 많다. 사람들은 그들을 진상(晉商)이라 부른다. 그들이 만든 막대한 부에 대한 다양한 연구가 진행되었고, 시중에는 관련 서적이 부지기수로 넘쳐난다. 텔레비전 역시 그들의 고사를 담아 드라마로 방영한다. 드라마에 심취한 시청자들은 화려한 부의 축적 뒤에 숱하게 숨어 있던 고난과 그 고난을 극복해가는 불굴의 투지에, 때로는 눈물 흘리고 때로는 환호한다. 무일푼에서 시작해 주체할 수 없는 부로 연결되기까지는 몇 대에 걸친 고난과 좌절, 피눈물이 도처에 널려 있었다는 것을 알게 되는 것이다. 현재의 모습에만 관심 있는 사람들은 그들이 이루어놓은 부를 부러워하고 질투의 시선을 보낸다. 하지만 성공의 과정에서 겪었던 우여곡절을 이해하게 되면, 그들이 모험과 고난의 대가를 향유하는 것이 어쩌면 당연하다고 인정하게 될 것이다.

지금부터 진상이 부를 쌓게 된 시대적인 배경과 불굴의 정신에 대한 나의 생각을 간단히 얘기한 후, 산서성에 있는 거상의 저택을 하나씩 찾아가보려 한다.

첫째는, 어떠한 모험과 고생도 감수하는 도전정신이다.

오늘날에는 비행기, 기차, 고속버스 등의 교통수단을 이용해 가고 싶은 곳 어디든 신속하게 움직일 수 있다. 하지만 과거에는 말과 낙타 그리고 튼튼한 두 다리가 이동수단이었다. 강으로는 이동하는 배가 있어 그나마 편리했을 수도 있다. 진상들 대부분이 빈털터리로 시작한 자수성가형이었기에, 행상으로 사업의 밑천을 마련한 이들이 대부분이다. '행상이란 무엇인가?' 산서성에서 생산되는 물건을 들고 이 지역 저 지역을 돌아다니며, 원가보다 비싸게 팔아 이문을 챙기는 장사꾼이다. 이들은 무거운 봇짐을 등에 메고 먼 길을 오가며, 자신의 지역에서 생산되는 물건을 비싸게 팔아 이문을 남긴다. 그 돈의 일부로 그쪽 지역의 특산품을 싸게 구입해 와서 비싸게 되팔아 돈을 버는 과정을 반복하며 장사 밑천을 마련한다.

이런 식으로 언제 돈을 모으겠냐고 반문할지 모른다. 그러나 덩치를 크게 키우고 얘기해보자. 당시 큰돈을 버는 것 역시 행상과 같은 형식으로 이루어졌다. 〈교가대원〉이라는 텔레비전 드라마를 보면, 주인공 교치용이 쓰러져가던 가업을 세운 계기가 된 사업이 어찌 보면 규모가 큰 행상이라고 개인적으로 생각한다. '이리저리 자금을 모아 대규모 상단을 꾸리고 그가 향하는 곳이 어디인가?' 바로 안휘성에 있는 유명한 차를 생산하는 곳이다. 그곳에서 생산되는 품질 좋은 차를 싼 가격에 대량으로 매입한다. 매입한 차는 산서성, 심지어 내몽구자치구에서까지 비싼 가격에 되팔아 큰돈을 번다. 그렇게 조성된 목돈으로 사업을 확장하며 가세를 키워 나간다. 단순한 예로 생각할지 모르지만, 당시의 시대 상황에서는 수익성 높은 사업 방식이었다.

돈 버는 방법이 행상이든 행상이 아니든 중요하지 않다. 그런 거래에 내재된 어려움들을 감당하는 모험정신과 도전정신이 얘기하고자 하는 본질이다. 태평천국의 난이 전국으로 번지던 혼란기에, 누구도 막대한 자금을 실은 상단을 끌고 안휘성의 차를 구입하러 가는 모험을 하려 들지 않았다. 한치 앞을 내다볼 수 없는 혼란기에 모험을 감수한 용기가 대단하다는 것이다. 수백 마리 낙타와 수백 명의 인부들을 끌고, 육지로는 걷고 강으로는 배를 타는 등 왕복 6개월 이상의 발품을 팔아야 하는 과정이다.

그 여정 속에 내재된 위험들을 감안할 때, 쉽지 않은 도전임을 충분히 알 수 있다. 판로가 없어 고민하던 생산자들도 그의 용기에 박수를 보낼 정도였으니까…. 생산지와 수요지의 공간적인 거리가 만들어준 사업이었지만, 수천 킬로미터에 달하는 거리에 숨어 있던 온갖 위험요소를 감수한 그의 용기에 나도 박수를 보낸다. 집 떠나 고생길로 들어선 것은 차치하더라도, 도적떼의 습격, 반란군의 동정, 심지어 내몽구자치구로 향하는 사막 길에서 만나는 모래 폭풍으로 인한 죽음의 공포 등…. 온갖 어려움을 감수하는 용기는 성공했을 때의 달콤한 과실로 돌아온다.

두 번째는 산서성의 환경이 그들을 고난의 현장으로 내몬 것도 부인할 수 없다.

　당시 산서성에서 살아가는 환경 조건은 우호적이지 못했다. 땅은 척박하고 사람들은 넘쳐나는데, 먹을 것이 부족한 시절이 다반사였다. 게다가 정치권력의 향배에 따라 가중되는 세금 부담은 백성들의 생활을 어렵게 만들었다.

　이러한 생활상을 벗어나기 위해 산서성 사람들이 선택한 것은 작은 파이를 놓고 싸워야 하는 좁은 공간보다는, 미지의 세계로 과감히 도전하는 것이었다. 피 터지게 뺏고 뺏기는 레드 오션(Red Ocean)이 아닌, 새로운 것을 찾아 블루 오션(Blue Ocean)으로 눈길을 돌린 것이다. 지혜로운 사람들이다. 수백 년 전에 현대 경영학에서 논하는 블루 오션의 개념을 파악하고 있었으니….

　그 블루 오션이 바로 서구고도에서 언급한 주서구(走西口)다. 기록이 없어 알 수 없지만, 수를 셀 수 없는 산서인들이 빈곤에서 벗어나 가족들의 생계를 윤택하게 하기 위해 주서구를 시도했을 것이다. 아버지도 있을 것이고 아들도 있을 것이고, 사연이 얼마나 많을 것인가? 그러나 그들 중 성공이라는 달콤한 과실을 따내고 금의환향한 이들이 얼마나 될까? 그리 많지 않다고 생각한다. 어떤 이는 사막의 모래 폭풍에 희생되어 생사조차 알 수 없었을 것이고, 어떤 이는 돈을 못 번 죄책감에 집으로 돌아가지도 못하고 외지에서 전전했을 것이다. 상가장원이나 교가대원 등 거상이 되는 경우는 '하늘의 별따기'였을 것이다.

그러나 숱한 실패에도 불구하고 끊임없이 주서구를 행한 산서인들이 있었기에, 진상이라는 거부 집단이 탄생할 수 있었을 것이다. 그들이 지닌 불굴의 의지에 박수를 보낸다. 이런 식으로 닿았던 발길이 동북 삼성을 비롯해 중국 전역, 러시아 그리고 유럽과 아랍 국가까지 연결되었다는데, 그 광범위함에 놀랄 뿐이다.

세 번째로는 봉건시대의 중농억상(中農抑商)이라는 유교문화 속에서도, 산서성만은 상업을 중시하는 풍토가 유지되었다는 사실이다.

과거에 급제해 관료가 되는 것을 최고 덕목으로 여기던 시대로서는 파격적인 사상이 아닐 수 없다. 〈교가대원〉이라는 드라마에서 주인공 교치용 역시 과거에 응시하는 장면이 나온다. 상업을 통해 부를 축적하는 것이 가치 있다는 것을 어릴 때부터 가르치고 부담 없이 받아들이게 한 풍토가 진상을 있게 한 것이 아닌가 싶다. 이렇게 축적한 부를 선을 베푸는 일에도 아낌없이 사용했는데, 국가적 모금이 있을 때마다 기부 금액이 가장 많았던 사람들이 바로 산서인이었다고 한다.

상가장원은 진중시 유차현 차망촌에 있는 상씨 성을 가진 거상의 대저택이다. 상씨의 시조 상중림은 명나라 홍치 연간에 차망촌에 정착한 후, 유씨 성을 가진 부자를 위해 양을 방목하는 것을 생업으로 삼은 것으로 기록되어 있다. 명나라 말 6대손에 이르러 장사를 시작하고, 8대손인 상위에 이르러 사업이 정상궤도로 들어선다.

청나라 강희 20년(1681)에 태어난 상위는 20세 때 장가구에서 장사를 시작한다. 10여 년간 각고의 노력 끝에 행상으로 전환했고, 행상을 통해 모은 돈으로 밑천을 마련해 천을 판매하는 좌상을 꾸린다. 세 아들과 함께 열심히 돈을 번 결과, 노년이 되었을 때 세 아들 그리고 손자들과 함께 운영하는 가게를 소유하게 된다. 그리고 이때부터 장가구에서 중요한 위치를 차지한다. 이후 상위의 큰아들인 상만기는 부친을 계승해 자손들과 함께 끊임없이 사업을 확장시켜 나간다. 대동과 성도, 한구 등지에 십대덕(十大德)이라는 상호를 만들고 상계의 총아로 떠오른다.

이후 상만달 때에 이르러 모험에 도전한다. 18세기 중엽 러시아와 내몽구자치구 지역에서는 중국 남방지역 찻잎에 대한 수요가 급증했다. "하루 밥을 먹지 않더라도 차는 마셔야 한다(宁可一日不食 不可一日无茶)."라는 말이 나올 정도였다고 하니, 그 인기를 짐작할 만하다. 비록 중국과 러시아가 흡극도 조약(恰克图条约)을 맺어 흡극도를 통상지로 정하기는 했지만, 청나라 정부가 중시하지 않아 시장은 언제든 열릴 수도 있고 언제든 닫힐 수도 있는 상황이었다. 이러한 불투명한 조건 하에 만달은 예리한 눈으로 천재일우의 사업 기회를 포착한다. 과감하게 모든 재산과 정력을 내몽구자치구과 러시아의 황량한 땅에 투자하는 결정을 하고 만리다로(萬里茶路)의 길을 걷는다. 복건성 우이산에 거대 자금을 투자해 차산을 구매하고, 재배, 가공 후 낙타와 배를 이용해 7천여 리를 달려 흡극도와 교역을 시작한다. 이후에는 점진적으로 러시아의 모스코바 그리고 유럽의 여러 나라까지 13,000여 리로 확장을 거듭한다.

위험이 큰 만큼 이익도 크기 마련. 이후 상가는 주체할 수 없는 돈을 벌고 거부가 된다. 자료에 의하면, 러시아에 대한 청나라의 수출 중 찻잎의 비중이 94%로 기록되어 있다. 흡극도에서 진행된 무역액 중 상가가 차지하는 비중이 40%에 달했다고 하니, 얼마나 많은 돈을 쓸어담았는지 상상할 수 있다. 만달의 과감한 투자 결정은 보통 부자였던 상가가 거부로 발돋움하는 결정적인 계기가 되었다.

상가장원은 총면적 60만㎡, 4,000여 개 가옥, 50개 건물, 13개 정원 등으로 이루어진 대저택이다. 차망촌 면적의 반을 점유하고 있어서 기현, 태곡, 평요 일대의 진상 저택을 통틀어 가장 큰 저택이라 불릴 만도 하다. 현재 개방하고 있는 것은 12.7만㎡의 27개 주택, 13개 정자, 25개 회랑 등이다. 모든 건물의 조각과 채색 등 건축 예술이 뛰어난 유가 문화의 색채를 짙게 띠고 있어 볼 만하다.

　상가장원에 도착하면 보문이 웅장한 모습으로 관람객을 반겨준다. 현판에는 '돈간길(敦艮吉)'이라 적혀 있는데, 후덕함과 포용 그리고 길함을 의미한다. 보문 벽 좌우로 '취옹정기'라는 북송 문학가 구양수의 산문이 새겨져 있다. 취옹정은 저주의 낭야산 봉우리 사이에 있는 정자다. 저주태수가 정자에 들러 술을 마시곤 했는데, 나이가 가장 많아 스스로 취옹이라 일컫고, 취옹정이라 명명했다 한다.

　1045년 구양수는 범중엄의 정치 개혁을 지지하는 상소를 올린 것으로 인해 저주 태수로 좌천된다. 저주는 땅이 궁벽지고 일이 많지 않은 곳이라, 정사를 관대하게 행하고 마음껏 산수를 즐겼다고 한다. 벽에 새겨져 있는 '취옹정기'는 구양수가 저주로 내려간 다음 해인 1046년의 작품으로서, 저주 산간의 조석으로 변하는 풍경과 사계절의 경치를 묘사하고 있다. 사대부의 유유자적하는 정조를 잘 나타내고, 저주에서의 치적도 겸해서 드러내고 있는 산문이다. '취옹정기가 왜 상가장원의 입구에 새겨져 있는지는 알 수 없지만, 풍류를 아는 상가의 취향을 느낄 수 있다.

입구를 들어서면 상씨 사당이 모습을 드러낸다. 조상과 선현을 모시는 것 외에도 가문의 업무를 처리하고 있다. 조상을 기리고 효를 다하는 중화민족 정신을 배양하기 위한 것이라고 한다. 사당을 나서면 내부 정원인 행원이 눈에 들어온다. 넓은 공간이 온갖 나무들로 채워져 있다. 겨울에 방문한 터라 앙상하게 마른 나무들로 황량해 보이지만, 꽃이 만발하는 봄이나 단풍이 물드는 가을이면 무척 아름다울 듯하다. 행단은 공자가 행림에서 제자들을 가르쳤다 해서 조성한 것이다. 상씨 집안의 유교에 대한 존중을 확인할 수 있다. 많은 관광객들이 기념사진을 남기기에 여념이 없는 인기 있는 곳이다. 행단을 지나면 벽에 팔괘와 사시사철을 상징하는 꽃들이 조각되어 있는데, 생동감 넘치는 정교함에 감탄하게 된다. 행원은 개인 소유로 볼 수 없을 정도로 엄청난 규모를 자랑한다. 반선활불(班禪活佛)이 2004년 5월 17일 상가장원을 들렀다가 직접 만져 화제가 된 사자상은 연예인 이상의 인기를 누리는 기념사진 명소다. 사자를 조각해둔 벽화도 예술성이 뛰어나다.

추위로 얼어붙은 연못 뒤로는 상가장원 전체를 조망할 수 있는 누각이 있다. 정상에 오르면 상가장원 전경이 한눈에 들어온다. 그 규모에 감탄하게 되고, 부러워할 수밖에 없다. 명·청 시기 가장 부유했던 이들이 거주했던 저택을 감상하면서 부의 형성 과정을 곱씹어

보고, 스스로에게 동기부여해보는 것도 나쁘지 않을 듯하다.

봄, 여름, 가을, 그리고 겨울이 주는 아름다움이 각기 다를 터인데, 계절마다 아이들의 손을 잡고 나들이 나와 꿈과 희망을 심어주는 것도 의미가 있을 듯하다. 상가장원은 오밀조밀 건축물들이 모여 있는 다른 거상들의 저택과는 달리, 넓은 부지로 인해 보는 이로 하여금 통쾌함과 자유스러움을 느끼게 할 정도로 광활하다.

교가대원은 경영의 귀재 교치용이라는 인물의 삶을 그린 〈교가대원〉이라는 텔레비전 드라마를 통해 더욱 유명해진 진상의 저택이다. 교가는 교귀발이 집안을 일으킨다. 어린 나이에 고아가 된 그는 외가에서 온갖 멸시를 받으며 어린 시절을 보낸다. 16세에 외가를 떠나 고향인 교가보로 돌아오지만, 고향 사람들로부터도 계속되는 차별에 고향을 떠나기로 결정하고 기현에 자리를 잡는다.

시작은 낙타를 끄는 일이었는데, 이후 두부, 콩나물과 잡화를 파는 장사를 하면서, 진씨 성을 가진 고향 사람과 마소의 먹이인 꼴을 파는 점포를 공동 운영한다. 청나라 건륭제 20년(1755) 식량이 풍부한 가운데 두부와 콩나물을 만들어 파는 장사를 한다. 한편으로는 곡물 가격이 저렴할 때를 이용해 콩을 대량으로 매입해 보관해둔다. 이듬해 예상대로 콩 수확의 불황으로 가격이 폭등하는데, 그때 보관하고 있던 콩을 내다 팔아 막대한 돈을 번다. 일종의 매점매석인 셈이다. 이후로도 교진(喬秦) 두 사람은 사업을 확장하고 물품 판매점 광성공(廣盛公)을 개설한다.

임종 시 재산을 3등분한 후, 세 아들에게 덕흥당, 보화당, 재중당이라는 별호를 내려준다. 셋째 아들인 교전미가 유일하게 가업을 잇는데, 그의 둘째 아들 교치용 때에 이르러 재중당(在中堂)이라는 기치 하에 사업이 급속히 발전한다. 교치용은 장사에 관심이 없었지만, 가업을 이은 형이 병으로 죽는 바람에 관료가 되고자 하는 꿈을 버린다. 기울어가는 가세를 살리는 모든 희망이 그의 두 어깨 위에 달려 있었던 셈이다. 그는 잠재되어 있던 사업 수완을 발휘해 많은 돈을 벌고, 복성공(復盛公), 복성전(復盛全), 복성서(復盛西) 등 수많은 상점을 개설하며 번영을 누린다.

교치용이 가세를 일으키고 도전적이고 모험적인 경영을 통해 사업을 확장하는 과정은 드라마를 통해 소개되어 많은 시청자들의 공감을 얻은 바 있다. 대본 작가의 상상력이 가미된 부분도 있겠지만, 그가 헤쳐 나간 고난의 행보와 삶의 고뇌, 그리고 성공의 달콤함 등이 고스란히 담겨 있어 감동을 전해준다. 나 역시 중국어 듣기능력 향상을 위해 여러 번 시청했는데, 삶의 방향성을 잡는 데 많은 도움을 받았다. 기회가 되면 시청해볼 것을 권유한다.

교가대원(재중당)은 313개 방과 6개 정원으로 구성된 저택으로 '희(囍)'자를 본떠 만들었다고 한다. 청나라 건륭 연간에 지어진 총면적

8,724㎡의 규모다. 크지 않은 공간에 건물들이 빽빽이 들어서 있어 복잡해 보이는 저택이다.

입구에 도착하면 '교가대원'이라 적혀 있는 목방과 넓은 길이 관람객을 맞이한다. 한쪽으로는 절찬리 방영된 〈교가대원〉이라는 텔레비전 드라마의 장면들이 대형 화면을 통해 빠른 속도로 지나간다. 길가에 조각된 동상 중 외국인들과 교류하는 장면도 보이는데, 사세가 융성했음을 간접적으로 전해준다. 정문에는 '복종랑환(福种琅珤)'이라 적힌 편액이 걸려 있다. 자희태후에게 돈을 빌려준 것을 고맙게 여긴 산서 순무 정보전이 상으로 내린 것이라고 한다.

대원을 들어서면 제 1원부터 6원까지 가업을 이룬 과정을 포함해, 교가와 관련한 모든 것들을 이해할 수 있도록 전시해놓았다. 원과 원 사이가 다닥다닥 붙어 있어 비좁게 여겨지지만, 건물들의 품격과 석조와 목조 가리지 않고 새겨진 조각들의 예술성이 정밀하고 생동적이며 아름답다. 특히 건물들마다 처마 아래 그려진 금색을 포함한 다양한 채색의 화려함은 교가장원의 가장 큰 장점이다. 연산교자(燕山敎子) 등 스토리가 있는 고사들을 진금을 이용해 채색화로 그려놓았는데, 세월의 흐름에 퇴색되었지만 감탄사를 터뜨리게 한다. 밀집된 공간에 아름다운 조각과 채색 그림이 마치 갤러리처럼 몰려 있어 더 화려하게 느껴진다.

　건물 외부의 아름다움에 빠져 있다가 내부로 들어서면 부호의 삶
을 떠올리게 하는 다양한 생활용품들을 볼 수 있다. 그중 구룡병
풍, 서우망원경, 구룡등이 눈길을 사로잡는다. 특히 구룡병풍은 9폭
병풍에 금색 용이 정교하게 조각되어 있어, 고가의 물품임을 알 수
있다. 당시 상인의 지위는 권력과는 거리가 있는 낮은 신분이었다.
'금력은 있지만 권력이 없는 상인으로서, 권력을 상징하는 구룡병풍
을 소장하여 아쉬움을 달래려 한 건 아니었을까?'라는 순전히 개인
적인 생각을 해본다. 서우망원경과 천정에 걸려 있는 구룡등도 재
력 있는 집안임을 알 수 있게 하는 소장품들이다. 교가대원이 가장
소중하게 여긴다는 편액 중 가장 가치가 높다는 부산이 쓴 '단풍각
(丹楓閣)'도 감상할 수 있다. 그를 직접 초대해 글씨를 부탁했다고 한
다. 재능 있는 사람이나 금력 있는 사람이나, 어느 분야에든 일가를
이룬 사람들 사이에는 서로를 존중하는 마음이 있다는 사실을 이
고사를 통해 알게 된다.

이외에도 재중당의 건물 역시 고풍스럽다. 1원에서 6원까지 건물 입구 좌우로 조각되어 있는 사자상은 돌로 만든 것이다. 생긴 모양이 모두 다르고 세월에 색이 바라, 고색창연해 보여 정겹다. 사자를 중시하는 중국인들의 전통을 들여다볼 수 있다. 이홍장의 친필인 '인주의부(仁周义溥)'라는 편액의 글씨는 필체가 힘이 넘친다.

교가대원은 아기자기한 가운데 화려한 아름다움이 널려 있는 특별한 곳이다. 아이들 손을 잡고 샅샅이 돌아보며 부자의 기를 받아 가는 것도 의미가 있을 듯하다.

조가대원은 교가대원 가까이 위치한 명·청 시대 대부호 태곡 조가의 진상 저택으로서 삼다당(三多堂)으로도 불린다. 조가의 시조 조방언은 하루하루 성실하게 살아가는 평범한 사람이었다. 이후 장거리 중개업(다른 지역에 물건을 팔아 수입을 올리는 것으로 행상과 유사)으로 밑천을 쌓는다. 여러 대에 걸친 부단한 노력으로 11대손 조진경에 이르러 생활을 걱정할 필요가 없을 정도의 재산을 모은다.

여기에 만족하지 않은 14대손 조삼희는 과감히 집을 나가 동북성 삼좌탑촌에 정착한다. 이곳에서 그는 야채 재배, 양돈 등을 생업으로 삼는 고생을 마다하지 않는다. 어느 정도 경륜이 쌓인 후부터 수수로 술을 만들어 판매한다. 양조업이 조가가 가업을 세우는 첫 번째 업종이 되는 셈이다. 돈을 번 후에도 사치를 일삼지 않고 다른 업종에 투자하는데, 잡화업과 전당포 사업까지 손을 뻗친다.

지역 경제의 발전에 따라 그의 사업 역시 나날이 번성한다. 심양 등 여러 지역에 상점을 개설하고, 명나라 말에 이르러서는 동북지역에서 든든한 사업 기반을 다진다.

1664년 청나라와 명나라 사이에 벌어진 전쟁 때 판세를 냉철하게 판단한 그는 청나라 병사들을 위한 군용물자를 제공한다. 청나라를 위해 봉사하는 한편 돈도 버는 일거양득의 효과를 누리는 기지를 발휘한 것이다. 과연 그의 판단대로 명나라는 멸망한다. 그는 신흥 청나라 왕조에 의해 공신으로 인정받으며 많은 돈을 번다. 이렇게 번 돈으로 고향으로 금의환향한 그는 태곡에 상점을 개설하고, 태곡을 중심으로 중국 전 지역으로 사세를 확장시켜 나간다. 그의 발길은 중국 대륙에만 머물지 않고 세계로 향하게 되는데, 가까이는 일본, 멀리는 영국의 런던까지 진출한다.

삼다당은 명말 청초에 지은 총면적 10,600㎡의 '수(壽)'자 형태의 건물이다. 비록 크진 않지만 다른 진상 저택에 비해 감상 가치가 있는 전시품들이 많이 있어 특별하다.

민간 건물에 인접한 조가대원을 들어서면 400여 년 역사를 지닌 고풍스러운 삼다당의 모습이 한눈에 들어온다. 좁은 공간에 건물들이 빽빽하게 들어서 있지만, 복잡하게 여겨지지 않는다. 삼다당 역시 건물들마다 조각된 목조와 석조의 정교함은 다른 대원의 저택에 비해 떨어지지 않는다. 처마에 새겨진 문양들은 세월에 벗겨지고 퇴색되어 그 의미를 읽기 힘들지만, 아름다움을 손상할 정도는 아니다. 특히 연극공연 무대 희대원을 들어서면 전후좌우로 늘어선 건물들의 고급스러움에 감탄사가 절로 나온다. 투입된 공력이 만만치 않았음을 실감할 수 있다.

모든 건물들 안에는 부잣집을 상징하는 고급 물품들이 정갈하게 놓여 있다. 삼다당 상호 분포 현황을 전시한 곳에서는 사업이 왕성했을 때 조가대원의 사세를 짐작할 수 있다. 삼다당에는 조가가 사용했던 생활용품을 전시해놓은 곳과 박물관이 있다. 송나라 때의 청명상하도, 명나라 때의 수산석어의, 황화이목서상, 청나라 때의 금화차두종, 비취우모경 등 진귀한 유물들을 감상할 수 있어 좋다. 저택 안에는 높은 누각이 있다. 다복원 계단을 통해 올라서면 대원의 전경과 주위의 풍경을 감상할 수 있다. 지붕들이 종대와 횡대로 빽빽이 늘어선 모습이 비좁은 듯하지만, 일세를 풍미한 거부의 면모를 느끼기에 부족함이 없다.

거가대원은 교가대원과 함께 기현에 있는 또 하나의 부잣집이다. 원말 명초 거경신, 우신, 충신 3형제는 마와 배 등을 구입해 팔고, 기현의 울이 굵고 거친 천과 대추를 파는 소자본 장사에서 시작해 해를 거듭하며 자금을 축적한다. 9대손 거사중은 기현 시내에 작은 점포를 마련하고, 14대손 거동해는 채소, 기름, 술 등 잡화류 장사로 기현에서 자리 잡은 후 장원후(長源厚)라는 상호를 개설한다.

가정제 때 거동해의 아들 거영황은 장원천(長源川)과 장순천(長順川)을 추가로 개설하는 등 가세를 확장시킨다. 후대에도 자금력이 증가함에 따라 대량의 찻잎을 러시아와 유럽 여러 국가로 수출하는 사업에 종사한다. 수출품은 토산품, 붉은 대추, 토산 면포 등으로 다양했다고 한다.

17대손 거원정에 이르러 당시 진상 중에서 가장 부자로 인정받을 정도의 번성을 누린다. 거원정은 선조 때부터 축적된 풍부한 자금력을 동원해 백천통(百川通) 등 여러 개의 은행을 개설하여 금융업에도 진출한다. 말하자면 소금업, 약재업, 비단사업 등을 보유하고 있는 재벌이 금융업까지 진출한 것으로 보면 된다. 그의 금융업 진출은 상업자본과 금융자본의 선순환을 가져오며 대성공을 거둔다. '이익은 목적이고, 신의가 근본이다'라는 경영 철학을 가진 그의 지휘 하에 사세는 확대되고 엄청난 부를 축적한다.

거가대원은 건륭 연간에 지어진 저택으로, 과거에는 40여 개 정원이 있을 정도로 규모가 컸다고 한다. 지금은 3/5이 개발되어 거반성

(渠半城)으로 불린다. 공개하는 총면적은 5,317㎡로, 소개하는 저택들 중 규모가 가장 작다.

가정집들이 빽빽한 곳에 성곽 같은 건물이 눈에 들어온다. '사람들이 살고 있는 주택가에 웬 성이 들어서 있지?' 궁금해서 지나가는 사람에게 물으니, 성곽 같은 건물이 거가대원이라 알려준다. 밖에서 보는 거가대원은 견고해서 마치 그들의 부를 외부로 절대 유출시키지 않겠다는 의지를 보여주는 듯하다. 하긴, 자신들이 이룬 부를 자신들만 향유하고 싶은 마음도 없지는 않을 것이라 여겨진다.

거가대원은 크기가 중요한 게 아니라는 것을 극명하게 보여주는 아름다운 부잣집이다. 희대원을 비롯해 저택에 들어서 있는 건물이면 건물, 벽이면 벽 모두에 조각되고 새겨져 있는 문양들이 황홀할 정도로 아름답다. 지붕 아래로 겹겹이 쌓여 아름다움을 뽐내는 두공들과 좌우로 빽빽이 붙어 있는 건물들에 조각된 생동감 넘치는 작품들이 개별적으로도 아름답지만, 조화롭게 어울리며 감탄사를 연발하게 한다. 상가장원 등 부잣집들이 석조와 목조 예술에 관심 없을 리 없었겠지만, 거가대원의 주인은 그러한 미적 감각을 무척이나 중시하는 취향을 가진 것으로 짐작된다.

희대원을 들어서면 사방으로 둘러싸인 건물의 품격에 한참 들여다보게 된다. 희극을 사랑한 산서인들의 특성을 반영하듯 많은 공력이 들어간 듯하다. 저택 안에 희대원을 설치해놓고 경극을 즐긴 것을 보며 그들의 부를 짐작한다.

지붕과 지붕, 건물 끝과 건물 끝이 이어지며 푸른 하늘과 대비되는 것이 보기 좋다. 구석구석 투입된 장인들의 공력이 돈과 연계되어 있다고 생각하며 쓴웃음을 짓는다. 거가대원은 작지만 아름답고 고급스러운 예술의 보고다.

진상의 저택 4군데를 찾아보며 느끼는 것이 적지 않다. 가문별로 부를, 그것도 작은 부가 아닌 거대한 부를 쌓아가는 과정을 지켜보며, 성공이란 하루아침에 이루어지는 것이 아님을 절실하게 깨닫는다. 큰 부자가 되기 위해 수대에 걸친 각고의 노력이 필요했던 것은 기본이다. 나아가 부모에서 부모로 이어지는 근검절약하는 자세뿐만 아니라, 어떠한 모험에도 도전하는 정신이 가문의 전통으로 쌓여왔다는 것을 확인할 수 있었다. 그러한 유전인자들이 대대로 이어져 내려오면서, 가문에서 걸출한 인물이 태어난다. 그 인물에 의해 작은 부자에서 큰 부자로 발돋움하는 과정이 공교롭게도 일치하는 것이 신기할 정도다.

상가장원의 상만달이 재산과 정열 모든 것을 걸고 달려갔던 복건성 우이산, 교가대원의 교치용이 기울어가는 가세를 일으켜 세우기 위해 태평천국의 난이라는 불확실성을 뚫고 안휘성으로 달려간 것, 조가대원의 조삼희가 명말 청초 혼란기를 냉철하게 판단하고 사업의 방향성을 잡은 것, 거가대원의 거원정이 시대를 앞서가는 판단력으로 금융업에 과감한 진출을 결정한 것…. 이 모두가 적당한 부자에서 일세를 풍미하는 거대 부자로 도약하는 계기가 된 것이다. '그들이 그러한 결정을 하지 않고 선조들이 살아온 대로의 삶을 살았다면, 우리가 공부하고 부러워하는 그들 일가가 탄생할 수 있었을까?' 그것이 궁금하기도 하다.

역사는 반복된다고 한다. 그 시대를 살았던 선조들의 불확실성이나 지금을 살고 있는 우리 앞에 놓인 불확실성이나 다를 것이 없다고 생각한다. 진상들의 치열했던 삶을 돌아보며, 그들의 고뇌와 애환, 성공과 실패가 현재를 살아가는 우리와 우리 자녀들에게 조금이라도 도움이 되기를 바랄 뿐이다. 부잣집 저택이 각각의 멋을 풍기며 화려한 모습을 보여주는 것은 성공의 달콤한 과실일 뿐이다.

12

애국의
현장

일본 제국주의는 중국을 멸하고 아주를 병탄한 후, 세계의 패권을 차지하기 위해 1931년 9월 18일 만주사변을 조작해 일으키고 중국의 동북지역을 침략한다. 1937년에는 7·7사변을 일으키고 전면전으로 확대한다. 이에 중국은 민족을 위기에서 구하기 위해 국공합작에 기초한 항일민족통일전선을 구축한다. 공산당은 홍군 주력을 팔로군으로 개편한 후 전국적인 항일무장 항일전선에 돌입하고, 중화민족은 8년간 이어지는 항전의 길로 뛰어든다.

넓디넓은 중국 대륙에서 수천 년간 이어진 전쟁의 역사를 통해 천하를 차지하기 위해 반드시 손아귀에 넣어야만 하는 지역이 있었는데, 그곳이 바로 중원으로 불리는 산서성 일대였다. 일본군 역시 산서성의 전략적 중요성을 인지하고 있었고, 8년간의 침략 전쟁을 통해 많은 전투들이 산서성 요소요소에서 전개되었다. 철두철미하게 준비하고 침략한 일본의 현대식 장비와 군사력은 재래식 장비와 훈련된 전사들이 부족한 중국군을 압도할 수밖에 없었다. 현격했던 전력의 차이는 전쟁 초기 일본군이 일방적으로 중국 대륙 곳곳을 잠식하는 결과로 나타난다.

그러나 이런 전세를 역전시키는 결정적인 역할을 하는 전투가 이

곳 산서성에서 벌어진다. 바로 평형관 전투다. 일본을 상대로 최초의 대승을 거두는데, 이런 전과는 계속된 패배로 실의에 빠진 전우들에게 일본군을 이길 수 있다는 자신감을 불어넣었다. 평형관 대첩을 비롯해 나라를 지키려는 산서성의 항일전쟁은 끊임없이 이어졌다. 8년간의 항일전쟁 기간 중 산서성 지역에서 활약한 팔로군의 역할과 일본군이 행한 만행의 흔적들을 소개하고자 한다. 애국의 현장으로 역사를 통해 교훈을 얻는 중국인들의 역사관을 확인할 수 있다.

팔로군 태행기념관은 팔로군 본부가 주둔했던 태행산구 장치시 무향현성에 위치하고 있다. 총면적 180,000㎡의 대형 기념관으로, 항일전쟁 승리에 지대한 영향을 끼친 팔로군 8년 항전사를 일목요연하게 보여준다. 1979년 9월 진열실 설계방안 심사를 위해 방문한 등소평은 "팔로군 장병과 근거지 주민이 함께 공동의 적 일본군에 맞서 싸운 장거였고, 역사는 인민이 써나가는 것임을 잘 표현하라."라고 지시했다고 전해진다. 그의 뜻에 따라 기념관은 단순히 자료 전시를 벗어나, 근거지 주민과 팔로군 장병이 모두 함께 일제에 대항한 입체적인 모습을 보여주고 있다.

　요즘 들어 팔로군 연속극 〈양검(亮劍)〉에 빠져 있다. 해서 열악한 장비와 여건 속에서 나라를 지키겠다는 일념으로 목숨을 초개처럼 버린, 그리고 그 용맹성으로 일본군에게 두려움을 준 팔로군의 행적을 찾아 나선다. 기념관에 도착하니 청명한 여름 푸른 하늘을 배경으로 서 있는 팔로군 지도자들의 동상이 반겨준다. 현재를 사는 중국 국민들에게 '역사를 기억하라!'는 무언의 메시지를 던지면서…

　입구를 들어서면 태행산 모형 위의 '태행정신 영원하라(太行情神 光輝千秋)'라는 문구가 눈에 들어온다. 이는 기념관의 정신을 적절하게 표현하고 있다. 전시관은 일본 침략 후 팔로군이 항일전쟁을 시작한 것으로부터 팔로군의 알파와 오메가를 알 수 있도록 체계적으로 배열되어 있다. 산서성뿐 아니라 전 지역에서 이루어진 활약상들을 전시해놓아 팔로군에 대한 전반적 이해에 도움이 된다.

　장비나 훈련 정도 등 모든 분야에서 열악했던 상황 하에 저질러진 일본군의 만행과, 열악한 환경에도 굴복하지 않고 격렬히 대항했던 팔로군과 근거지 주민들의 발자취가 고스란히 담겨 있어 인상적이다. 당시 사용했던 권총과 칼 등의 무기류와 문서, 의복, 지휘 체계 등이 전시되어 있어 현대를 사는 이들에게 경각심을 불러일으키기에 부족함이 없다. 황하를 건널 때 승선했다는 철로 만든 배를 보며 당시 팔로군의 장비가 열악했음을 실감하고, 악조건 하에 묵묵히 전투를 수행한 이들에게 다시 한 번 감탄한다. 평형관 대첩은 모형을 만들어 시연하고 있는데, 대첩 당시의 격전 상황을 그대로 전해준다. 이외에도 일본군의 근거지 소탕작전 등 역사적 사실들을 전시해 놓아, 팔로군에 대한 전반적인 이해를 할 수 있어 만족스럽다.

기념관 밖에는 화평송(和平頌)이라는 조각물이 있다. 전쟁의 잔혹함을 떨치고 평화를 추구하는 의미를 담고 있다. 평화에 대한 중국인들의 간절한 소망을 전해주는 듯하다. 기념관을 뒤로 해서 언덕을 오르면 기념관 주위의 아름다운 경관이 한눈에 들어온다. 너무나 아름다워 한동안 멍하니 바라본다. 팔로군 태행기념관은 1988년 정식 개관한 이후로 많은 이들의 발길이 끊임없이 이어지고 있다. 그중에는 미국, 영국, 일본, 캐나다, 호주 등 10여 개 국가의 인사들도 포함되어 있다고 한다.

평형관 대첩을 두고 주덕은 아래와 같이 표현했다.

"최초로 일본군의 예봉을 끊은 것으로, 일본군에게는 적이 없다는 신화를 깨뜨리고, 중국 국민의 지속적인 항전과 승리에 대한 신념을 쟁취한 것이다."

평형관은 항산 남쪽 두레박 모양의 산간 오목한 곳에 위치하고 있다. 특이한 모양으로 인해 송나라 때 병형채(瓶形寨)로 불리다가, 명나라 때 장성 축조 후 평형관으로 전해지고 있다. 평형관은 장성의 일부라는 사실보다 항일전쟁 때 일본군을 대상으로 중국군이 처음으로 승리를 거둔 평형관 대첩으로 더욱 유명하다. 평형관 전투의 상황과 의의를 간단히 소개하면 다음과 같다.

1937년 9월 25일 팔로군 115사단은 중공중앙군위와 팔로군 총사령부의 안배에 따라 제2전구의 국민당 군대와 협력, 진동북 내장성 요새인 평형관을 사수하여, 일본군의 태원 진출을 막는 임무를 맡는다. 이에 팔로군 115사단은 교구 일선에서 매복 작전을 펼쳐, 일본군 21여단 후속 부대와 탄약운반 부대를 대상으로 격렬한 전투를 치른다. 이 전투에서 일본군 천여 명을 사살하고, 대량의 무기와 탄약 등 군용물자를 노획하는 혁혁한 전과를 거둔다. 전국적인 항일전쟁 이래 중국 군대가 최초로 대승리를 거둔 전투로, 그 의미가 막대할 뿐 아니라 향후 항일전쟁 전개에도 깊은 영향을 끼친다. 중국의 항일전쟁 사상 찬란한 역사의 한 페이지로 평가받는 대첩이다.

평형관으로부터 약 5㎞ 떨어진 위치에 **평형관대첩기념관**을 세워 당시의 업적을 기리고 있다. 기념관을 들어서면 대첩이 발생하기 전후의 상황과 치열했던 전쟁의 전개 상황, 일본 군용물자 노획품, 대첩 이후 일본을 포함한 국내외 언론들의 평가 등, 평형관 대첩에 대한 처음부터 마지막까지가 자세히 소개되어 있다. 승전 소식만을 듣고 있던 일본 열도가 평형관에서의 충격적인 패배 소식에 경악했다고 일본에 보도된 기사들이 아이러니하게 흥미를 끈다.

기념관 앞에는 평형관 대첩 지휘관들의 동상이 있다. '장군들의 영혼이 동상에 투영되어 지나간 시절 통쾌했던 전투의 승리를 곱씹고 있지 않을까?'라는 생각을 해본다. 멀리 항산 산등성이로 이어지는 평형관 장성이 어렴풋이 조망된다. 5월을 맞이한 산서성의 북방 삭주시에도 봄이 오는지, 복숭아꽃이 화사하게 피어나고 있다.

대첩을 기념하기 위해 전투가 벌어졌던 교구에 전망대를 만들어 놓았다. 매복 작전을 펼치기에 이만한 장소가 없다 여겨질 정도로 꼬불꼬불한 소로다. 매복 작전을 기획한 팔로군의 전략적 뛰어남도 뛰어남이지만, 산 사이로 길게 난 좁은 길을 통해 많은 병력과 물자를 전략적인 고려 없이 무모하게 이동시킨 일본군의 오만함이 참담한 패배를 초래한 측면도 없지 않아 보인다. 군사 전문가가 아니기에 순전히 개인적인 생각이다. 아무려나 평형관 대첩의 승리는 또다른 전투의 승리로 이어지는 선순환을 거치고, 일제의 침략전쟁에서 중국 국민은 최후의 승리를 쟁취한다.

황애동은 항일전쟁 당시 팔로군 병공창이 있었던 유적지로, 황애석벽 중간에 석동이 하나 있어 붙여진 이름이라고 한다. 장치시 어성현 적욕촌 서쪽의 태행산 복지협곡에 위치하고 있다. 이러한 황애동을 2015년 노동절 연휴를 이용해 다녀왔다. 많은 중국인들이 아이의 손을 잡고 가족 단위로 찾는 것을 보니, 많이 알려진 관광지인 듯하다. '팔로군이 생명과 같이 여긴 병기를 만들어 보관할 장소를 찾는 데 얼마나 많은 심혈을 기울였을까?' 이런 생각이 들 정도로 깊숙이 위치하고 있다. 통로가 좁은 산을 두 번이나 지나고도 한참을 들어가야 병기창과 황애동이 모습을 드러낸다. 적군이 접근하기 용이하지 않은 천혜의 요새다. 공격하는 쪽도 힘들었겠지만, 이곳을 근거지로 해서 항일투쟁을 벌여야 했던 팔로군의 고충도 적지 않았으리라 여겨진다. 그들의 숭고한 희생정신에 감탄할 수밖에 없다.

협소한 통로의 산을 지나면 옹을랑(瓮圪廊)이라는, 성곽같이 생긴 협곡이 모습을 드러낸다. 두 개의 산이 직립해 있어 단애가 자연적으로 생성된 것으로, 복도와 같은 좁은 길이 형성되었다고 한다. 동서로 길이가 500m, 남북으로 폭이 3m로, 황애동으로 오고가는 유일한 통로다. 황애동보위전 때 주전장의 남쪽 진지였다는데, 일본군이 수십 차례의 격렬한 공격을 감행했으나 사상자 200여 명만 내고 후퇴한 곳이라고 한다. 내가 보아도 난공불락의 요새다.

그러나 옹을랑을 들어서면 아름다운 장면이 눈앞에 전개된다. 안에서 바깥을 바라보면 한 뼘 남짓한 하늘밖에 보이지 않는 협로다. 그러나 안에는 폭포도 있어 지나가는 길에 한기를 느낄 정도의 시원함이 통쾌하다. 군사적으로는 철옹성의 방어막을 칠 수 있는 요새지만, 여행객 입장에서는 너무나 아름다운 경관이다. '어떻게 이렇게 아름다운 곳이 치열한 항일전쟁을 수행했던 곳에 있을 수 있을까?' 무척이나 궁금해 자료를 찾아본다.

황애동이 있는 지역은 산서와 화북지역의 지각판이 상호 밀어내기와 뒤틀림 작용의 영향으로 지각운동이 빈번해 지질구조가 복잡하고, 단열이 발달해 있다고 한다. 이에 따라 복잡하고 다양한 자연경관을 보이고 있을 뿐 아니라, 미적·과학적 가치가 매우 높은 것으로 알려져 있다. 해서 옹을랑과 같은 아름다운 곳이 도처에 넘친다는 사실을 뒤에 알게 되었다. 옹을랑의 좁은 길 사이로 연결된 계단을 오르는 중국인들이 어떤 생각을 하고 있을지 궁금해진다. 아이들에게 나라를 위해 청춘을 던진 팔로군의 고귀한 희생을 알려줄 것이고, 그러한 정신이 대를 이어 전해질 것 같다는 생각을 한다.

짧은 구간의 옹을랑을 빠져나와 병공창을 오르는 길에 보이는 산세 역시 아름답다. 일본군을 피해 꼭꼭 숨어들어야만 했던 팔로군의 입장에서는 이러한 아름다움을 즐길 여유가 없었으리라… 고귀한 그들의 희생이 있었기에 지금의 후손들이 삶의 여유를 즐길 수 있다는 생각을 하지 않을 수 없다. 병기창에 다가갈수록 크게 들려오는 절도 있는 팔로군의 노래가 애국을 향한 애틋한 용사들의 심정을 대변하는 듯하다. 병공창 유적은 옛날 모습 그대로 유지해놓아 당시의 상황을 알 수 있게 한다.

황애동이 위치하고 있는 수요욕은 주위가 높은 산봉우리다. 중간은 오목하고 사방은 튀어나온, 자연적으로 형성된 성곽 같은 모양을 하고 있는 곳이다. 지금은 유적으로 남아 있는 병공창의 공장 건물과 숙소는 안전을 위해 성곽 안에서도 더 깊숙한 산골짜기 사이에 조성했다. 전쟁에서 피와 같은 존재인 병기에 대한 팔로군의 무섭도록 강한 애착을 들여다볼 수 있는 부분이다. 병공창제조기념관에는 당시 병기를 만들던 상황을 볼 수 있도록 테라코타에 설명을 붙인 형식으로 친절하게 전시해놓고 있어 볼 만하다.

병기창에서 오른쪽 길을 따라가다 보면 황애동이 나타난다. 황애동 옆에는 황애동보위전 순국열사기념비가 있어, 많은 이들이 발걸음을 멈추고 영령을 달래는 모습을 볼 수 있다. 황애동보위전은 1,000명이 되지 않는 병력으로 5,000여 명의 일본군 정예 병력과 격전을 벌여 1,000여 명의 적군을 궤멸시킨 반면, 팔로군의 사상자는 160여 명에 그쳐, 6:1의 혁혁한 전과를 올린 전투라고 한다.

멀리서 보이는 황애동은 그야말로 산의 중간에 뚫려 있는 커다란 동굴이다. 동굴의 높이 25m, 넓이 18m, 깊이 72m로 절벽 중간에 걸려 있다. 황애동을 올려보거나 동굴 안에서 내려봐도 아찔함을 느낄 정도의 험준한 위치에 자리하고 있다. 이렇게 위태로워 보이는 천연동굴 황애동은 병공창에서 제작한 병기를 보관하는 창고로 활용되었다. 팔로군 병사들은 쳐다만 봐도 아찔한 곳에 있는 황애동에 생명 같은 소중한 무기를 운반해서 보관한 것이다.

동굴을 오르는 입구에는 대형 호두나무가 있는데, 그 속에 통로를 만들어 무기를 옮겼다고 한다. 올라가보니 한 줄로 올라가고 내

려오기도 힘든 길을 어떻게 오르내리며 무기들을 운반했을까 싶다. 정말 대단하다 여기지 않을 수 없다. 한 사람이 오르기에도 좁은 통로를 무기까지 운반하며 오르내렸을 그들이 겪었을 고초를 생각하니 가슴 한편이 뭉클해진다. 동굴 입구에는 보초를 선 팔로군의 석조 상이 있고, 내부에서는 병기와 물자를 관리했던 팔로군의 모습을 확인할 수 있다. 생명과 같았던 병기를 보호하기 위해 그들이 기울인 공력을 충분히 알 수 있다.

동굴 안에서 바깥을 바라보니 너무나 아름다워 눈이 부실 지경이다. 그러나 이 같은 낭만적인 생각은 황애동을 지켜야 했던 팔로군들에게는 사치였을 것이다. '조금밖에 보이지 않는 세상을 향해 보초를 서야 했던 팔팔했던 청춘 팔로군들은 어떤 생각을 했을까?'라는 물음을 던지며 그들의 희생을 돌이켜본다. 전쟁은 이렇듯 사람들을 핍박하고, 마음껏 볼 수 있는 드넓고 높은 푸른 하늘을 좁은 동굴 속에서 일부분만 보게 한다. 황애동은 다시는 전쟁이 없는 평화스러운 세상을 만들어야 한다는 것을 사실적으로 알려주는 역사의 현장이 아닌가 싶다.

황애동 아래에는 좌권 장군이 지냈다는 장군방이 있다. 너무나 작고 초라한 것이, 병사들과 희로애락을 같이했던 장군의 인품을 느끼기에 부족함이 없다. 아름다운 풍경이 있고 팔로군의 숭고한 정신이 담겨 있는 황애동을 떠나며, 팔로군을 이토록 일사불란한 조직으로 만든 정신이 무엇인지 궁금해 한다.

만인갱기념관은 대동시에서 서남쪽으로 약 18㎞ 떨어져 있다. 총면적 33.7만㎡로서 희생자들의 영혼을 달래기 위해 조성한 것이다. 진열관은 건축 면적 3,500㎡로, 침략자들의 석탄자원 약탈과 광부들을 박해한 사실들을 광범위하게 전시해놓고 있다.

1937년 10월부터 1945년 8월까지 일본 침략자들은 대동지역의 탄광을 점령한다. 그 기간 동안 '사람을 석탄으로 바꾸는(以人煥煤)' 피비린내 나는 정책으로 석탄자원을 미치광이처럼 약탈한다. 전국 각지에 직원모집 사무실을 설치한 후, 집을 짓고 도로를 놓는다는 명목으로 산동, 하북, 강소, 안휘, 북경, 천진 등지에서 농민과 직업 없는 수공업자를 속여 광산 노동자로 고용한다. 위험하고 열악한 작업 환경과 초강도의 노동 강도, 비인간적인 대우로 많은 광부들이 생명을 잃거나 병을 얻는 등 재난을 입는다.

진열관을 들어서면 8년 동안 일제가 저지른 각종 만행들이 체계적으로 정리되어 있다. 비인간적인 학대와 그로 인해 고통 받고 죽어가야만 했던 힘없는 이들의 고통과 주검들이 보는 이의 마음을 답답하게 한다. 생존자의 생생한 증언을 경청하며 경건한 마음을 갖게 되고, 일제가 행했던 지울 수 없는 과거에 대해 분노한다.

铭记历史　珍爱和平
悼念死难矿工

　기념관을 나오면 산 위에 조성된 만인갱을 만나볼 수 있다. 상하 두 부분으로 나누어 죽음당한 이들의 유해를 안장해두었다. 만인갱은 병들거나 죽은 광부들을 황량한 장소나 광갱에 방치한 것이 세월의 흐름에 따라 누적되어, 백골이 겹겹이 쌓여 형성되었다고 한다. 대동의 광구 중 비교적 큰 만인갱이 20여 개소가 넘는다고 하니, 입을 다물지 못할 지경이다. 만인갱을 오르면 온통 하얀색 비석이 산 한 모퉁이를 차지하고 있는 것이 눈에 들어온다. 푸른 하늘과 하얀 비석이 원색으로 대비되며 아름다워 보이는 것이 아이러니하다. 가까이에서 확인하기 위해 계단을 오르니, 비석 하나하나가 고통 하나하나, 주검 하나하나라는 사실에 숙연해진다.

　만인갱은 치욕의 역사, 사랑하는 백성을 죽음에까지 이르게 해야만 했던 당시 정부의 무기력을 반성하고, 다시는 그런 역사가 반복되지 않기를 강하게 얘기해준다.

　실제 망자들이 고통 속에서 석탄을 채굴해야 했고, 비인간적인 대접을 받으며 죽음에 이른 갱구 현장을 만들어놓았다. 갱 안에는 버려진 해골들이 널브러져 있고, 옆으로는 그들을 위로하는 조화가 벽에 걸려 있다. 너무나 가슴 아프다. 8년 동안 일본 침략자들은 석탄자원 1,400만 톤과 최소한 광부 6만 명의 목숨을 앗아갔다고 역사는 알려주고 있다. 만인갱 아래에 적혀 있는 "역사를 기억하고, 평화를 사랑한다(銘記歷史 珍愛和平)"라는 문구가 너무나 인상적이다. 뼈아픈 역사를 잊지 말자는 중국인들의 당찬 모습이라 여겨져 감동적이기까지 하다.

총사령부가 주둔하며 팔로군 활동을 지휘했던 곳, 승승장구하던 일본군을 상대로 최초의 대승리를 거두어 전세를 전환시킨 곳, 병기창을 만들어 무기를 제작하고 팔로군을 지원했던 곳, 대동지역의 석탄 착취와 죄 없는 백성들이 고통에 시달리며 죽어가야만 했던 만인갱이 있는 곳…. 그곳이 바로 이곳 산서성이다. 항일전쟁 8년의 희로애락이 숨 쉬고 있는 산서는 애국 교육의 살아 있는 현장이다.

13

고성의
향기

　　　　　5,000년의 유구한 역사는 산서성에 많은 유적들을 남겼다. 유적들에 함축된 고사는 후세를 살아가는 우리에게 교훈을 준다. 지금부터 산서성에 존재했던 고성들 중 나의 발길이 닿았던 곳을 소개하려 한다. 명·청 시대의 평요고성, 수나라 때의 유차노성, 춘추전국시대로부터 송에 이르기까지 중국 북방의 대도시였다는 진양고성유지가 그것이다. 세월의 흐름 속에 자취를 찾아보기 힘든 곳도 있고, 과거의 모습 그대로 유지하고 있는 곳도 있다. 자취가 없는 곳은 없는 대로, 당시의 모습이 남아 있는 곳은 남아 있는 대로 고성의 향기를 느끼면 그만일 것이라 여기며…

　　평요고성은 한국인들에게도 많이 알려진 관광지다. 산서성을 들르면 오대산, 면산, 태행산 대협곡과 함께 반드시 들르는 곳이기 때문이다. 알려진 대로 평요고성은 명·청 시대의 고성과 마을이다. 과거의 숨결이 남아 있는 유일의 문화도시로서 1997년 세계문화유산으로 지정되었다. 성벽을 포함해 당시의 거리가 완벽하게 보존된 곳은 중국 전역에서 찾아보기 어려운 사례라 더욱 빛을 발하고 있다. 고성 일대는 명·청 때 중국 제일의 금융도시로서 '중국의 월스트리트'로 불린 곳이기도 하다. 고성은 땅을 다져 성벽을 만든 것으로, 서주 선왕(기원전 827~782년) 때 처음 조성되었다고 기록되어 있다. 명 홍무제 3년, 군사 방위의 필요에 의해 원래 서주 옛 성터 제방의 기초 위에 현재의 벽돌 성벽으로 증축했다고 한다. 길이 6.4㎞, 성벽의 높이는 12m 내외로 명나라 초의 건축양식을 따른 것이다.

　고성을 자세히 보려면 온종일을 투자해도 부족하다. 곳곳을 연결하는 큰 길과 작은 길을 걸으며 당시의 정취도 느껴야 하고, 표호국 박물관, 일승창 등의 볼거리들이 도처에 널려 있기 때문이다. 성벽에 올라 평요고성의 전체적인 모습을 보는 데도 시간을 할애해야 한다. 어렵게 시간 내어 여러 군데를 돌아보아야 하는 관광객들은 어쩔 수 없이 내부를 운행하는 차량을 이용할 수밖에 없다. 하지만 시간적인 여유가 있다면, 천천히 걸어서 명·청 시대의 풍미를 느껴 보는 것이 좋을 듯하다.

　고성은 4개의 큰 길과 8개의 작은 길, 그리고 72개의 꼬불꼬불한 소로로 구성되어 있다. 그중 남대가는 명청가로 불리는데, 옛날부터 평요현에서 가장 번화한 상업의 중심지였다고 한다. 북경의 유리창이 명·청 거리를 인공으로 조성한 것과는 달리, 꾸미지 않은 원래 모습을 유지하고 있어 더욱 특별하다. 명청가 가운데에는 18.5m 높이의 시루가 웅장한 모습을 보이는데, 1688년에 지어진 것이다.

　양쪽에 늘어선 점포들 모두 명·청 시대 품격의 건물들로, 마치 그

시대로 들어와 있는 듯한 착각에 빠지게 된다. '간(干)'자 길은 동대가, 서대가, 남대가, 성황묘가, 아문가로 형성된 길로서, 고풍스러운 집들이 연속해서 이어져 있다. 넓지 않지만 길 위로는 차량들이 지나간 흔적이 선명하게 남아 있어 번영했던 시절을 알려준다.

여유롭게 걸어다니다 보면 평요고성 안에 있는 길과 집, 점포, 사당 그리고 성벽까지 명·청 시대의 면모를 그대로 유지하고 있다는 것을 눈으로 확인할 수 있다.

평요고성은 법인을 방문하는 손님을 수행해 여러 차례 가보았다. 특히 주말에는 발 디딜 틈이 없을 정도로 관광객들이 많이 몰린다. 한 번은 한 명이 대오에서 이탈되어 한바탕 소동을 벌인 경험도 있는데, 참으로 아찔한 순간이었다. 단체로 고성을 찾게 되면 대부분 내부에서 운행하는 차량을 이용해 일승창과 표호국박물관 등을 둘러본다. 그리고는 남쪽에 있는 성벽에 올라 고성의 전체적인 모습을 조망한 후, 다른 일정을 위해 떠난다. 이런 과정들을 여러 번 거치다 보니 수박 겉핥기 같다는 느낌이 들어, 주말에 개인적으로 방문하는 기회를 만들었다.

내부 운행 차량을 이용하지 않고 동쪽 문을 통해 고성을 들어선다. 조금 걸으니 평요대희당이 보이고, 바로 옆에 명나라 때 조각했다는 구룡벽이 모습을 드러낸다. 대동과 북경 자금성, 북해공원의 구룡벽이 중국의 3대 구룡벽이라고 알고 있었는데, 여기에서는 산서성 평요고성과 대동, 북경의 북해공원이라고 소개되어 있다. 진위

어부를 떠나 생동감 넘치는 구룡벽을 즐거운 마음으로 감상할 뿐이다.

구룡벽을 지나면 성황당이 모습을 드러낸다. 청나라 때 지어진 것으로 화려하고 아름답다. 총면적 7,302㎡로, 성황묘, 조군묘 등이 들어서 있다. 산문을 들어서면 조군묘와 재신묘가 성황전을 중간에 두고 동서 양쪽으로 배치되어 있다. '모든 신이 모여 있어 함께 제사를 받는 독특한 풍경'으로 '묘 중의 묘'로 불린다고 한다.

성황당을 나와 조금 걸으면 아문을 만날 수 있다. 의문, 패방, 대당 등 건물들이 다른 지역의 아문과 다르지 않다. 백성을 다스리던 관청이었던 만큼 엄숙한 분위기가 감지된다. 친민당은 우두머리가 업무를 보던 곳이다. 고성 안에 아문이 있음을 볼 때, 평요고성이 5만여 주민을 다스리던 자치구였다고 보면 틀림이 없다.

아문을 나와 한참 걷다 보면 도교 사원 청허관이 모습을 드러낸다. 순양궁, 삼청전 등 10개의 건축물이 모두 눈을 즐겁게 한다. 문묘도 있지만 공자의 고향인 산동성 취푸에서 원조 문묘를 보았기에 들러보지 않는다. 이렇듯 유교, 불교, 도교 3개 종교의 사당을 한 장소에서 볼 수 있는 것도 평요고성의 또 다른 좋은 점이다.

청허관에서 일승창이 있는 곳으로 이동하다 보면, 중간 지점에 우뚝 서 있는 시루를 만날 수 있다. 시루를 중심으로 동서남북으로 질서 있게 펼쳐진 고성의 모습이 고풍스럽고 아름답다. 고성의 중심인 만큼 하늘을 향해 우뚝 솟은 시루의 모습이 웅장하기 그지없다.

길을 잃으면 시루를 기점으로 다시 방향을 잡으면 된다. 성황당에서 시루까지는 시간 관계상 들르지 못하는 곳들이다. 성황당과 아문 등은 다른 여행지에서도 볼 수 있어 아쉽지 않다 생각할 수도 있다. 하지만 명·청 때의 건물 모습을 온전하게 보전한 곳이 많지 않기에 시간 내어 찾아볼 것을 권한다.

고성 거리를 걷다 보면 사람들이 유난히 많이 들락날락하는 곳이 있다. 평요고성에서 가장 명성을 떨치는 일승창이다. 일승창은 중국 최초의 민영 은행인 표호(票號)의 효시로서, 청나라(1823년) 때 이대전에 의해 설립되었다. 이대전은 천연 염색업으로 부를 이룬 상인이다. 사업이 융성하며 전국에 지점망을 보유한다. 새로운 사업 방식을 고민하던 중, 전국에서 오가는 돈을 효율적으로 관리하기 위해 현대의 수표인 어음을 발행하고, 예금과 같은 예치 제도를 신설한다. 이것이 일승창의 시발점이다. 고성이 있는 진중 일대에는 당시 거상들이 많았는데, 물건을 사고파는 대금을 현금으로 거래하다 보니 불편하기도 하고 도적떼의 표적이 되었다. 이대전의 일승창은 이러한 애로사항을 일거에 해소하는 효과도 함께 가져온다.

일승창의 구조를 들여다보면, 건축의 품격이나 규모가 전형적이면서도 특수하다. 삼진식천당(三進式穿堂) 마당으로 진중 주민의 전통적인 특색을 구현하고 있다. 이에 진중 상점의 품격도 받아들여 건축예술과 사용 편리성까지 모두 구비하고 있다. 총면적은 1,386㎡이고, 건축면적은 약 1,200㎡로 21개의 건물이 들어서 있다.

많은 사람들을 비집고 입구를 들어서면 일승창의 알파와 오메가를 이해할 수 있도록 체계적으로 볼거리들이 전시되어 있다. 신방, 후청, 일승창을 거쳐간 역대 사장(掌相)을 소개한 곳 등, 건물과 건물 안의 전시물들을 돌아보며 당시의 흔적을 느끼고 배울 수 있다. 최초로 어음을 만들고 은행을 설립한 창조성과 세계 각국으로 사세가 번창했을 당시의 역동성, 도산의 길을 걸어가야 했던 과정들을 지켜보며 반면교사로 삼을 수 있는 좋은 교육 현장이다.

일승창의 어음은 천하에 통한다던 사세는 20세기 초 서구 은행이 들어오며 기울어간다. 중국 전역과 일본, 조선, 미국에까지 지점을 운영했던 아시아 최초의 은행 일승창은 1930년 폐업을 선언하고 역사의 무대에서 사라진다.

그러나 평요의 일승창표호가 진상 문화의 걸출한 작품이었던 것은 부정할 수 없는 사실이다. 오늘날에도 이대전은 중국 기업인들의 마음속에 존경받는 기업인으로 남아 있다. 자생적 자본주의의 빛나는 전통 일승창, 존경받는 기업인 이대전으로….

일승창을 나오면 표호국박물관이 있다. 돈을 운반하는 업무를 관리했던 곳으로 규정과 무기, 암호 그리고 무술 수련 등에 대한 것을 종합적으로 모아 전시한 곳이다. 오늘날에도 은행에서 현금을 수송할 때 무장 차량을 동원하듯, 시대를 통틀어 돈에 대한 욕망과 그 욕망을 통제하기 위한 수단이 다르지 않음을 잘 보여준다.

일승창의 화려했던 과거를 충분히 감상한 후 평요고성 전체 모습을 한눈에 볼 수 있는 성벽을 오른다. 누대 위에는 지휘 본부인 각루가 있고, 성벽 위에는 당시 전쟁에 쓰였던 대포, 철퇴 등의 무기들이 전시되어 있다. 전시용품을 감상한 후 아래를 내려보면, 정교하게 짜인 고성의 전모가 한눈에 들어온다. 아름다운 건물들, 크고 작은 길의 정렬된 모습들…. 정갈하고 규칙적이고 장대하다. 시간적 여유가 있다면 하루 묵으며 어둠이 내린 평요고성의 밤 풍경을 즐기는 것도 나쁘지 않을 듯하다.

유차노성은 수나라 개황 2년(582) 한성 옛 성터 위에 축조한 것으로, 역사 문화적 가치가 있는 고성이다. 성황묘, 서화원 등 많은 유적들과 인문 경관이 지금까지 남아 있다. 노성의 남북대로는 오래전부터 상업이 발달한 거리였다. 가로 길이 1,200m, 폭 8m로 보존 상태가 양호하다. 점포들은 처마를 나란히 하고 늘어서 있고, 고풍으로 꾸밈새가 없으며, 우아한 명·청 시대의 품격을 지니고 있다. 옛 거리는 상점들이 밀집해 있고, 가게 앞과 작업장 그리고 주택이 삼위일체로 구성되어 있다. 앞으로는 점포, 뒤로는 집 형태인 고대 상가의 특색을 잘 보존하고 있다.

과거의 추억을 안고 있는 노성 거리에는 관광객들에게 음식과 선물을 파는 상점이 줄지어 있고, 6D 체험관이 여기저기 들어서 있어 세월의 간극을 느끼게 된다.

고성 입구 오른쪽에는 성황묘가 있다. 총면적 6,000㎡로, 전국의 성황묘 중 독특한 예술작품으로 인정받고 있다. 현재의 성황묘는 명 홍무제 때 지어진 것으로 기록되어 있다. 악루희대는 자희태후가 이화원을 수리할 때 참고했다는 설(?)이 있을 정도로 아름답다. 재물 신을 모신 곳에는 부자 되게 해달라는 염원이 담긴 리본이 빽

빽이 걸려 있다. 재물에 대한 염원이 시대를 초월함을 알게 된다.

성황당을 지나면 현급 관청인 아문이 모습을 드러낸다. 송나라 때 지어진 것으로, 온전한 모습을 보전하고 있다. 정무를 보는 관청 앞에는 위엄 있고 정교한 조각의 석방이 눈길을 끈다. 관청에 일 보러 오는 이들로 하여금 경건한 마음을 갖게 할 정도의 무게가 느껴진다. 내부의 구조가 평요고성의 아문과 다름없는 것을 보면, 어느 지역이나 아문은 동일한 구조로 조성하도록 되어 있었던 듯하다.

아문 옆에는 서화원이라는 아담한 정원이 있다. 관아의 관리들이 복잡한 현안을 해결하고 쉬어가거나, 아름다운 여인을 앉혀놓고 술 한잔 했을 법한 낭만적인 분위기가 풍겨난다. 노성 남쪽 관문에는 유차 시민들이 남각이라 부르는 청허각이 웅장하게 서 있다. 진중 일대에서 보기 드문 고대 각루 식 건축의 걸작이라고 한다. 가까이 다가가 감상하려 하니, 수리 중이라 입장이 허락되지 않는다.

2014년 노동절 휴일 노성을 찾은 날은 바람이 몹시 불고 비가 간

헐적으로 내리는 궂은 날씨다. 그럼에도 가족들과 휴일을 즐기는 시민들의 모습이 보기 좋다.

진양고성유지는 태원시 진원진 고성영촌에 위치하고 있다. 2015년 3월 봄볕이 완연한 날 발품을 판 명소다. 춘추시대(기원전 497 년) 때 조성되기 시작해 진한, 삼국, 남북조, 수당, 오대를 거친 후 송나라(979년) 때 훼손된 고대 중국 북방지역의 대도시로 추정되고 있다. 동서 약 4.5km, 총면적 20km의 광범위한 지역이었다는데, 지금 은 주민들의 거주지로 변화되어 있다. 그나마 한두 개 발굴된 유적들을 찾는 데에도 적지 않은 공력이 들어갈 정도로, 과거의 화려했던 흔적을 찾기 쉽지 않다.

유지는 1962년 고고학자에 의해 성벽 흔적이 최초로 발견되어 알려졌다. 최근에는 건축 기초, 벽돌과 기와, 유리 같은 건축 소재 등이 추가로 발굴되었다. 유지 서쪽에 천룡산석굴, 몽산대불 등 많은 종교 유적들이 집중되어 있다. 모든 정황을 고려할 때, 유지 주변이 대규모 도시로 번영을 누린 곳이라고 전문가들은 추론하고 있다.

고성영촌 내에는 구룡묘가 고색창연한 모습으로 들어서 있다. 특별히 아기자기하고 정교한 고건축으로 어느 시기에 세워진 것인지 자료가 없어 알 수는 없지만, 현재까지 비교적 온전한 모습으로 남아 있음에 고마울 뿐이다.

　구룡묘를 들어서면 중앙의 구룡성모전을 중심으로 좌우로 건물들이 정갈하게 들어서 있는 것이 여느 묘와 크게 다를 바 없다. 건물 뒤쪽에 있는 전진루는 처마의 문양과 채색들이 세월의 흐름에 바라져 있다. 고색창연함 속에 느껴지는 아름다움이 더욱 소중하게 여겨진다. 구룡성모전과 전진루에 조각된 용 문양은 세월의 흐름에도 생동감이 넘친다. 지붕을 박차고 나올 듯한 착각에 빠질 정도로 정교하다. 지붕을 지탱하는 나무들, 그리고 처마 밑의 정교한 조각들과 아름다운 채색을 보면서, 그 오래전 건축기술의 우월함에 감탄한다. 건물 하나하나에 깃들인 고대 중국인들의 장인정신에도 무한한 경외감을 느낀다.

　진양고성은 수당 시기의 도시 품격을 온전하게 유지하고 있는 고대 유적이다. 관련 부문에서 유적 보호작업을 진행하고 있어 지금은 찾아볼 곳이 많지 않지만, 개발의 여지가 많은 유적지이다. 고고학자들이 추정하는 사실을 뒷받침하는 유적들이 많이 발굴되어 온전한 모습으로 시민들에게 모습을 드러내기를 바란다.

　고성은 고대인들이 살아갔던 삶의 흔적이다. 누적되는 세월, 혹은 냉혹한 자연의 조화, 혹은 인류가 자초한 전쟁 등은 고성의 흔적을 지워버린다. 중국 전역에 이러한 고성들이 산재해 있다. 그중에서 온전한 모습을 보여주는 고성은 찾기 쉽지 않다. 평요고성의 가치가 빛을 발하는 이유다. 600여 년 세월의 흐름이 무색한 명·청 시대 거리 모습은 그래서 우리에게 소중한 문화유산이다.

　진양고성유지 역시 소중하기는 마찬가지다. 오랜 세월에 고성의 모습이 사라졌지만, 고고학은 그때의 흔적을 하나씩 찾아가고 있다. 찾아진 흔적들을 통해 진양고성에서 살았던 고대인들의 생활과 풍습을 이해할 수 있게 되기를 바랄 뿐이다. 고대인들의 숨결이 남아 있는 고성의 흔적들 위에서 현대인들은 삶의 터전을 일구고 있다. 역사는 반복되는 것이라는 교훈을 고성을 통해 들여다보게 된다.

14

산서성
석굴 탐방

종교는 인간이 세상에 던져진 이후로 존재하지 않은 때가 없는, 인간과 떼려야 뗄 수 없는 영원한 동반자라 할 수 있다. 대자연과 더불어 살아가며 대자연이 주는 혜택뿐 아니라 재난까지도 감수해야 했고, 유한한 생명이 가져다주는 죽음에 대한 공포는 의지할 무엇인가를 추구할 수밖에 없게 한다. 그것이 인간의 한계이기 때문이다.

고대로부터 수많은 종교들이 존재해왔다. 오늘날에는 불교와 기독교, 도교 등에 의지해 인간 존재의 한계를 이겨 나가고 있다. 산서성 역시 마찬가지다. 삼진문화(三晉文化)의 발전은 종교와의 밀접한 관계 속에 이루어져왔다. 중국 본토 종교인 도교뿐만 아니라, 외래에서 들어온 불교를 포용하고 점차 중국화시켜 나가는 과정을 거친다.

불교의 전래와 더불어 발전한 것이 석굴이다. 중국 여행기에서 소개한 윈강석굴은 세계문화유산에 등재될 정도로 대내외적인 가치를 인정받고 있다. 지금부터는 나의 발길이 닿은 산서성의 석굴을 소개하려 한다.

용산도교석굴은 태원시에서 서남쪽으로 약 20㎞ 떨어진 용산 정상에 있다. 석굴 입구에는 도교 사원 호천관이 자리하고 있다. 용산의 정상에 자리 잡은 호천관은 아름드리 고목을 앞에 두고 오른쪽으로 석굴을 품은 채 위풍당당히 서 있다. 호천관 입구에 세워진 석방에는 용 문양, 꽃 문양, 그리고 도교의 고사들이 생동감 있게 조각되어 있다. 하얀색 석방이 태원시가 모처럼 보여주는 겨울 푸른 하늘과 조화되며 아름답다. 석방의 뒷면에 쓰어 있는 '상선약수'는 도교의 핵심 사상을 알려주고 있다.

용산도교석굴은 호천관 오른쪽에 자리하고 있다. 해발 1,200m에 위치한, 중국에 현존하는 가장 큰 규모이자 보기 힘든 도교 석굴이다. 주굴은 원나라 태종 6년에서 11년(1234~1239), 구처기의 제자 송덕방에 의해 지어진 것으로 알려진다. 8개의 동굴 속에 도교 석조상 66존, 쌍봉 천정, 선학 등이 부조되어 있다. 허황감, 삼청감, 와여감은 석산을 뚫어 만들어 놓았는데, 허황감은 가장 높은 부분에 자리하고 있다. 계단이 만들어져 있지 않아, 접근할 방법이 없어 많이 아쉽다. 어떤 방식으로든 관광객들이 감상할 수 있도록 하는 배려가 필요하다 여겨진다. 삼청감은 중간에 있어 올라가 감상할 수 있다. 좌우로 각각 6존과 중간 3존 등 15존의 조상이 서 있다.

　세월에 마모되고 어떤 것은 목이 없는 등 훼손된 모습을 드러내
안타깝다. 가장 아래의 와여감에는 누워 있는 조상 옆에 좌우로 1
존씩의 조상이 시립해 있다. 중간에 누워 있는 조상은 원형의 모습
을 보이고 있으나, 오른쪽에 서 있는 것은 목이 잘린 상태, 왼쪽에
서 있는 것은 머리 윗부분이 잘린 채 남아 있다. 일제의 만행으로
훼손되었다는데, 안타까울 뿐이다. 삼대법사감에는 총 11존의 조상
이 조각되어 있다. 세월의 흔적으로 마모되었지만 그래도 원형은 보
존되어 있다. 8개의 동굴 중 현진감, 변도감은 출입이 금지되어 확인
할 수가 없어 아쉽다.

　용산도교석굴은 전반적으로 조상들 모두가 꾸밈없고 무게감이 있
다. 의복과 장신구 역시 차분한 것이 불교 조상과 다른 품격을 보여
준다. 석굴 천정의 쌍봉 부조가 아름답다고 하는데, 철창으로 가려
진 곳에 위치한 듯 확인할 수가 없다. 천룡산석굴과 마찬가지로 일

본과 전쟁을 거치며 조상이 심각하게 훼손되어 안타깝다. 용산도 교석굴은 비록 크지 않고 불교 석굴 같은 화려함은 없지만, 나름대로의 품격을 보여주고 있어 신선하다. 자료가 불충분해 석굴을 만든 배경을 알 수 없어 아쉽다. 도교 유적지에서 처음 보는 것이라 석굴을 만든 이유가 무척 궁금하다.

천룡산석굴은 태원시에서 서남쪽으로 40㎞ 떨어진 천룡산에 위치하고 있다. 천룡산은 해발 1,700m로 동위북제 때 황제의 피서궁이었다. 실제로 가서 보니 산세가 아름답고 숲이 무성해, 더위를 피하기에 부족함 없이 쾌적하다.

천룡산석굴은 동위 연간(534~550)부터 지어지기 시작해, 수당까지 굴착이 이루어진 석굴이다. 석굴은 동서 양쪽으로 나뉘어 산 절벽의 허리 부분에 몰려 있다. 동봉 8개, 서봉 13개 굴이 조성되어 있는데, 서봉 석굴의 보존 상태가 양호한 편이라고 한다. 실제로 동봉의 석굴을 들여다보니 대부분의 조각들이 심하게 훼손되어 있다. 일본과의 전쟁을 거치며 훼손된 것이라고 한다.

서봉의 대불산제9굴은 천룡산의 랜드 마크다. 목조건물 만산각 내부에 당나라 때 만들어진 석굴이 상하 두 개 층에 나뉘어 보존되어 있다. 상층의 8m 높이 미륵대불좌상은 일부 훼손되었지만, 천룡산석굴 중 가장 보존이 잘된 조상이다. 하층의 11m에 달하는 관음입상은 천룡산석굴 중 예술적 가치가 가장 높은 조상이다.

2014년 7월 어렵게 시간 내어 방문했는데, 공교롭게도 만산각이 보수 중으로 공개되지 않아 무척이나 아쉬웠다. 보고 싶었던 미륵 대불좌상과 관음입상을 폐쇄된 상태로 일견하는 데 만족할 수밖에 없었다. 어렴풋이 보이는데도 크기와 아름다움이 남다르다. 보수가 완료된 후 공개된다면 볼 만하겠다 여기며 아쉬움을 달랜다.

미륵대불좌상이나 관음입상 같은 대형 조상들이 남아 있는 것을 보면, 천룡산석굴이 절대 권력의 영향을 어느 정도 받은 것으로 추정된다. 더위를 피해 행차했다는 황제에게 보여주기 위한 보이지 않는 손길이 감지되기 때문이다.

아무려나 대불산제9굴을 품고 웅장하게 서 있는 만산각은 천룡 산의 상징이라 할 만큼 수려한 모습을 보여준다.

제9굴을 제외한 서쪽의 모든 불상들은 심하게 훼손되어 있다. 그러나 그 오랜 세월 전 석굴을 조성하고 불상을 조각한 선인들의 공력을 지켜볼 수 있음에 만족한다. 부처에 의지해 마음의 평화와 삶의 안정을 추구한 고대인들의 발자취를 충분히 느낄 수 있기 때문이다. 천룡산은 가족이나 연인들이 휴양림을 걷는 기분으로 편히 다녀갈 수 있어 좋은 곳이다. 여름철이면 자연 휴양림에 다녀온다는 생각으로 마음 편하게 찾을 수 있는 곳으로 추천한다. 동위북제 황제들의 피서지에서 황제가 된 기분으로 하루를 보내는 것이 특별한 경험이 될 듯하기 때문이다.

양두산석굴은 고평, 장치, 장자 3개 현의 경계점에 위치하고 있는 양두산에 조성되어 있다. 양두산은 염제 신농씨가 백초를 맛보며 백성들에게 농사를 가르쳤다는 고사가 전해지는 유적지이기도 하다. 석굴을 오르는 길옆으로 신농묘가 들어서 있는데, 염제에 대해 알고 싶은 이들은 발품을 팔아볼 만하다. 백성을 위해 행한 행적들을 그려놓은 벽화 등, 염제와 관련한 궁금증을 풀 수 있는 많은 자료들이 전시되어 있다. 신농묘를 나오면 오른쪽으로 석굴로 향하는 계단이 아름다운 나무들 사이로 가지런히 깔려 있다. 계단 좌우로는 신농씨와 관련된 고사들이 곳곳에 소개되어 있어, 양두산이 염제와 관련 있음을 부각시켜준다.

　한참을 오르다 보면 바위에 석각 조상과 석탑이 불규칙하게 조각되어 있는 것을 볼 수 있다. 양두산석굴로, 한 개의 바위에 한 개의 석굴이 형성되어 있다. 대부분 사각형 모양을 하고 있으며, 그중 제5굴이 가장 크다. 석굴 내부에는 불상들이 빽빽하게 조각되어 있는데, 대부분 손상을 입어 제대로 된 모습을 보이는 것은 많지 않다. 석굴 외부에도 작은 불단을 만들어 부처, 보살, 천왕, 역사, 공양인 등 다양한 형상을 조각해 놓았는데 나름 정교하다.

　천불비에는 소형 불상 2,240개가 조각되어 있는데, 비석처럼 보여 특이하다. 세월에 깎인 소형 불상들을 들여다보며, 너무도 작은 2천여 개 불상 속에 어떤 염원이 담겨 있을지 궁금해진다. 산 정상에는 북위 효문제 연간에 지은 석조사각탑이 있다. 석조사각탑의 아랫부분은 엎드린 양의 형상이다. 머리가 양을 닮은 것이 분명해 양두산이라 부르게 되었다고 한다. 9호 석굴은 바위의 기울임에 따라 불상들도 삐딱하게 조각되어 있어 독특하다. 양두산석굴은 북위 때부터 수당까지 조성한 것으로 전해진다.

    이상의 석굴들은 내가 직접 발품을 팔아본 곳들이다. 산서성에는 아마 더 많은 석굴이 존재할 것이다. 윈강석굴과 기타 석굴들은 규모나 아름다움 모든 면에서 비교할 수 없을 정도로 수준 차이가 난다. 그도 그럴 것이, 윈강석굴은 최고 통치자의 지원 하에 막대한 인력과 자금을 투자했기에 가능했기 때문이다. 천룡산석굴의 만산각에 보존되어 있는 대형 불상 역시 여름 휴가차 방문하는 황제에게 보여주기 위한 요소가 가미되어 어느 정도 규모가 있다.

    양두산석굴은 조성 배경이 자료로 나와 있지 않아 명확히 알 수는 없지만, '지역의 수령 혹은 종교계에서 잦은 전쟁으로 불안한 백성들의 마음을 달래기 위해 자발적으로 조성하지 않았을까?' 하고 추측해본다. 마지막으로 '도교에서 불교계의 석굴 문화를 벤치마킹해 조성한 것이 용산도교석굴이 아닐까?'라는 엉뚱한 생각도 해본다.

15

태원 시민의
일상

　　　　　　　20여 년 몸담은 회사는 나로 하여금 산
서성 성도 태원에서 33개월을 지내는 경험을 할 수 있는 기회를 부
여해주었다. 짧다면 짧고 길다면 긴 이 기간 동안 태원에서 시민들
의 일상생활을 지켜보며 느낀 소회를 소개하려 한다.

　2012년 8월, 태원 공항에 첫발을 내딛었을 때 공항 건물 청사 중
앙에 '태원(太原)'이라 떡하니 걸려 있는 붉은색 한자가 선명하게 내
눈에 각인되었다. 아름다운 글씨라 여기며, 지내는 동안 인연을
맺는 모든 이들에게 최선을 다하겠다는 각오를 다졌다. 다만 비행
기 안에서부터 보이는 스모그로 가득한 환경은 한국의 높고 푸른
하늘 아래 쾌적하게 지내온 내게 생활의 걸림돌이 될 것 같은 불
길한 예감을 갖게 했다. 이러한 예감은 2013년 말까지 맞아떨어졌
다. 주재원 모두가 북경으로 향하고 혼자 남은 주말, 떨어지는 체
력을 보완하기 위해 용담공원이나 분하공원에 운동하러 가는 것
조차 방해할 정도의 환경이었으니, 두말할 필요가 없다. 스모그가
가득 낀 날씨에 운동하면, 건강에 도움되기보다는 오히려 건강을
해칠 수도 있겠다는 생각에, 숙소에 처박혀 지낸 날들이 하루 이
틀이 아니었다.

그러나 2014년부터 공기가 점점 개선되기 시작했다. 이전에는 푸른 하늘과 쾌적한 날씨를 볼 수 있는 날이 한달이면 손꼽을 정도로 드물었다. 그러나 임기 만료를 앞둔 2015년 5월에는 스모그가 낀 이전의 열악했던 날씨를 보는 것이 오히려 손꼽을 정도로 상황이 역전된 것이다. 이 부분에 대해서는 산서성 정부의 관료들에게 감사하다 하지 않을 수 없다. 시민들에게 자유롭게 숨 쉴 수 있는 쾌적한 환경을 제공하는 것이 얼마나 중요한지를 인지해 개선의 노력을 기울이고, 그러한 노력이 가시적인 성과로 나타났다. 그들의 시민을 향한 사랑을 감지한다.

그리고 태원에서 지냈던 사람으로서 그들의 환경 개선을 위한 전방위적 노력이 고마울 따름이다. 한국에서 출장 오는 손님들 역시 엄청나게 바뀐 태원의 공기에 깜짝 놀라는 눈치다. 2013년 이전의 태원을 보고 간 이들이 2014년 이후에 다시 찾은 태원에서 푸른 하늘을 즐기고 맑은 공기를 들이킬 수 있음에 같이 좋아라 했다.

분하공원은 분하의 도도함과 한없는 넓음으로 아버지처럼 나를 품어주었다. 용담공원은 나의 외로움을 따스하게 어루만져준 어머니 같은 존재였다. 친구같이 친근한 류항은 쇼핑과 외식 거리로서, 언제나 시민들로 붐비며 역동성이 넘친다. 주중 한 번씩은 찾아 한국인들끼리 단합했고, 주말 사람이 그리울 때 발품을 팔아 젊은 연인들의 다정한 모습과 가족들의 유쾌한 모습을 보며 즐거워한 곳이다.

분하공원은 태원 시민들을 위한 휴식 공간이다. 서울에 있는 한강시민공원이라고 보면 된다. 숙소에서 걸어서 20분이면 도달할 수 있는 거리에 있어, 매주 주말 하루는 용담공원, 하루는 분하공원을 찾았다. 이런 식으로 3년을 다니다 보니, 마치 서울 집 옆의 공원 같은 친근감을 갖게 되었다. 태원시를 남북으로 가르며 도도하게 흐르는 분하는 언제 봐도 아름답다. 공원의 남쪽 끝에서 북쪽 끝까지 천천히 걷다 보면, 약 4시간이 소요된다. 지루하다 생각할지 모르지만, 전혀 그렇지 않다. 주말 공원을 찾은 가족들의 활기차고 생동감 넘치는 모습이나 연 날리기를 즐기는 풍경을 보는 것만으로도 지루함을 잊을 수 있다. 그 외에도 중간중간 시민들이 즐길 수 있는 볼거리들을 조성해놓아, 이것저것 들여다보면서 걷다 보면 시간 가는 줄 모른다. 많은 볼거리들 중 몇 개소를 소개한다.

분하를 걷다 보면 나루터처럼 생긴 곳이 눈에 들어오는데, 바로 분하만도(汾河晚渡)다. 분하에서 석양이 떨어지는 경관이 가장 아름다운 곳으로, 과거 다리가 없었을 때는 배를 타고 집으로 돌아오는 태원 시민들의 애환을 생각하게 만드는 장소라고 한다. 동쪽에서 서쪽에 이르는 폭이 상당히 넓어 보인다. 안전을 고려해 밤에 숙소를 나서는 것을 자제했기에 저녁 풍경은 가까이에서 보지 못했지만, 낮 시간에 보는 경관도 나쁘지 않다.

분하만도 옆에는 칠정이 있다. 고풍스러운 정자 형태의 휴게소 7개가 정갈하게 놓여 있는데, 분하의 아름다움을 즐기는 시민들이 지치면 쉬어가라고 배려한 듯하다. 천월시공은 청색과 황색의 고리가 앞뒤로 연결되어 있는데, 두 개의 원을 통해 분하와 건너편의 태원시를 바라보면 가끔씩은 시공을 초월한 듯 착각한다. 생명지원은 어머니와 아이가 마주보며 서로 손을 잡고 있는 형상의 백색 대리석 조각으로, 생명의 소중함을 느끼게 하는 정교하고 아름다운 조각 작품이다. 벽수사탄은 모래사장 위에 학 조형물이 조성되어 있는데, 푸른 물이 담겨 있지 않아 감동을 느끼기 힘들다. 이외에도 일대, 방초도 등 볼거리들이 있는데, 어디에 있는지를 찾다 보면 마치 보물 찾기하는 기분이 들고, 발견하면 어린아이처럼 기뻐하게 된다.

뭐니 뭐니 해도 공원의 하이라이트는 분하의 중간에 떡하니 자리하고 있는 거대한 황금색 용이다. 중화제일거룡이라 불리는데, 분하의 중간에서 역류하며 거슬러 올라가는 형상으로, 감동과 힘이 넘치는 거룡을 표현한 것이다. 용은 중화민족의 상징이다. 중국인들은 예로부터 스스로를 용의 후계자로 생각했다고 한다. 태원은 '용의 도시'로 시민들로부터 더 큰 사랑을 받고 있다. 길이 120m, 용머리 높이 16m, 용의 뿔은 가장 큰 것이 경간 20m, 직경 2.7m라 하니 중화제일거룡이라 불러도 될 듯싶다. 아무려나 분하공원을 지날 때면 낮이나 밤이나 마치 움직이는 듯한 중화제일거룡을 보는 것이 적지 않은 즐거움이었다.

시민을 위해 조성한 공원에서 가족들이 깔깔거리며 흥겹게 노니는 모습을 바라만 봐도 행복해지는 것은 한국과 중국이라는 공간적인 거리를 떠나 마찬가지다. 오랜 시간 나를 위로해주던 분하공원을 한동안 잊지 못할 듯하다.

용담공원은 태원에 부임한 첫날 주재원들과 상견례를 마치고 전임 법인장의 손에 이끌려 처음 대면한 곳이다. 얼큰하게 들이킨 분주의 취기가 사라지지 않은 채 만난 용담의 한여름 밤 풍경이 낭만적이었다고 기억한다. 숙소에서 가까워 매일 다녔다는 전임 법인장으로부터 법인 생활의 노하우를 전수받으며 호숫가를 거니는 풍취가 그런대로 괜찮아, 자주 찾게 될 것 같다는 예감이 들었다.

용담공원은 2004년 시민들에게 공개된, 도심 중간에 조성된 공원이다. 흑룡담이 중간의 아치를 중심으로 남북호로 구분되어 있다. 남북으로 길이 1,000여m, 동서로 폭 520m나 되니 작지 않은 규모다. 총면적 400,000㎡ 중 수면이 180,740㎡로 전체의 절반을 차지하는 물이 많은 공원이다. 시민들이 일상적으로 건강을 챙기고 여가생활을 쾌적하게 보낼 수 있도록 지역정부에서 배려한 휴식 공간으로 보면 틀림이 없다. 당연히 무료 개방이다. 용담공원은 내게는 숱한 시간의 외로움을 달래준 어머니 같은 존재였다. 업무상 고민이나 인간관계 갈등에 시달리는 등 삶이 고달파질 때, 사색의 공간을 제공해준 곳이다. 뿐만 아니라 사계절 내내 색다른 정취를 보여주고, 주민들의 일상이 녹아 있어 사람 냄새가 진하게 풍기는 곳이기도 하다.

녹음이 무성한 여름이면 아침 일찍부터 경쾌한 음악 소리가 멀리서부터 들려온다. 귀를 쫑긋 세우고 다가가면 한쪽으로 아주머니들이 신나는 음악에 맞추어 광장무를 춘다. 이런 장면은 용담공원뿐만 아니라 어느 지역에서든 흔히 볼 수 있다. 춤을 추며 취미를 공유하고 건강도 관리하는 아주머니들의 지혜로움이 느껴진다. 심지어 광장무 경연대회를 개최하여 아주머니들의 기를 살려주는 곳도 있다. 다른 한쪽에서는 사교춤을 추는 일군의 남녀들이 눈에 들어온다. 호수를 배경으로 빙빙 돌아가는 남녀의 춤사위가 낭만적이다. 춤추는 일군의 무리들 앞에는 팽이를 줄로 돌리는 묘기를 보이는 사람이 기술을 뽐내고 있다.

여름 기운이 무르익는 호숫가에서는 강태공들이 옹기종기 모여앉아 낚싯줄을 길게 늘이고 용담호수의 잉어를 낚느라 분주하다. 내 눈에는 마치 세월을 낚는 듯한 모습으로 보인다. 아마 이국에 떨어져 있어 주말을 혼자 보내야 하는 처지의 내 입장이 그런 생각을 하게 만드는 것 같다 여겨져 실소를 금할 수 없다. 용담공원을 가르는 중간 지점에는 모래 놀이터가 조성되어 있다. 젊은 엄마와 할머니 할아버지들의 보호 아래 아이들이 모래 놀이를 하고 있는 모습도 정겹다. 공원 도로에는 가족 단위로 모여 제기 차기를 즐긴다. 그 기술이 남녀노소를 불구하고 대단한 것이, 어릴 때부터 몸에 붙은 공력임에 틀림없다.

가을의 용담공원은 세찬 바람을 타고 흔들리는 나뭇가지에서 떨어진 낙엽이 공원 전체를 감싸는 낭만적인 분위기를 연출한다. 갈색 나뭇잎이 호수와 길 위를 가득 채운다. 낙엽을 밟으며 걷다 보면, 일순간 센티멘털해지는 감정을 숨길 수 없을 정도로 외로워진다. 이런 나의 심적 변화에도 불구하고 상쾌한 가을을 즐기는 경쾌한 음악의 광장무는 계속된다. 가을이 되면 낚시꾼들을 위한 대회를 개최한다. 그날은 용담호수 한쪽으로 많은 낚시꾼들이 모여 자웅을 겨루는 모습이 장관이다. 가을에는 용담공원에 연 날리기 동호인들이 많이 모인다. 유난히도 바람이 세차게 부는 날 바람을 타고 하늘로 웅비하는 각양각색 유연한 연들을 보고 있으면, 어릴 적 한국에서 연 날리던 추억과 겹쳐 한동안 고향 생각에 빠져들기도 한다.

 겨울의 용담공원은 마치 인생의 황혼 같은 정취를 진하게 피운다. 추위에 움츠린 만물들과 마찬가지로, 사람들의 발길도 뜸해지고 말 없이 고여 있는 용담의 호수는 추위로 얼어붙어 황량한 모습을 보여준다. 그러나 건강을 위한 시민들의 열정은 쉴 틈이 없다. 추운 날씨에도 지긋하게 나이 드신 분들이 모여 지휘자의 구령에 맞춰 박수를 치는 등, 건강한 삶을 위한 노력이 눈물겹다. 두터운 옷들을 걸치고 공원을 걷는 시민들의 움츠린 모습에서 겨울임을 알게 된다. 얼어붙은 호수를 비추는 햇살을 친구 삼아 종종걸음으로 겨울 운동을 한다. 물론 계절을 가리지 않는 광장무는 추운 겨울 날씨에도 끊임없이 이어지고 있어, 아주머니들의 열정에 감탄할 뿐이다.

　기나긴 겨울이 지나고 봄이 오면, 용담공원은 잠에서 깨어나 연중 가장 아름다운 모습을 보여준다. 빨간색, 노란색, 하얀색 등 각종 아름다운 꽃들이 앞 다투어 피어나 아름다움을 뽐내기 시작한다. 피어나는 꽃들과 함께 사람들의 마음도 깨어나기 시작하며 용담공원은 마치 잔칫집 같은 분위기를 연출한다. 아이들이 던져주는 모이에 모여든 청둥오리와 물고기의 날랜 유영, 아이들과 함께 배를 타고 용담호수를 휘젓는 사람들의 평화로운 모습, 10초도 되지 않아 증발되는 글씨를 물붓으로 심혈을 기울여 한 글자 한 글자 써내려가는 사람들의 여유로움 등….

　드디어 봄이 온 것이다. 제기 차기와 팽이 돌리기의 묘기가 연출되고, 한쪽으로는 여러 명이 반주에 맞춰 모택동 노래를 부르는 모습도 정겹다. 광장무와 사교춤을 즐기는 사람들, 손뼉을 치며 운동하는 나이 드신 분들과 낚시하는 이들 역시 봄의 화사함을 즐기는 데 빠질 수 없는 부분이다. 봄을 맞이한 용담공원은 살아 있음을 느끼게 하는 생동감 넘치는 삶의 현장이다.

3년간의 봄, 여름, 가을 그리고 겨울을 함께하다 보니 용담공원은 나의 일부분이 되었다. '나의 희로애락을 다른 이들은 몰라도 용담의 호수는 알고 있지 않을까?' 생각하게 될 정도다. 공원을 걸으며 숱하게 보아온 평화롭고 선량한 태원 시민들의 모습과 어머니같이 나를 품어준 용담공원을 영원히 잊지 못할 듯하다.

류항은 사람들로 넘쳐나며 나날이 번화해가는 상업가다. 낮에는 쇼핑가로, 밤에는 야시장으로….

남녀노소 할 것 없이 모여들어 유쾌한 쇼핑과 다양한 음식을 즐긴다. 특히 쌍합성이나 육미제 같은 오래되고 전통 있는 가게는 기다리는 사람들로 장사진을 치는 진풍경을 보여주기도 한다. 간식을 파는 작은 노점일지라도 맛있기로 소문난 곳 역시 사람들의 물결로 넘쳐난다.

류항은 태원에서 가장 오래된 거리다. 길 양쪽으로 버드나무가 심어져 있어 '류항'이라 이름 붙여졌다 한다. 시 중심에 위치한 류항 일대는 번화한 상업가로, 태원의 왕푸징으로 불리기도 한다. 300여 년의 역사를 지닌 상업 중심지로서 지역민들로부터 인기를 끌고 있을 뿐 아니라, 외지인이 태원을 들르면 찾는 곳이기도 하다. 류항 안에는 3개의 대형 백화점과 수백 개의 점포를 운영 중이라고 한다. 백년청화원, 청진반장, 노서굴, 쌍합성, 산서면식관, 양기관장점, 실습반점 등의 오래되고 전통 있는 가게들이 입점하고 있어 전통의 맛을 충분히 느껴볼 수 있다.

류항은 평일에도 많은 사람들로 넘쳐나지만, 춘절 같은 명절이나 연휴 때면 발 디딜 틈이 없을 정도의 인파로 가득 찬다. 중국의 인구가 많아서인지, 아니면 태원 시민들이 모두 이곳으로 모여든 것인지 궁금할 정도다. 그러나 연휴 때면 긴 시간을 혼자 보내야 하는 나로서는 이러한 번잡함이 오히려 반갑기도 하다. 인파에 묻혀 부대끼다 보면, 인간이기에 겪는 외로움에서 벗어날 수 있다.

2013년 겨울, 한국 음식점이 류항에 생겼다는 반가운 소식을 접하고 한 걸음에 달려간다. 대구 아주머니의 손맛이 뛰어나 맛있는 음식을 만들어내고 있다. 식당이 성황을 이루고 있는데, 대부분의 손님들이 우리 주재원 5명을 제외하고 중국 사람이다. 한류의 영향인지, 한국 음식을 즐기는 중국 사람들을 보니 반갑기 그지없다.

해가 갈수록 류항은 더욱더 진화하고, 진화하는 만큼 많은 사람들로 넘쳐나는 선순환을 보이며 발전해간다. 다닥다닥 붙어 있는 식당들은 묘기를 보여주고 노래를 들려주는 등, 온갖 재주를 부리며 사람들의 발길을 멈추게 하려고 필사적인 전략을 구사한다. 신기한 듯 에워싸고 구경하는 사람들의 얼굴에는 미소가 넘친다. 술집과 식당마다 포만감을 느끼는 사람들의 행복한 모습이 눈에 들어온다.

어둠이 잦아드는 류항 음식 거리는 아름다운 사람들과 아름다운 야경으로 불야성이다. 마치 친구 같다는 생각이 들 정도로 정든 류항이 하루하루 발전해가는 모습을 지켜보는 것이 무척이나 즐거웠다. 류항은 과거와 현재가 함께하는 상업가다. 시대가 바뀌더라도 산서성과 류항이 품고 있는 전통적인 문화가 새로운 시대의 흐름에 깊숙이 스며들어 영원히 발전하기를 바란다.

영택공원은 태원에서 가장 규모가 큰 복합 문화오락 공원이다. 2014년 노동절 연휴 마지막 날 찾은 영택공원에는 하루 남은 황금 연휴를 가족들과 보내려는 많은 시민들의 발길이 이어졌다. 바람이 심하게 부는 궂은 날씨도 아이들과 또는 부모와 함께할 수 있다는 즐거움을 이길 수 없다. 공원 총면적의 1/3을 점유하고 있는 영택호수에서는 크고 작은 배들이 서로의 속도감을 뽐내며 이리저리 유영하고 있고, 가족이나 연인들이 다정하게 계절의 여왕 5월의 정취를 만끽하고 있다. 해저 세계에는 바다사자 쇼가 준비되어 있는 듯 많은 시민들이 아이들과 함께 줄을 서서 순서를 기다리고 있다. 반대쪽으로는 여러 종류의 놀이기구들이 들어서 있어, 아찔함을 즐기는 아이들의 행복한 외침소리가 여기저기에서 들려온다.

공원에서 놀다가 지친 관람객들을 위해 만들어진 정자 주위로는 많은 나무들을 조성해 쾌적한 분위기를 연출하고 있다. 아이들과 함께 준비해온 도시락을 까먹으며 환담을 나누기에 이보다 더한 장소는 없을 듯하다. 호수를 좌우로 앞뒤로 가르며 수없이 떠다니는 놀잇배들의 모습을 지켜보는 재미도 쏠쏠하다. 정자 위에서 영택호수를 내려다보니, 중간중간에 구름다리를 여러 개 만들어놓았다. 그것은 그다지 넓어 보이지 않는 공간을 넓어 보이게 만드는 착시

효과를 일으킨다. 구름다리 사이를 노를 저으며 오가는 재미도 나름 그럴듯하겠다 싶다. 연휴를 함께하는, 그래서 너무나 행복해 하는 태원 시민들을 바라보며, 그들의 즐거움 속에서 나의 즐거움을 찾는다.

영택공원이 분하공원 그리고 용담공원과 다른 점은, 배를 타는 것 외에 해저 세계에서 바다사자 쇼를 보고 놀이기구를 즐기는 데 비용이 조금 더 들어간다는 것이다. 그 외에는 크게 다를 것 없는 시민들을 위한 휴식 공간이다. 멀리 있는 디즈니랜드의 놀이기구를 도심에서 즐길 수 있도록 한 것은 영택공원이 지닌 장점인 셈이다.

시민들을 위한 휴식 공간은 어느 성시를 막론하고 쾌적하게 조성되어 있다. 시민들은 지방정부에서 배려한 공간에서 건강을 관리하고 취미생활을 유지한다. 그곳이 북경이든 흑룡강성이든, 사람들이 살아가는 방식은 다르지 않다. 열심히 일하고 난 주말과 휴일에 가족, 벗, 연인과 함께하며 관심사를 교류한다. 그리고 사랑을 나눈다.

내가 3년 가까이 머문 태원 역시 마찬가지다. 분하공원, 용담공원, 류항, 영택공원에서 일상의 휴식을 취하는 사람들 속에서 사람 사는 맛을 진하게 느꼈다. 중국 속의 산서, 산서성 태원, 태원의 한 부분에 불과한 분하, 용담, 류항, 영택… 너무나 작은 울타리지

만, 그것은 바로 하나의 세계다. 내가 머물렀던 좁은 공간에서 이
방인인 나를 품어주고 어루만져준 그 세계들을 오랫동안 기억하
려 한다.

16

지나치기
아쉬운 명소들

산서성의 많은 명소들 중에는 여러 개를 묶어 주제화하기 어려운 곳이 적지 않다. 해서 한참을 고민하던 중 '지나치기 아쉬운 명소들'이란 주제를 떠올린다. 지금부터 소개하는 명소들에는 고건축이 뿜어내는 향기, 호문대호(豪門大戶)의 웅장한 면모, 자연이 보여주는 아름다움, 내세의 평안을 바라는 간절한 염원이 담겨 있다. 이러한 명소들을 통해 산서성의 또 다른 묘미를 느낄 수 있기 바란다.

진사는 태원시에서 서남쪽으로 약 25㎞ 떨어진 현옹산 기슭에 있다. 널리 알려진 사당으로, 서주 진국의 개국 군주인 희우를 모신 곳이다. 북위(5세기) 때 건축된 것으로 추정되며, 18세기까지 1,300여 년간 크고 작은 300여 채의 건물이 더해져 오늘에 이른다. 단일 사당으로 이처럼 오랜 기간에 걸쳐 조성된 것은 취푸의 공묘를 제외하고는 보기 힘든 사례라고 하니, 그 특별함을 충분히 알 만하다.

진사의 고건축은 전(殿), 당(堂), 루(樓), 정(亭), 대(臺), 교(橋) 등 전 분야에 골고루 분포되어 있어, 중국고건축박물관으로 불린다. 특히 송대 건축 성모전과 어소비량, 금대 건축 헌전은 3대 국보 건축으로 인정받을 정도로 가치가 높다. 성모전의 시녀상, 난로천, 3,000년 묵은 주백은 진사 3절이다. 무성한 숲과 아담한 호수가 있는 아름다운 환경은 관람객들의 눈을 즐겁게 하는 또 다른 요소다.

2014년 6월 말 녹음이 짙어가는 여름, 주말을 이용해 두 번째로 진사를 찾았다. 겨울의 첫 방문 때 추운 날씨 탓인지 황량한 느낌이어서 아쉬웠던 차라, 다시 시간을 낸 것이다. 태원 기차역에서 진사로 향하는 버스에 3.5위안을 내고 탑승한 후, 약 1시간 이동하니 도착한다.

이동 중 기사가 승객 모두에게 내리라고 요구한다. 연료를 보충하기 위해서라며, 미안하다는 얘기 하나 없이… 10여 분을 밖에서 기다리게 되었는데, 너무나 전근대적인 경험이다. 모두들 불평 없이 고분고분 기다리는 폼이 이런 일이 다반사로 발생하는 듯하다. 한국이었다면 상상도 못 할 일이 눈앞에서 전개되고 있는 것이다. 하긴, 불편함을 받아들이는 중국 백성들의 높은 수준의 인내력(?)은 한국 사람들이 배워야 할 덕목이 아닐까 역발상을 해본다.

주말의 진사는 가족과 연인 단위의 시민들로 발 디딜 틈이 없을 정도로 성황이다. 진사 앞 공원은 6월 말 성하의 여름을 식혀주는 나무, 호수, 이를 즐기는 주민들과 관광객들로 생동감이 넘쳐난다. 당 태종 이세민과 측근들을 조각한 기마상이 보이는데, 높이 6.6m, 폭 9.9m라 기록되어 있다. 중국에서 6의 발음 리우(liu)는 '매끄럽게 일이 풀린다'이고, 9의 발음 지우(jiu)는 '오래 산다'는 의미를 담고 있다. 기마상을 만들면서도 이러한 디테일까지 고려하는 중국인들을 보면서 삶의 여유와 기지를 보게 된다. 말하자면, 진사를 들어서기 전에도 볼 것이 제법 많은 셈이다.

75위안의 입장료를 내고 진사를 들어서면, 수경대가 모습을 드러낸다. 세월에 벗겨진 건물 처마의 고색창연하면서도 정교한 아름다움에 한참을 들여다본다. 입구를 통과해 뒤를 보면 '수경대(水鏡臺)'라 적힌 편액의 힘이 넘치는 글자를 볼 수 있다. 진사에서 자랑스러워하는 3대 편액 글씨 중 하나다. 누각 아래 걸려 있는 수려한 글자를 통해 물과 같이 깨끗한 마음을 가질 것을 계도하는 듯하다.

수경대를 지나면 금인대가 나온다. 북송(1097) 때 주조한 것으로, 철인의 높은 제조 수준을 보여주는 작품이다. 관광객들이 철인을 만지고 사진을 찍느라 여념이 없다. 금인대를 지나면 3대 국보 건축의 하나인 헌전을 만나게 되는데, 금나라 때 만들어진 진사의 대표 목조 건물이다. 기둥 없이 벽만으로 지어진 구조로서 그 특이함으로 인해 건축계로부터 높은 가치를 인정받고 있는 건축물이다.

헌전을 지나면 3대 국보 건축인 어소비량과 성모전을 연이어 만난다. 특히 성모전은 아름다운 처마 구성과 건물의 우아함이 보는 이의 눈을 즐겁게 한다. 내부에 있는 신비한 성모상을 보기 위해 많은 관광객들이 성모전을 에워싸고 있다. 진사 3절의 하나인 43개의 시녀상도 각양각색의 모습으로 아름다움을 뽐내고 있다. 성모상은 마치 어머니 같은 신비하면서도 인자한 미소로 쳐다보는 듯해 따스함이 온몸으로 전해 온다. 성모전 앞 8개 기둥에는 정교한 용이 조각되어 있다. 기둥을 뚫고 하늘로 날아갈 듯한 생동감을 지켜보는 것 역시 또 다른 즐거움이다.

어소비량은 성모전과 연결되어 있는 정방형의 건축물이다. 질서 있는 규칙 속에 건축물의 아름다움이 느껴진다. 어소비량 아래의 너무나 맑은 연못에는 수많은 빨간색 물고기들이 유영하고 있다. 그 모습이 너무나 자유롭고 자연스러워 연못을 뚫어지게 내려다본다. 성모전 왼쪽으로 진사 3절인 난로천이 있다. 정자 위에 걸려 있는 '난로천(難老泉)' 세 글자 역시 진사가 자랑하는 3대 편액 글씨의 하나로, 필체에 힘이 넘친다. 주위의 거목들 대부분이 1,500년 이상 이라, 500년 묵은 나무는 명함을 내밀 수 없다. 주요 고건축이 몰려 있는 성모전 일대를 뒤로 돌아가면 고즈넉함이 넘치는 아름다운 호수가 모습을 드러낸다. 수면 위에 흩뿌려져 있는 잎이 넓은 연꽃들이 수많은 관광객들 사이에서 부대낀 심신을 달래준다. 그리 크지 않은 연못이지만 물이 깨끗해, 노니는 물고기들도 1급수에서만 볼 수 있는 물고기들이다. 진사는 반나절이 부족할 정도로 볼 것이 많다. 아름다운 주위의 풍광과 고건축의 고풍스러운 아름다움을 즐기다 보면, 어떻게 시간이 흐르는지 모른다.

왕가대원은 진중시 영석현에 많은 부동산을 소유한 호문대호 왕가가 보유하고 있는 대저택이다. 보기 드문 청나라 민가의 대형

건축물로 총면적이 25만㎡다. 현재 개방 중인 것은 1/3로, 123개 정원과 1,118개 가옥이다.

2012년 8월 부임하자마자 법인을 방문한 귀한 손님을 모시고 들른 적이 있는 대원을 2년 만에 다시 찾았다. 왕가대원은 황토고원의 비탈 위에 지어진 성벽 식 건축이다. 비탈진 언덕을 아래에서 위로 이어가며 큰 건물이 들어서 있어 웅장함이 더하다. 입구를 들어서면 건물이 끝없이 이어진다. 황토고원에 지은 것임을 알려주듯 건물의 전반적인 색상이 황토색을 진하게 풍겨 친근함을 더해준다. 세월에 혹은 많이 혹은 적게 마모된 건물이 혼합되어 있어, 지어진 연대가 다름을 알 수 있다.

왕가대원은 세 가지 조각예술이 특히 유명하다. 눈에 띄는 목조, 전조(砖雕), 석조를 유심히 들여다보며 넓은 공간을 여유로이 즐긴다. 특히 많은 전조예술 중에서도 가장 아름답다는 고부전조조벽은 명불허전이다. 조각의 전반적인 구도와 세부적인 아름다움이 섬세하고 뛰어나다. 건물들을 들여다보면 그 종류의 다양성에도 놀라지만, 각각이 보여주는 특색 있는 미적 요소에 눈이 즐겁다. 진상들의 대저택에 못지않은 아름다움들이다. 왕가대원의 전체 모습을 축소해서 만든 모형을 보면, 왕씨라는 호문대호가 수대에 걸쳐 일군 부의 크기와 위용에 놀라지 않을 수 없다.

왕가대원의 또 다른 특별함은 각 건물 안에 걸려 있는 그림과 글씨들의 품격이 뛰어나다는 사실이다. 손님을 맞이하는 접견실에는 고급스러운 그림과 도자기 그리고 글씨들이 균형 있게 배치되어 있다. 찾아온 손님들이 왕씨 가문의 재력과 그를 통해 발산되는 고급스런 취향에 고개가 저절로 숙여졌으리라는 상상을 하게 된다. 이것들만 모아도 자산가치가 엄청나겠다고 생각하며 감상하는 호사를 누린다. 자신들의 부와 권세를 이런 방식으로 표현한 듯한데, 가진 자들의 취향이라 여긴다.

왕가대원 건물의 구석구석을 즐기다 보면, 마치 성벽으로 올라가는 느낌을 주는 길이 있다. 관람객들을 따라 오르면, 중간의 다리를 사이에 두고 고가애와 홍문보 2개의 건축 군으로 구분되어 동서로 마주보고 있는 것을 확인할 수 있다. 고가애라 불리는 동쪽 보루는 17대손인 왕여총과 왕여성 형제가 청나라 가정제 연간에 건축한 것으로, 크고 작은 정원 35개가 비탈 위에 조화롭게 배치되어 있다.

전체를 조망할 수 있는 망루에서 바라보는 왕가대원은 입을 다물지 못할 정도로 장관이다. 하나의 성이라 불러도 무방한 규모가 보는 이를 압도한다. '왕씨 일가가 이룬 부를 옹정제와 건륭제가 직접 보았으면 어떤 생각을 했을까?'라는 생각이 나게 할 정도다. 동서남북 방향에서 왕가대원의 전체를 돌아다보면, 보는 각도에 따라 아름다움과 품격이 달라지는 것이 참으로 대단하다.

왕가대원은 영석현 4대 가족 중의 하나였던 정승왕가가 청나라 강희, 옹정, 건륭 연간에 걸쳐 지은 대저택이다. 말하자면, 어느 한 시기에 현재와 같은 방대한 모습의 건물들이 들어선 것이 아니다. 세대가 이어지면서 건물들이 계속 들어서다 보니 현재와 같은 모습을 보이는 것이다. 티끌모아 태산이다. 그래서 특별하다.

망하는 진성시 양성현에서 남쪽으로 약 33㎞ 떨어진 곳에 위치한 국가급자연보호구인 국가 삼림공원이다. 사실 망하는 여행 책자를 통해 알게 된 것이 아니라, 아름답다는 입소문을 타고 내 귀에 전해진 명소다. 태원에서 찾아가는 길이 만만치 않아 차일피일 미루다, 임기 만료를 앞두고 용기를 내 발품을 팔았다. 높은 기회비용과 고생을 감수하며 찾은 망하는 고비용과 고생의 대가를 충분히 보상받는 이상의 아름다움을 보여주어 너무나 만족스럽다.

망하는 별천지다. 이것이 내가 가진 망하에 대한 첫인상이다. 아름다운 산, 무성하게 덮인 순록의 숲, 계곡을 흘러내리는 맑고 푸른 물이 삼위일체의 조화를 보여준다.

사실 망하는 산수의 아름다움과 그 속에서 자라고 있는 풍부한 동식물 자원으로 익히 알려진 곳이다. 아름다운 협곡과 좌우로 전개되는 기봉들 요소요소에 국가 1급 보호동물인 검은색 두루미 등 285종에 이르는 동물들이 서식하고 있다. 국가 1급 보호식물인 홍두삼 등 882종의 식물, 기타 약용식물도 100여 종이 넘게 자라는 식물 자원 보고이기도 하다. 계곡을 걸으며 주위를 돌아다보면 그러한 사실이 틀리지 않는다는 것을 눈으로 확인할 수 있다.

또 하나 특이한 것은 계곡 약 10㎞ 구간에 전개되는 지표의 칼슘화 경관을 볼 수 있다는 사실이다. 세월에 깎인 지표가 칼슘화되어 기상천외한 모습을 보여주는데, 그 특이함에 한동안 눈길을 빼앗길 수밖에 없다. 자연이 만들어낸 기이하게 생긴 보기 힘든 경관으로,

감상할 가치가 충분하다. 계곡 중간중간에 느닷없이 나타나 재롱을 피우는 원숭이 가족의 우스꽝스러운 행위들을 바라보는 것 역시 또 다른 즐거움의 하나다.

일설에 의하면 '망하가 황토고원의 소계림'이라고 한다. 계림을 다녀온 내가 보기에는 계림이 주는 아름다움 이상의 아름다움을 선사하는 곳이 바로 망하다. 푸른 계곡물의 흐름 속에 아름다운 기봉들과 그 기봉들을 무성하게 덮고 있는 순록의 숲들이 있는 곳…. 망하는 내 눈에 무릉도원이다. 망하를 무심히 걷다 보면 세파에 시달린 지친 몸과 마음이 일순간에 치유되고 있다는 생각을 하게 된다.

기(奇), 유(幽), 수(秀), 험(險) 4가지 요소 모두를 겸비한 망하의 아름다운 산수경관은 일상에 지친 우리의 심신을 어루만져주기에 부족함이 없다. 세상사에 찌든 몸을 치유하고 재충전하기에 이만한 장소가 없을 듯하다.

마촌단씨묘는 운성시 직산현 마촌에 위치하고 있는 조금은 독특한 볼거리다. 바로 옆에 벽화로 유명한 청룡사가 있어 함께 둘러볼 수 있어 좋다. 송금시대 중상등 수준의 생활을 유지한 것으로 추정되는 단씨 일가족의 묘지 군이다. 평범한 시민이 자자손손 만들어놓은, 보존이 양호한 가족묘지인 셈이다. 지하에 묘지를 형성한 후 좁은 묘의 공간 내부를 현란한 조각으로 채워놓은 것이 보통의 묘지와 다른 특별함이다. 마촌단씨묘는 총 15좌로, 발굴된 9좌 중 5좌를 개방하고 있다. 문물 관계자에 의하면, 묘실 대부분이 사합원 민가주택 양식이라고 한다. 묘지의 좁은 공간에 작은 집이 들어가 있는 것으로 이해하면 될 듯하다. 묘지명 기록에 따르면, 단씨묘는 송 정화 8년(1118)부터 금 대정 21년(1181)까지 60여 년 동안 지어진 것으로, 약 800여 년 전의 묘지다. 묘실의 설계와 처마 조각을 보면 시대에 따라 기교가 발전하는 모습을 확연히 볼 수 있다.

개방된 묘지를 들어서면, 어둡고 좁은 묘지의 사방을 가득 채운 조각들의 현란한 아름다움에 놀라지 않을 수 없다. 놀라움을 가라앉히고 벽면을 하나씩 뜯어보면, 묘실 대문 위 문신(門神), 벽 위에 조각된 주인 부부가 연회를 즐기는 모습, 옆에 서 있는 시녀와 어린 시동, 각종 의미가 깃들인 도안, 24개의 효와 관련된 고사 등이 생동감 있게 조각되어, 묘지의 벽 사방을 메우고 있다.

특히 주인의 맞은편 벽에 조각된 무대, 악대, 연기자는 금나라 희극 예술을 들여다볼 수 있는 보기 드문 실물 자료로 인정받고 있다고 한다. 묘지의 작은 공간 사방에는 사람, 꽃, 동물 등 길상과 관련된 온갖 모형의 조각들이 조각되어 있다. 망자가 사후세계에서도 조각된 것과 같은 환경 속에서 행복하고 다복하게 지내기를 바라는, 후손들의 희망이 담긴 듯하다. 좁은 공간과 지하 공간의 어두움 등 작업 요소를 고려하고 예술성 높은 장인의 공력을 두고 볼 때, 적지 않은 대가를 지불했을 듯싶다. 단씨 집안의 부를 간접적으로 추정할 수 있는 부분이다.

마촌단씨가족전조묘는 삶 이후의 세계에 대한 인간의 두려움을 달래기 위해 어느 정도의 재력을 갖춘 이들이 부린 호사라 여겨진다. 이해되는 부분도 없지는 않지만, 씁쓸한 기분이 들기도 한다. 묘지를 조성하는 데 소요되는 비용을 당시에도 반드시 있었을 어려운 이들을 위해 투자하는 선행을 펼쳤다면 좋았을 것이라는 생각에⋯.

그런 선행이 조각에서 묘사한 것 같은 극락에서 지낼 수 있게 했을 것이라는 생각을 지우기가 쉽지 않다. 하기는 마촌 단씨 가족의 묘지가 있기에 당시의 시대상과 높았던 예술성을 이해할 수 있는 좋은 점도 없지는 않다.

황성상부는 청나라 때 문연각 대학사이자 『강희자전』의 총열관이었던 진정경이 살았던 고거다. 진정경은 강희제를 보필하며 35년간 경연강사를 지낸 영예로운 경력의 소유자다. 이름을 황성이라 부를 만큼 최고 권력의 측근에서 오랜 세월을 보낸 그의 위세를 보여주고 있다. 산세에 따라 지어진 성벽 식 건축 군으로, 위에서 전체를 보면 빽빽이 들어선 건물들이 복잡해 보이면서도 질서가 돋보인다.

가까이에서 보면 개개의 건물들에 조각되어 있는 석조, 전조, 목조들 역시 독특한 아름다움을 보여준다. 황성상부는 내성과 외성으로 구분되어, 16좌의 뜰과 640간의 가옥이 들어서 있다. 내성은 명 숭정제 5년에 지어진 대형 뜰 8좌로 구성되어 있는데, 명대 건축 품격을 보여준다. 외성은 청 강희제 42년에 완공된 것으로, 강희제가 하사한 오정산촌(午亭山村)이 당시 진정경의 권세를 알려주고 있다.

진씨 가문은 명·청 양 대에 걸쳐 인재를 많이 배출했다고 기록되어 있다. 명 효종 때부터 청 건륭 260년 기간 중 41명의 공생(贡生, 명·청 때 생원 중 선발되어 도성 국자감에 입학한 자), 19명의 거인(举人, 명·청 때 향시에 급제한 사람), 9명의 진사(进士, 전시 합격자), 6명의 한림(翰林, 당나라 이후 황제의 문학 시종관)을 배출하여 북방 문화거족으로 불린다. 이런 연고로 황성상부는 건물 전체에 인문정신이 배어 있는 독특한 매력을 구현하고 있다.

외성의 주 건축인 상부대원은 진정경의 거처로서 들어다볼 만하다. '점한당(点翰堂)'이라고 걸려 있는 편액의 글씨는 강희제가 하사한 것이다. 높게 솟은 누각 하산루를 오르면, 황성상부의 전후좌우 모습을 일목요연하게 조망할 수 있다. 사방으로 보이는 경관이 모두 각자의 특색을 보여준다. 하산루는 방어 또는 긴급 대피용으로 명 숭정 5년(1632)에 세워졌다. 실제로 전란이 발생했을 때 800여 명이 피난해 생명을 유지했다고 한다. 400년 가까이 온전한 모습을 보이고 있어 반갑다.

진정경은 35년 동안 경연강사를 지낸 경력이 보여주듯, 최고 권력자의 사랑과 존경을 온몸에 받은 인물이다. 불세출의 황제 강희제를 보필하며 강력한 청나라를 만들어가던 시기, 뛰어난 관료였던 진정경의 숨결이 남아 있는 역사의 현장이 바로 황성상부다. 강희제가 친히 방문해 하루 묵었다는 기록이 지금까지 남아 있다.

유씨민거는 진성시 심수현 문흥촌에 위치하고 있다. 당나라 관리이자 시인, 철학가 유종원의 유족들이 살고 있는 민간 주택이다. 명 영락제 4년 저택을 조성하기 시작했다. 13개의 원이 3만㎡의 부지 위에 지어져 있다. 유씨 혈통을 이어오는 이들이 자자손손 거주하고 있는 원시 촌락으로, 중국에서도 보기 드문 사례다.

유씨민거는 생각보다 볼 것이 많다. 언덕 위에 높게 세워진 성곽 같은 문을 지나면, 관음전과 유씨 사당 등이 주민들이 거주하는 앞쪽으로 위치하고 있다. 사당을 지나면 '당구유소(堂构收昭)'라는 편액이 걸려 있는 건물이 나온다. 당구는 형제, 유소는 보검이라는 의미를 담고 있다고 한다. 청나라 초 백련교 난 때 군비가 부족한 정부를 위해 유학주, 유춘방 등이 집안의 보물을 국가에 기부했다고 한다. 그 공로로 황제가 유씨 형제들에게 유소라는 보검을 하사한 것을 기념하고 있다. 건물 처마 밑에 조각되어 있는 섬세하고 아름다운 목조가 눈길을 사로잡는다.

사마제는 명나라 때 지어져 청나라 때 보수가 이루어진 건물이다. 많은 인재를 배출하고 나라를 위해 봉사한 유씨 가문의 자부심이 깃들인 건물이라고 한다. 9층으로 겹겹이 조각된 입구의 두공은 다른 곳에서는 보기 힘든 것으로 아름답기 짝이 없다. 마치 옆으로 늘어진 꽃잎들이 층층이 올라가 있는 모양을 하고 있어, 입체감이 무척 뛰어나다. 너무나 장관이라 한참 동안 눈길을 뗄 수가 없다.

　'행요천총(行邀天寵)'이 새겨진 편액이 걸려 있는 건물의 두공 역시 눈여겨볼 가치가 충분하다. 입체적이고 정교하며 생동감이 넘친다. 명나라 때 승덕랑이라는 정 4품 벼슬을 지낸 유록이 황제로부터 하사받은 것이라고 한다.

　유씨 가문에서 이름을 떨친 조상들이 거주했던 건물을 감상한 후 밖으로 나오면, 평범한 유씨들이 살아왔고 지금도 살고 있는 허름한 민가가 몰려 있는 것을 볼 수 있다. 앞으로 전개되는 아름다운 산에 포근하게 안겨 있는 모습이 평화롭다. 혈통이 같은 유씨들이 함께 모여 살아오고 있는 곳, 명과 청의 건축양식이 융합된 독특한 품격을 보여주는 유씨민거는 특별함이 있는 곳이다.

만영후토사는 '추풍사'의 사연이 얽힌 추풍루가 있는 바로 그곳이다. 후토사는 지신을 모신 사당이다. 토지를 이용해 생계를 이어나가야 했던 고대의 중국인들에게 토지는 생명과 같은 존재였다. 고대인들은 토지를 알고 토지를 이용하면서 토지에 대해 감사하는 마음을 품게 된다.

한나라 이전에는 민속신앙으로 자리하고, 후토는 천하 지신의 으뜸으로 숭배 받는다. 황제가 땅을 쓸고 제사를 지낸 후 요, 순, 우, 하상주의 왕들이 이곳에서 제사를 올리고, 한 무제는 8차례나 방문해 제사를 지냈다고 한다.

현재 건물은 북송 때 지어진 것을 청나라 동치 9년(1870)에 중건한 것이다. 산문을 지나면 연극무대 3좌가 품(品)자 형식으로 배치되어 있다. 각 무대에서 3개의 공연이 동시에 진행될 때, 분위기가 극도로 고조된다고 한다. 내부에는 헌전과 정전, 오호전이 들어서 있어, 고건축의 아름다움을 감상하기에 눈이 즐겁다. 특히 동쪽 오호전은 봉신연의의 주나라 오호상장을, 서쪽 오호전에는 삼국연의의 촉한 오호상장을 모셔놓은 것이 흥미롭다.

후토사가 있는 분음 지역은 예로부터 풍수보지(風水寶地)로 알려진 곳이다. 사면이 물로 둘러싸여 있고 동쪽으로 아미령, 서쪽으로 고량산이 위치하고 있어, 산환수보(山環水報)로 불린다. 산서성을 관통하며 흘러내리는 황하의 지류인 분하가 여기서 황하로 흘러 들어간다. 황하와 분하가 합류하는 곳으로, 특별함이 있는 현장이다.

2천여 년이 넘도록 향화가 이어지고, 아름다운 추풍루가 있는 곳, 그곳이 만영후토사다. 오늘날에도 결혼 후, 집을 지을 때, 묘를 심고 추수할 때, 먼 길을 떠날 때 각자의 소원을 비는 곳이 이곳 만영후토사라고 한다.

산서성 각지에 분포한 명소들을 모두 찾아본다는 것은 현실적이지 않다. 일상에 지쳐 바쁘게 살아가는 사람들에게 위에서 소개한 '지나치기 아쉬운 명소들'까지 발품을 팔 여력이 되지 않기 때문이다. 그러나 산서성에서 살아가는 이들에게는 의미가 적지 않은 명소들이다. 자신이 몸담고 있는 성에 대한 이해 없이 자신이 몸담고 있는 지역을 외지인에게 소개하는 데 한계가 있을 것이기 때문이다.

중국고건축박물관 진사, 강희·옹정·건륭 연간의 대저택 왕가대원, '황토고원의 소계림' 망하, 삶 이후의 세계에 대한 인간의 두려움이 표현된 마촌단씨가족전조묘, 강희제를 보필하며 35년간 경연강사를 지낸 진정경이 살았던 고거 황성상부, 명·청 시대가 융합된 건축 품격을 보여주는 유씨민거, 한 무제의 '추풍사'와 아름다운 추풍루가 있는 만영후토사…. 모두 방문할 가치가 충분한 명소들이다.

17

종교 유적지
고찰

　　　　　　종교는 산서성 삼진문화(三晉文化)의 시작
과 함께했고 삼진문화의 발전과도 함께하는 등, 삼진문화와 떼려야
뗄 수 없는 불가분의 관계를 지니고 있다. 인간의 불완전성은 의지
하고 기댈 것을 찾을 수밖에 없다. 존재 자체가 불안한 인간은 자신
들의 신을 만들어낸다.

　산서성에서 살아간 인간들 역시 다를 바 없었다. 토착종교인 도
교뿐만 아니라, 영토를 넘나드는 외부 세력의 침략 또는 자연스러
운 교류를 통해 스며든 외래종교를 흡수하여 토착화시키는 과정을
거친다. 외래종교 중에서 가장 발전하게 된 것이 불교다. 불교 외에
도 이슬람교, 기독교, 천주교까지 사람들의 불안한 마음속으로 파
고들었다.

　산서성 전역에는 종교 시설들이 도처에 널려 있다. 많고 적음의
차이는 있겠지만, 불완전한 존재인 인간에게 의지할 여지를 준다는
측면에서는 다를 바 없다. 지금부터는 나의 발길이 닿은 종교 유적
지를 소개하려 한다.

불교

　광승사는 홍동대괴수가 위치한 임분시 홍동현에서 약 17㎞ 떨어진 곳에 있는 곽산 남쪽 산마루에 있는 사찰이다. 동한 건화 원년(147)에 지어진 것으로, 상사(上寺)와 하사(下寺)로 나뉘어져 있다. 홍동대괴수에서 광승사에 도착한 시간이 늦어져, 상사와 하사를 모두 보기에는 물리적으로 불가능한 상황이다. 어쩔 수 없이 광승사의 상징인 비홍유리보탑이 있는 상사를 찾아보기로 한다.

　차량이 광승사진을 들어서니 멀리서부터 비홍유리보탑의 모습이 눈에 들어온다. '보탑의 유명세가 지역 이름을 부여한 것이 아닐까?'라는 엉뚱한 생각을 해본다. 곽산을 오르내리며 운동을 즐기는 주민들의 활기찬 모습이 정겹다. 보탑은 멀리서도 그 위용을 느낄 수 있었는데, 가까이서 친견하니 명불허전이다. 연꽃 모양의 조형들이 하늘로 향하며 탑을 감싸고 있는 듯하다. 사방을 돌며 층별로 조각되고 묘사된 것들을 눈으로 확인하며 감탄사를 연발한다.

지금 나의 눈앞에 전개되고 있는 비홍유리보탑은 평면 8각 13층 구조의 유리 탑으로, 명나라 가정제 연간에 중건한 것이다. 탑신은 유리로 감싼 것으로 조각되어 있는 불상, 보살 등 조형과 도안, 불경 고사는 모두 유리 진품이다. 아름다운 색상이 세월의 흐름을 견뎌내고 완벽하게 보존돼오고 있다는 사실이 믿기 힘들 정도의 신비함을 전해준다. 13층 높이의 도자기를 빚어낸 듯한 착각이 들게 한다. 고대 중국인들의 예술성의 끝이 어디인지 알 수 없다.

　　높은 탑을 세워가며 각 층별로 아름다움을 창조하기 위해 혼신을 다했을 장인들의 예술혼에 경외감을 표현하지 않을 수 없다. 한 층 한 층 올라갈수록 난이도가 커지고 위험도가 증가했을 것임은 두말할 필요가 없다. 그럼에도 전체적인 조형과 세부적인 손질 하나하나가 이토록 정교하고 섬세함에 놀라움을 금치 못한다. 조각의 정교함은 차치하고라도, 오랜 세월 전 채색을 가미하여 화려한 아름다움까지 표현하고 있다는 사실에 더욱 놀라게 된다. 뿐만 아니라 수백 년의 세월이 이른 오늘날에도 그러한 위용과 색감을 온전히 보존하고 있다는 사실도 믿기 어렵다.

　　태풍, 지진과 전쟁 등이 수없이 거쳐 갔을 숱한 세월 속에서도 이렇듯 온전한 아름다움을 보전하고 있는 것은 기적에 가깝다. 유난히도 세찬 바람, 화려함을 뽐내고 있는 보탑, 푸른 물이 뚝뚝 떨어질 것 같은 하늘이 조화를 이루며 보탑의 아름다움을 한층 더 빛내고 있다. 보탑을 조성한 목적이 '전쟁이 일상이었던 시절 백성들의 불안한 마음을 달래기 위해서였을까?' 아니면 '권력자들에게 볼

거리를 제공하기 위해서였을까?' 이런저런 생각들을 하며 보탑 주위를 하염없이 돌고 돈다.

광승사는 보탑의 명성에 가려져 있는, 벽화와 진흙으로 만든 조상인 니소 역시 뛰어나다. 대웅보전의 벽에 그려져 있는 천녀벽화와 비로전에 조각되어 있는 석가모니불, 동방약사불, 서방미타불 등 3존의 니소도 볼 만한 가치가 충분하다. 비홍유리보탑의 매력에 빠져 빠뜨리는 우를 범하지 않기 바란다. 유리 보탑을 만들어 올린 건축가, 아름다운 벽화를 그려낸 미술가, 생동감 넘치는 니소를 조각한 조각가 모두가 현재의 광승사를 찬란하게 빛내주고 있다.

문 닫는 시간이 되어 쫓겨나듯 광승사를 나오는데, 하얀 비둘기들이 군집을 지으며 유리 보탑의 층층으로 날아 앉는다. 이렇듯 아름다운 예술품을 가까이에서 감상하는 비둘기가 그리 부러울 수 없다.

보구사는 운성시 영제현 박주진에 위치하고 있다. 당나라 무측천 통치시기에 지어진 것으로, 원래 이름은 영청원이었다고 한다. 사찰 자체의 명성보다는 장생과 최앵앵의 사랑이 얽혀 있는 곳으로 더욱 유명세를 얻고 있다.

사랑은 시대를 초월하고 나라를 뛰어넘는 사람 사는 세상의 영원하고 보편적인 주제다. 그래서 사람들의 심금을 울리게 되고, 그들의 애틋했던 사랑의 현장을 확인하기 위해 찾는 이들이 끝없이 이어지고 있는 것이 아닌가 싶다.

보구사는 평지로 이어진 중간에 동산처럼 불쑥 솟은 낮은 언덕 위에 지어져 있다. 원나라 왕실보의 『최앵앵대월서상기』에 나오는 "홍낭이 붉은 끈으로 장생이 최앵앵을 만나게 했다."라는 사랑의 고사가 발생한 곳이 바로 보구사 경내였다고 한다. 오랜 세월이 흐르며 사찰 건물이 대부분 훼손되고, 13층 37m 높이의 속칭 앵앵탑이라 불리는 사리전탑만이 언덕 위에 위용을 뽐내고 있었다고 한다. 현재 건물은 1980년대 중반에 지어진 것으로, 고색창연한 고찰의 모습을 기대했다면 실망할 수 있다. 해설사들 역시 두 젊은 남녀의 애틋한 사랑과 얽힌 현장 위주로 관람객들을 안내하고 설명하는 것이 재미있기도 하다.

사찰 내부를 들어서면 최앵앵이 거주했던 방, 중매쟁이가 첫눈에 반한 장생의 연애편지를 최앵앵에게 전해주는 방, 장생과 최앵앵의 모친이 상면하는 방, 최앵앵의 어린 남동생이 장생과 최앵앵이 만나는 것을 어머니한테 고자질하는 방 등이 만들어져 있어, 관광객들의 발길을 이끈다. 부채 위에 쓰인 편지에는 사랑에 빠진 장생의 애절한 마음이 담겨 있다. 장생이 최앵앵을 만나기 위해 넘었다는 나무와 담장이 눈에 들어온다. 장생의 심정을 직접 느껴보기 위해 담을 뛰어넘는 짓궂은 관광객들도 적지 않다고 한다. 앵앵탑을 올려다보는 곳에 개구리 두 마리가 조각되어 있다. 중간에 놓인 돌을 두드리면, 탑을 통해 개구리 울음소리가 울려나온다고 한다. 중국인들의 뛰어난 상상력에 다시 한 번 감탄할 수밖에 없다.

　절을 찾은 부잣집 규수에게 첫눈에 반해 상사병까지 걸리는 장생의 고사는 중국에도 한국에도 세계 어느 곳에도 다 있다. 애틋한 사랑, 절절한 사랑, 비극적인 사랑 등 수없이 존재하는 사랑 이야기에 눈물 흘리고 안타까워하고 감동하는 것은 남녀 간의 사랑이 인간사에서 누구나 겪게 되는 영원한 주제이기 때문일 것이다.

화엄사는 대동시 서쪽에 위치하고 있다. 요나라 중희 7년(1038)에 지어진 사찰로 900여 년의 역사를 자랑한다. 현재까지 보존이 완벽하게 이루어진 보기 드문 화엄종 사찰 건축 군이다. 요금의 예술박물관으로 불릴 만큼 사찰 내의 건축, 벽화, 천정 등이 오랜 역사와 방대한 규모, 그리고 높은 예술성을 뽐낸다. 사찰 내에 황제들의 석상과 동상을 모셔놓은 것으로 볼 때, 요나라 황실 조묘(祖廟)였던 것으로 보인다. 건물의 배치 역시 좌북조남(坐北朝南)의 한족 사찰과는 달리 좌서향동(坐西向东)의 요금시대 사찰을 대표하는 특성을 보인다. 거란족 요금의 '귀신을 모시는 것은 동쪽이 우선이다'라는 풍습을 따른 것이다.

　화엄사 경내를 들어서면 사찰의 규모에 먼저 놀라게 된다. 넓은 부지 위에 검은색의 지붕으로 들어서 있어 엄숙함을 느끼게 한다. 두 번째는 건물의 품격이 여태까지 보아온 사찰들과는 다르다는 점이다. 거란족 특유의 양식인 듯, 전문가가 아니기에 똑떨어지게 표현하기 어려운 이민족의 특성이 담겨 있다. '상화엄사(上华严寺)'라는 편액이 걸려 있는 산문의 처마 문양이 너무나 아름다워 한참을 들여다본다. 기둥 좌우로 감겨 올라가며 조각된 용들의 뒤틀림이 어느 순간 마치 튀어나올 듯한 생동감을 보여준다. 포도 조각은 따서 먹고 싶다는 착각이 들 정도로 정교하다. 이외에도 아름다운 꽃 등이 각자의 모습을 뽐내듯 화려하게 조각되어 있어, 보는 이의 눈을 즐겁게 한다. 이런 조각들이 중국의 어느 지역에나 있는 것을 보면서 궁금해지는 것이 있다. '대륙의 광대한 공간적 거리와 당시의 원시적인 교통수단 등을 고려할 때, 지역 간 장인들의 예술 교류가 존재했을까?' 하는 것이다. '교류가 있었다면 어떤 방식으로 이루어졌을까?' 그것도 궁금하기는 마찬가지다.

'상화엄사'라 적힌 산문을 들어서면, 요금시대 가장 큰 불전으로
요나라 때 지어져 금나라 때 중수했다는 대웅보전이 모습을 드러낸
다. 대웅보전에서는 오방불이라는 5존의 대불을 만날 수 있다. 동,
서, 남, 북, 중 전 방위에 걸쳐 세계를 교화한다는 의미를 담고 있는
데, 그 의미가 가슴에 와 닿는다. 사방의 벽에는 청나라 때 그려졌
다는 벽화가 가득 들어차 있다. 석가모니의 출생으로부터 성불하기
까지의 고사를 그린 것이다. 참고로, 예성의 영락궁에 있는 벽화 다
음으로 면적이 크다고 한다.

　상화엄사를 나와 오른쪽을 보면, 응현목탑 다음으로 큰 목조건물
인 화엄보탑이 눈에 들어온다. 높이 43m인 5층 건물로, 대동시에서
는 상징적인 건물로 통한다고 한다. 지하에는 천불지궁이 조성되어
있는데, 천 개의 크고 작은 불상을 들여다보는 재미가 있다. 화엄보
탑을 오르면 층별로 윈강석굴에서 본 부처상이 놓여 있는 것도 흥
미롭다. 정상에 오르면 화엄사의 정갈하고 질서 있는, 그리고 웅장
한 모습을 한눈에 볼 수 있어 좋다. 더불어 대동시 주위의 풍경을

감상하는 것도 나쁘지 않다.

　현중사는 태원에서 남쪽으로 60㎞ 떨어져 있는 교성현에 위치하고 있다. 북위 연흥 2년(472)에 지어져 당나라 때 번영기를 누렸지만, 금과 원나라를 거치며 전란으로 훼손되었다고 한다. 민국 이후 사라진 대웅보전, 천불각 등 주요 건물과 부속 건물들을 1950년대부터 다시 지은 것이다. 1,500여 년 역사를 보유한 현중사이기에, 사찰 건축의 고색창연한 아름다움을 기대했던 이들에게는 실망스러울 수 있다. 그나마 산문과 천왕전은 명나라 만력 연간에 지어진 것으로, 아쉬움을 달랠 수 있다.

　겨울로 접어드는 11월 하순이라 그런지 사람의 흔적이 거의 보이

지 않아 황량하다. 산문과 천왕전을 지나면 1955년 재건한 대웅보전이 모습을 드러낸다. 대웅보전에는 정토종에서 아미타불로 여기는 서방극락세계의 교주인 명목조아미타불을 공봉하고 있다. 대웅보전 앞에 놓인 향화소에 향을 피운 흔적이 남아 있지 않은 것을 보니 사람들의 발길이 뜸한 듯하다. 칠불전, 만불각 등 주요 건물들이 개방하지 않아 자세히 들여다볼 조건이 되지 않는다.

여행 비수기어서인지는 몰라도, 아쉽지만 방법이 없다. 만불각의 3존 금색 부처와 금색 불상은 직접 보고 싶었는데, 그러지 못해 많이 아쉽다. 사진으로 걸려 있는 만불각의 모습을 감상하는 것으로 아쉬움을 달랜다. 만불각 맞은편의 염불당에서는 스님들과 신도들이 섞어 앉아 염불을 외고 있다. 흔치 않은 장면이라 한참을 들여다본다. 사찰의 가장 위에 있는 천불각에서는 현중사의 짜임새 있게 배치된 건물들을 감상할 수 있어 좋다.

현중사는 불교 정토종의 발상지다. 북위 때 고승 담란이 이곳에서 불교를 전파했고, 당나라 때는 일본의 고승 원인이 중국에서 불교를 공부하고 정토종을 일본으로 전파했다고 한다. 이런 배경 때문에 현중사를 일본 정토종의 조정(祖庭)으로 여겨, 현중사를 찾는 일본인들의 발길이 끊임없이 이어지고 있다고 한다. 화장실의 안내판까지 일본어와 중국어를 병기하고 있는 것을 볼 때, 정토교를 믿는 일본인의 열성적인 방문을 짐작할 수 있다.

정토종이 전파된 이후 일본의 불교도 8,200여만 명 중 정토종의 신도 수가 무려 25%에 가까운 2,000여만 명에 이른다고 한다. 현중사를 찾을 일본인 정토종 신자들의 발길이 앞으로도 끊임없이 이어질 것이다.

몽산대불은 태원시 개화구에 위치한 몽산에 조성된 대형 불상이다. 몽산은 여량산맥의 줄기로, 주봉의 해발이 1,325m다. 진사, 천룡산과 인접해 있어 숲이 무성하고 경관이 뛰어난 아름다운 산이다. 북제(551) 때 조성되었으니 1,400여 년의 역사를 지닌, 중국에서 가장 이른 시기의 노천마애석각대불이다. 진양서산대불로도 불리는 대불은 몽산의 북봉에 우뚝 들어서 있다. '산이 하나의 불상이고 하나의 불상이 바로 산'인 장관을 보여준다. 27년이란 짧은 기간을 존재했던 북제가 24년을 투자해 완성했다고 하니, 그 공력을 미루어 짐작할 수 있다.

대불이 완공된 후 진양 백성들은 누구나 할 것 없이 향을 올리는 등 예불을 드리는 발걸음이 끊어지지 않았다고 전해진다. 밤이 되면 백성들이 올리는 향화가 진양궁까지 비춰져, 고대 태원현의 팔경 중 하나가 될 정도였다고 한다. 몽산효월(蒙山曉月)이라 불렀다고 하니, 당시의 성황을 미루어 짐작할 수 있다. 24년 공력을 들여 만들어진 몽산대불은 불체가 600년 동안 홀연히 사라지는 미스터리를 겪는다. 끈질긴 추적 끝에 1983년 왕검예라는 사람에 의해 발견되었고, 막대한 자금을 투자해 중건했다. 대불은 앉은 높이가 40m이고, 기립했을 경우 66m에 이른다. 불두(佛頭)의 높이가 12m, 직경이 8m, 무게는 약 140여 톤이라고 하니, 그 규모를 짐작할 수 있다.

입구를 들어서면 녹색 숲이 무성하게 덮여 있는 몽산을 만난다. 숲의 기운에 의해 마음이 정화되는 느낌에 무척이나 상쾌하다. 그리 높지 않은 몽산 주위로 조성된 아름다운 경관들을 감상하며 여유 있게 오르다 보면, 멀리서 거대한 대불의 모습이 눈에 들어온다.

아름답고 장관이다. 산인지 대불인지 구분되지 않을 정도로 산과 대불이 하나로 보이는 것이 신기하다. 순백의 대불 주위로 녹색의 풀들이 모자이크처럼 붙어 있어, 하얀색으로 보이는 물체가 바로 몽산대불이라는 것을 알게 된다.

드디어 대불을 눈앞에서 만난다. 온화하게 내려보는 인자한 눈매와 웃음 띤 얼굴이 가슴속에 하나씩의 고민을 안고 찾아오는 이들의 마음을 녹여줄 것 같다. 대불의 부드럽고 인자하고 온화한 미소를 매일 볼 수 있는, 그래서 지친 영혼과 마음의 고민들을 놓고 대불과 교류할 수 있는 지역 주민들이 샘날 정도로 부럽다.

백운사는 태원시 동남쪽에 위치한 당나라 때 건축된 사찰로, 적인걸이 모친을 위해 지은 것이라 전해진다. 대대로 증축과 수리를 거쳐 현재 불교협회 소재지로 태원에서는 비교적 큰 규모의 불교 사찰이다. 증축 과정을 보면 강희 21년(1683) 대웅보전, 강희 25년(1686) 장경각, 옹정 9년(1731) 비로각이 순차적으로 지어졌다. 문화혁명 때 훼손된 것을 2002년 신도들의 자발적인 모금으로 서방 삼성전과 동방 삼성전을 추가하여 규모를 확대하는 등, 현재의 모양을 갖추었다. 이후 불심 깊은 시민들의 향화 행렬이 끊임없이 이어져 살아 있는 사찰로 자리하고 있다.

　2014년 12월 유난히도 쾌청한 날 백운사를 찾았다. 태원 시내에 있는 사찰이겠거니 하고 큰 기대 없이 찾은 백운사는 생각보다 규모도 있고 전체적으로 짜임새가 있다. 고급스러우면서도 아름다운 사찰이라 무척이나 반갑다. 천왕전으로 향하는 계단 양쪽으로 조각된 용 문양은 고궁의 것을 그대로 옮겨놓은 것 같아, 마치 북경의 자금성에 온 듯하다. 천왕전 옆에는 말을 탄 관우의 조각상이 있는데, 기마상 앞에 공양을 드린 흔적들이 많이 남아 있는 것을 보니, 재물신으로 격상되어 있는 그의 위치를 알 수 있다. 염불당에서 염불 외는 소리가 끊임없이 들리는 것을 보며 살아 있는 사찰임을 알게 된다. 불교를 믿는 태원 시민들에게는 도심에서 멀지 않은 곳에 백운사와 같은 사찰이 자리하고 있다는 사실이 반가우리라 여겨진다.

　사찰 이름이 지어진 전설을 들으면, 백운사가 영험한 사찰이라는 생각을 하게 된다. 흥미로워 고사를 소개한다.

외지에서 관직을 맡고 있던 적인걸이 고향으로 가족들을 보러 가는 길이었다고 한다. 뜨거운 태양을 피하기 위해 절에 들러 우산을 빌려줄 것을 청한다. 노승은 바둑을 거루어 이기면 빌려주겠노라고 한다. 바둑에서 이긴 적인걸이 약속대로 우산을 빌려달라고 하니, 노승은 우산은 주지 않고 다음과 같은 말을 던진다.

"길에는 어떤 이가 당신을 위해 우산을 받치고 있소. 원래 그들의 머리 위에는 한 조각의 흰구름(白云)이 떠다니고 있는 것을."

이때부터 백운사라는 이름을 얻게 되었다고 한다. 고승의 답변이 워낙 고차원이라 한참을 생각해도 이해되지 않는다. 전설은 전설일 뿐이다.

괘산 천녕사는 여량시 교성현 북쪽에 위치한 괘산에 자리하고 있는 사찰이다. 괘산은 산맥이 끊어졌다 이어졌다 하는 모습이 팔괘처럼 생겼다 해서 붙여진 이름이다. 그런 연유인지, 괘산을 들어서면 천녕사로 향하는 길 좌우로 주역의 팔괘와 관련된 내용을 조각 그림으로 만들어놓았다. 산을 오르며 주역의 심오한 깊이를 공부해보는 것도 유익할 듯하다. 괘산이 팔괘의 형상을 보이고 있다는 것을 비행기라는 문명의 이기를 이용해야 확인할 수 있다는 사실이 조금은 아쉬울 뿐이다.

천녕사는 200여 개의 건물이 산세를 따라 지어져 있다. 웅장한 규모를 자랑할 뿐 아니라 자연과 어울리는 조화가 탁월하다. 산문을 들어서면 왼쪽으로 당비(唐碑)가 보이는데, 당화엄구회지비로 소의군 절도사 이보진의 공덕을 기린 것이라고 한다. 명나라 가정제 4년(1525)에 중건되었다는 천불각 앞에는 한백이라는 2,200년 묵은 측백나무의 신비한 모습이 눈길을 사로잡는다. 명나라 때 지어진 것으로 2007년에 중건된 대웅보전 앞 돌기둥 아래 조각된 백상(白象), 조천후(朝天吼) 등의 조형은 청나라 때 중수한 것이다. 생김새가 다양하고 특이한 것이 눈여겨볼 만하다.

사찰 안에서 가장 높은 건물인 비로각은 청나라 때 중건된 건물이다. 웅장한 모습을 보이며 3중으로 정교하게 올린 지붕의 곡선과 처마에 조각된 문양이 아름다워 한동안 눈길을 빼앗긴다. 청나라 강희 52년(1713)에 지어진 유불도 삼교를 모신 삼교당도 볼 만하다. 가장 높은 위치에 있는 석불당에서는 질서 있게 정돈된 천녕사의 모습과 괘산 주위의 전경을 조망할 수 있어, 발품을 팔아볼 만하다.

천녕사는 1,000년이 넘은 측백나무들이 신령한 모습을 보이고 있는 것이 특별하다. 절을 오르는 곳곳에 생긴 모습에 따라 붙여진 칠성백(1,100년), 호두백(1,200년), 사두백(1,510년) 등의 측백나무를 감상하는 재미가 남다르다.

선화사는 대동시 서쪽에 위치한 사찰로, 화엄사와 인접해 있다. 당 현종 때 지어져 개원사로 불리다가, 오대말진 초에 대진은사로 개명되었다. 이후 명나라 때 선화사로 바뀌어 오늘에 이른다. 화엄사와 더불어 현존하는 요금시대의 사찰로, 비교적 온전한 모습을 보유하고 있다. 전체 면적은 약 20,000㎡로 산문, 삼골전, 대웅보전, 보현각, 문수각 등의 건물들이 균형감 있게 들어서 있다.

화엄사 관람 후 대동 시내를 여유롭게 감상하며 걷다 보면, 주민들이 옹기종기 모여 카드놀이와 마작놀이를 즐기는 모습이 보인다. 너무나 열중인 모습에 이끌려 한참을 구경하다 위를 올려다보니, '선화사'라는 현판이 걸려 있다. 선화사 입구 정면에는 오룡벽이 있다. 대동 구룡벽이 유명하다 해서 다녀왔지만, 오룡벽에 대한 얘기를 들은 바가 없어서 신기하게 들여다본다. 용이 9마리에서 5마리로 준 것밖에 없고 구룡벽에 못지않은 정교함과 생동감을 보여주고 있어 무척이나 반갑다. 길이 20m, 높이 7m, 두께 1.45m의 크기다. 중간에 조각된 용은 다른 4마리 용에 비해 클 뿐 아니라 색상도 진한 느낌을 주는 등 참신하다.

선화사에서는 전형적인 금나라 건축양식인 화엄삼성의 불상이 있는 삼성전을 만날 수 있다. 처마의 두공은 4중으로 겹겹이 포개져 있는데, 살아 있는 꽃잎을 보는 듯한 착각에 빠질 정도로 입체감이 뛰어나다. 요나라 때 지어진 것을 금나라 때 중수했다는 대웅보전은 선화사에서 가장 아름다운 건물로 기억한다. 내부를 들어서면 정면으로 보이는 니소금신어래오존을 중심으로 천정과 주위의 소상 그리고 사방으로 그려진 화려한 채색의 벽화 등, 어느 것 하나 소홀히 볼 수 없는 아름다움을 보여준다.

특히 머리를 들어 천정을 바라보면, 말로 표현하기 어려울 정도로 섬세하고 생동감 넘치는 조각품이 건물 중간의 천정에 떡하니 자리하고 있다.

'어떻게 설계해서 깎아냈을까?' 궁금해 하며 고개가 아플 때까지

올려다본다. 중간에 조각된 금색 용은 살아 움직이고 있는 것 같다는 착각에 빠진다. 이곳에서 중국 장인들의 뛰어난 예술성에 다시 감탄하고 존경하게 된다.

다복사는 태원에서 서북쪽에 위치한 굴위산 위의 사찰이다. 굴위산은 고대 태원 팔경의 하나인 굴위 단풍으로 유명한 산으로서, 지금은 등산 코스로 사랑받고 있다. 절을 찾은 날 많은 등산객들이 트래킹에 여념이 없다. 당나라 정원 2년(786)에 세워져 굴교사라 불리다가 개명되었다. 송나라 말 훼손된 것을 명 홍무제 때 중건한 것으로, 이후 수차례 중수를 거친 후 현재의 모습으로 남아 있다.

사찰 내에는 대웅보전을 중심으로 종루, 문수각, 장경루가 질서 있게 들어서 있다. 다만 향을 피운 흔적이 보이지 않는 황량한 분위기

를 풍기고 있어 아쉬울 따름이다. 겨울이라 사람들의 발길이 뜸한 것인지, 절을 찾는 불교 신도들이 많지 않은 것인지는 모를 일이다.

사찰 앞 동남쪽 산 정상에는 송나라 때 건설한 칠급사리전탑이 있다. 굴위산의 유려한 산세를 즐기며 전탑을 향해 발걸음을 옮긴다. 6각 7층 사리전탑은 태원의 쪽빛 하늘을 배경으로 우뚝 서 있어, 그 위용이 범상치 않다. 철조망으로 둘러싸인 사리탑 옆에서 태원 시내를 내려다보며 아름다운 주위 경관을 눈에 담는다. 다복사로 이어지며 굽이굽이 돌아가는 산길과 유려하게 뻗어가는 굴위산의 산세가 서녘 하늘로 지는 태양빛을 받아 붉게 노을 지고 있다. 아름답고 환상적이다. 태원에서 20㎞밖에 떨어져 있지 않은 곳에 이렇게 아름다운 곳이 있다는 사실을 태원에서 생활한 지 2년여가 지나도록 몰랐다는 것이 안타까울 뿐이다.

소서천은 임분시 습현 서쪽에 위치한 봉황산 꼭대기에 자리하고 있다. 과거에는 천불사라 불리던 사찰로, 명나라 숭정제 2년(1629)에 지어진 것이라고 한다. 습현 정부에서 기울이는 정성이 눈에 보일 정도로 드러나는데, 봉황산 주위를 대대적으로 개발해 관광객들의 발길을 유혹하고 있는 것을 보면 알 수 있다.

입구를 들어서면 방생지를 포함해 한적한 산책길이 아름답게 놓여 있다. 소서천을 오르는 길 오른쪽에는 관음사가 있는데, 들어다

볼 만하다. 관음사에서 나와 계단을 오르면 소서천이 모습을 드러낸다. 낮은 봉황산의 좁은 공간에 대웅보전을 중심으로 빽빽하게 건물들이 들어서 있다. 건물들의 균형 잡힌 아름다움을 감상하다 보면, 외관부터 화려한 소서천의 주인공 대웅보전이 눈에 들어온다. 사실 태원에서 먼 길을 달려온 이유는 다름 아닌 대웅보전에 있는 화려하고 아름답기로 소문난 조소를 보기 위해서였다.

설레는 마음으로 대웅보전을 들어서면, 불상을 비롯한 현란하고 기적 같은 다양한 조소(雕塑, 조각과 소상)들이 눈앞에 전개된다. 말로 표현하기 어려울 정도의 화려함, 정교함, 다양함, 생동감에 입을 다물 수가 없다. 석가, 미륵, 비로, 삼대사, 미타 5존의 불상을 중심으로 남북 양쪽으로 표정과 자세가 다른 10존의 십대 제자 입상이 길게 늘어져 배치되어 있다. 벽기둥에는 불교 고사에 의거한 삼십삼천이 아미타불의 극락세계와 같이 묘사되어 있다.

금은 유리로 만든 천궁누각은 복잡해 보이면서도 복잡하지 않게 만들어져 있다. 12명의 악기보살들이 하늘을 날며 음악 가무를 즐기는 모습이 마치 상상 속의 서방성지를 보는 듯한 착각이 들 정도다. 좁은 공간에 빽빽하게 들어선 다양한 조소들이 복잡하게 보이지 않으면서, 조화롭고 우아하고 힘이 넘친다. 마치 살아 움직이는 듯한 느낌을 주는, 너무도 기 막힌 종합 예술작품이다. 습현 정부에서 소서천을 보물처럼 여기고 관리할 만한 가치가 충분하다.

숭선사는 태원시 중심에 있는 불교사원이다. 명나라 홍무 연간에 진왕(晉王) 주강이 모친 고황후를 위해 이전 사원의 기초 위에 확장 건설한 것이라고 한다. 번성했을 때에는 점유 면적이 130,000여 ㎡로, 진국제일위관으로 불린 사찰이다. 청나라 동치 연간에 큰 화재로 소실돼, 현재의 사찰은 이전의 1/40에 불과하다. 당시 6개 대전 중 유일하게 남은 건물이 대비전으로, 불전 내에는 소중한 보물들이 적지 않다. 그중 정면에 나란히 보이는 3존 첩금니소보살입상은 명나라 홍무 연간의 것으로, 500여 년의 역사를 지닌 유물이다. 그래서인지 더욱 신비해 보인다. 중앙의 불상은 널리 알려진 천수천안관음보살이다. 신비한 미소가 중생들을 향해 무언의 말씀을 던지고 있는 듯하다. 천 개의 눈으로 모든 일들을 지켜보고 있다가, 천 개의 손으로 중생을 계도하겠다는 관음보살의 혜량할 수 없는 마음이 느껴져 저절로 고개가 숙여진다.

항일전쟁 때 비행기에서 낙하된 일본군의 폭탄이 지붕을 뚫고 떨어졌는데, 폭발하지 않아 아무 탈이 없었다는 일화가 전해진다. 청나라 동치 연간에 발생한 큰 화재와 일본군의 폭탄 세례에도 오늘날까지 그 모습을 보존하고 있는 것이 신비할 따름이다. 대비전에 있는 천수천안관음보살의 불력 때문이 아닌가 생각해본다.

젊은이와 스님의 대화를 우연찮게 듣는다. 청년을 향해 '내려놓아라!'라는 스님의 말씀이 가슴에 와 닿는다.

숭선사가 번성할 시기에는 황가의 사묘로 격상되었고, 수백 년 이래 향화가 왕성했던 고찰이다. 화려했던 과거는 역사가 되었지만, 유서 깊은 전통을 지닌 사찰, 영험한 신통력을 가지고 있는 대비전의 천수천안관음보살이 보존되어 있는 사찰이 태원의 중심에 있다는 사실이 시민들에게는 행운이라 여겨진다. 불교를 믿고 믿지 않고를 떠나 사는 것이 힘들다고 느껴질 때, 무릎 꿇고 천수천안관음보살로부터 위로 받고 힘을 얻는 것도 나쁘지 않을 듯하다.

쌍림사는 평요고성에서 서남쪽으로 약 6㎞ 떨어진 곳에 위치하고 있다. 건립 연대는 알려져 있지 않지만, 571년 수리했다는 기록이 남아 있는 것으로 보아, 적어도 1,400년 이상의 역사를 지닌 불사로 추정된다. 평요고성을 방문한 뒤 늦게 도착하는 바람에 제대로 둘러보지 못해 아쉬웠던 곳이다. 유구한 역사만큼 볼거리들이 많지만, 그중에서도 채소예술(彩塑藝術)인 '진흙으로 만든 조각(니소, 泥塑)'이 아름답다고 알려진 사찰이다. 2,000여 존의 니소가 각양각색의 아름다움을 뽐내고 있다고 하니, 니소예술박물관이라는 명칭이 붙여질 만도 하다. 가장 큰 것은 3m이고 가장 작은 것은 30㎝로, 다양성을 짐작할 수 있다.

입구를 들어서면 쌍림사의 산문인 천왕전이 모습을 드러낸다. 천왕전 바깥으로는 거대한 사대금강이 두 눈을 부라리고 울퉁불퉁한 근육을 드러낸 채 관람객을 맞이한다. 부릅뜬 눈이 사실적이라, 순간적으로 움찔거리게 될 정도다. 하지만 아름다운 색깔로 채색되어 있어 부드럽다는 인상도 갖게 된다. 대웅보전의 중앙에 서 있는 부처의 니소와 양쪽으로 시립해 있는 2존 보살의 니소 역시 아름답기는 마찬가지다. 쌍림사에서 볼 수 있었던 것은 이것이 마지막이다. 문 닫는 시간이 되어 밖으로 쫓겨나는 신세가 되어버린 것이다. 석가전에 있다는 가장 뛰어난 니소로 알려진 도해관음을 보지 못한 것이 아쉬웠지만 어쩔 수 없다.

쌍림사를 빠져나오며, 미술 전시관도 아닌 불도를 닦는 사찰에 집중적으로 니소를 만들어놓은 배경이 궁금해진다. '고도의 집중력을 요구하는 니소를 만들면서 불심을 닦은 것인가?' '사찰의 지주가 니소를 만드는 조각예술의 전문가였을까?' 많은 생각을 해보지만 답은 찾지 못한다.

쌍탑사는 태원시 동남쪽에 위치한 학장촌에 세워진 사찰로, 영조사라고도 불린다. 외곽에 떨어져 있는 탓인지, 아늑한 분위기를 풍기는 조용한 사찰이다. 쌍탑사는 사찰로서의 명성보다는, 태원의 랜드 마크인 쌍탑과 입하가 지나는 시절이면 화사하게 피는 목단으로 더욱 알려져 있다.

영조사를 들어서면 쌍탑을 만날 수 있다. 사리탑과 문봉탑이 그 것이다. 명나라 만력제(1608) 때 지어진 것으로, 380여 년의 역사를 지닌 태원시의 상징적 건축이다. 웅장한 남성미를 과시하고 있는 사리탑은 오빠, 여성미를 보여주는 문봉탑은 여동생으로 보여, 오누이 탑으로 부르는 것이 좋겠다는 생각을 개인적으로 해본다.

쌍탑은 마치 하늘을 뚫을 듯한 기세로 뻗어 있다. 남성미가 돋보이는 사리탑은 계단을 통해 정상에 오를 수 있다. 어둡고 좁은 계단을 오르다 보면, 벽에 새겨진 사랑하는 이들의 염원이 담긴 글씨들을 볼 수 있다. 어떤 이는 만년필로, 어떤 이는 분필로 그들의 사랑이 영원하기를….

정상에 도착하니 사방이 철조망으로 가려져 있다. 안전을 고려한 듯한데, 철조망 밖으로 제한된 태원시의 모습만 조망되어 아쉽다. 대웅전 앞 화원의 목단이 화사하게 피어나 아름다움을 뽐낼 계절이 되면, 목단과 대웅전, 대웅전 뒤 쌍탑의 조화가 무척이나 아름다울 듯하다.

철불사는 임분시 서남쪽에 위치한 대운사라고도 불리는 사찰이다. 당나라 정관 6년(632)에 지어진 사찰로, 평양성 내에서 가장 큰 건축물이었다고 전해진다. 입구를 지나면 청나라 건축인 대웅보전, 금정유리보탑 등이 균형감 있게 들어서 있다. 그중에서도 최고의 볼거리는 금정유리보탑과 석가모니불의 대형 불두(佛頭)다.

철불사의 정수인 금정유리보탑은 높이 39.8m, 탑기 12m인 방형 육급전탑으로, 철불탑이라 불리기도 한다. 총 6층의 보탑은 1층부터 5층까지는 정방형이고, 6층은 평면 팔각형의 양식을 하고 있다. 보탑의 2층 이후로는 탑 사방으로 조각된 아름다운 도안들이 눈길을 사로잡는다. 유리로 만든 도안들인데, 총 58개가 부조되어 있다. 대부분 불교 고사를 도안으로 표현한 것이라고 하는데, 섬세하고 아름답기가 이루 형언할 수 없다. 사람의 육안으로 높게 위치한 도안은 잘 보이지 않을 텐데, 층별로 모든 정성을 기울였다. 이것이 바로 고대 예술가들의 장인정신일 것이라 여긴다. 탑의 꼭대기에는 류금보주를 달아놓아 밤낮으로 빛을 발산한다. 특히 밤에는 먼 지역까지 뻗어나가 백성들에게 신비함을 주는 탑으로 기억되고 있다고 한다.

금정유리보탑 아래 원두불조(原頭佛祖)라 적혀 있는 곳에는 또 하나의 진기한 것이 있다. 바로 석가모니불 머리 조각이다. 당나라 때 철을 녹여 만든 것으로, 높이가 6.8m, 직경이 5m인 대형 불두다. 무게만 해도 15톤이니 크기를 짐작할 만하다. 입구를 잠가놓아 밖에서 들여다볼 수밖에 없는데, 처음 본 느낌을 표현하기 쉽지 않다.

부처의 특정 부분, 그리고 머리만 있는 석가모니불은 처음 보았는데, 신기하고 신비스럽다. 인자한 눈빛에 부드러운 미소를 머금은 부처님의 거대한 얼굴이 눈앞에 전개되는데, 뭐랄까? 마음이 안정되면서 한없이 편안해지는 느낌을 받은 듯하다. 불두의 오관을 만지면 평안과 복이 온다고 믿는 관광객들이 많이 만져서, 불두의 귀와 코 부분이 미끄럼을 탈 수 있을 정도로 반짝반짝하다고 한다.

나 역시 인자한 미소로 나의 마음을 어루만져주며 한없이 편하게 해주는 석가모니불의 체온을 느끼고 싶었는데, 굳게 닫혀 열리지 않는 문을 한탄할 뿐이다.

청룡사는 운성시 직산현 마촌에 위치한 당나라 용삭 2년(662)에 지어진 사찰이다. 여러 차례 중수를 거친 후 현재 남아 있는 사찰은 원나라 건축양식이다. 사찰 내부에는 산문과 대웅보전, 입불전이 들어서 있다. 청룡사는 대웅보전과 입불전의 벽 사방에 화려한 채색으로 꽉 채워진 벽화로 널리 알려진 사찰이다. 원나라 작품인 벽화의 면적은 190여㎡라 기록되어 있다. 꽉 찬 구성에 힘찬 필력의 벽화로서, 생동감 넘치는 벽화예술의 정수로 알려져 있다.

특히 전체 면적의 82%를 점유하는 입불전 벽화가 청룡사 벽화의 핵심이다. 156㎡의 면적에 500여 명의 인물들이 묘사되어 있는데, 위에서부터 아래로 3등분하여 풍부한 내용을 담고 있다. 오랜 세월의 흔적으로 부분부분 손상되었지만, 전체적인 벽화의 내용을 이해하는 데에는 문제가 없다. 주요 내용은 불교의 핵심사상인 윤회와 인과응보 등이다. 심오한 사상을 벽화로 그려냈다는 사실에 감탄하지 않을 수 없다. 벽화를 자세히 들여다보면, 불교뿐 아니라 유교와 도교 관련 내용과 인물도 묘사되어, 불교·도교·유교 삼교일체의 오묘한 사상을 구현했음을 알 수 있다.

반면 대웅보전에 그려진 벽화는 비교적 소규모로, 석가모니와 문수, 관음, 지장, 보현 보살 등 불교와 관련한 설법도이다. 청룡사의 벽화는 같은 시기의 작품으로 추정되는 인근의 예성현 영락궁 벽화의 1/5에 불과한 작은 규모이지만, 예술성만은 결코 떨어지지 않는다. 뿐만 아니라 불교 사찰인 청룡사에서 불교·도교·유교 삼교일체의 사상을 벽화에 구현한 것 역시 차별화되는 부분이라 하겠다.

태산 용천사는 태원시 진원구에 위치한 해발 1,178m의 태산 허리에 안겨 있는 사찰이다. 아름다운 태산의 정취와 어울려 안정감이 있고, 생동감 넘치는 분위기가 인상적이다. 당나라 때 도관 호천사였던 것이 명나라 때 불사로 바뀌었다. 이러한 배경을 알고 사찰을 돌아보면, 도교풍이 물씬 풍기는 이유를 알 수 있다. 사찰 동쪽에 천수(泉水)가 있어 용천사라는 이름이 붙어졌다 한다.

용천사를 만나기 위해서는 제법 많은 공력을 들여야 한다. 아름답게 조성된 산길을 오르다 보면, 은은하게 들려오는 불교 음악에 마음이 정화된다. 한참 걷다 보면 '용천고사'라는 글자가 걸려 있는

절의 입구가 모습을 드러낸다. 사찰 내부를 들어서면 질서 있게 들어서 있는 종루와 고루, 불조각, 관음당, 문수전, 보현전 등 명나라 가정 연간에 지어진 건축 군들을 감상할 수 있다. 불조각은 세월의 흐름을 알려주듯 고색창연한 모습을 보여주고 있고, 인자한 미소를 띤 부처가 말없이 중생들을 내려다보고 있다. 관음당 뒤로는 등산 길이 나 있어 태산의 정상에 올라 용천사의 전경과 주위로 전개되는 풍광을 볼 수 있어 좋다.

용신사는 도교풍이 진하게 배어 있는 특별한 곳이다. 용신사를 오르는 계단과 난간은 도교 사원에서 흔히 볼 수 있는 조각들로 채워져 있다. 용과 상상 속의 동물을 조각물로 만들어 첫째(老大)부터 막내(老九)까지 서열을 부여해 배치해놓은 것이 눈길을 끈다. 절에는 어울리지 않는 듯하지만, 특별한 재미를 느낄 수 있어 좋다.

또 하나 특별한 것은 용천사가 보물이라 여기며 애지중지하는 사리를 담은 석관, 목관, 동관, 은관, 금관의 5중관을 볼 수 있다는 것이다. 사찰 내의 불탑에 있는 지하궁전에서 출토된 것이라는데, 박물관에서도 보기 힘든 진품이라 한참을 들여다보게 된다. 가장 안에 들어가는 화려한 금빛의 앙증맞은 금관으로부터 가장 바깥의 비교적 큰 목관까지 순서대로 진열되어 있어 볼 만하다. 용천사는 도교의 색채가 진하게 묻어나는 불교 사찰로, 사리자오중관이라는 진품을 눈으로 직접 확인할 수 있는 특별한 곳이다.

도교

순양궁은 태원시 중심 5.1로에 위치한 도교 사당이다. 원나라 때 지어져 명과 청나라 때 중수되었다. 당나라 때의 도사 여동빈을 공봉하고 있어 여조묘로 불리기도 한다. 시민들로 넘쳐나는 5.1광장의 뒤쪽으로 돌아가면, 현대식 건물 속에 뜬금없이 세워져 있는 듯한 느낌을 주는 순양궁을 만날 수 있다. 도교 사원이 대부분 깊은 산 속에 위치하고 있는 것이 일반적이라 더욱 특별해 보인다.

입구를 들어서면 오른쪽으로 인공 조성된 가짜 산이 눈에 들어온다. 돌산으로 만든 꼬불꼬불한 길 위로 연인들이 손을 잡고 다정하

게 오르내리는 모습이 마치 진짜 산을 오르내리는 것 같은 착각을 하게 만든다. 폭포가 있고 좌우로 푸른 나무도 조성해두어, 비록 가짜 산이지만 도심 속 여유를 즐길 수 있어 좋다. 순양궁에는 산문, 여조전, 회랑정, 옥황각, 관공정 등의 건물들이 그다지 넓지 않은 공간 안에 들어서 있다. 명·청 시대 도교 사원인 도심 속 순양궁은 규모의 크고 작음을 떠나, 천천히 돌아보며 고풍스러운 풍모를 감상해볼 만한 가치가 충분하다.

가짜 산을 오르면 원나라 때 조성된 관공(关公)의 기마 동상을 만날 수 있다. 말 위에 의연한 모습으로 앉아 있는 관공이 태원의 중심가인 5.1광장을 내려다보며, 분주히 오가는 시민들의 안전을 지켜준다. 관공의 기마 동상 옆으로는 순양궁 주위를 에워싼 높고 낮은 현대 건물들과 태원 시민들의 활기찬 모습이 눈에 들어온다. 순양궁은 현재 산서성예술박물관으로 활용되고 있다. 목조, 불교조상

등의 예술작품을 덤으로 감상할 수 있어 더욱 유익하다.

유교

  태원 문묘는 순양궁 인근에 있는 공자의 사당이다. 1882년 산서 순무 장지동이 숭선사의 규모가 축소되면서 생긴 빈 공간을 활용해 건설한 것이라고 한다. 불교 사찰 일부를 유교 건물로 활용한 셈이다. 취푸 공묘를 모방한 것으로, 영성문과 유리 용 조각의 아름다움이 돋보인다. 박물관의 일부분이었던 관계로 곳곳에 돌로 만든 사자 등의 조각물들이 눈에 두드러지게 띈다. 하나같이 정교하고 모양이 다른 것이 문묘의 아름다운 조경과 조화롭다.

대성전 앞에는 운성시에 소재한 개원철우 복제품이 자리하고 있어 눈길을 끌고, 좌우로 새겨진 유교 덕목 '의, 절, 충, 효' 네 글자가 공자의 사상을 알려주고 있다. 대성전을 들어서면 공자 조각상을 중심으로 맹자, 자하 등 저명한 인물들이 좌우로 조각되어 있다. 공자의『주유기』등 공자와 유교에 대한 자료들이 체계적으로 정리되어 있어, 천천히 돌아보며 공부할 만하다. 문묘는 민속 박물관으로도 운영되고 있어, 산서성의 민속을 이해하는 데에도 도움이 된다. 특히 1950년대부터 1990년대까지 구분해 과거의 학습교재 변화를 보여주는 전시가 독특하다. 뿐만 아니라 '백계영춘도'라는 전지 작품 등이 전시되어 있어, 산서성 전지 예술의 탁월함도 감상할 수 있다.

태원 문묘는 도심 중앙 5.1광장 인근에 위치해 접근이 용이하다. 산동성 취푸의 공묘까지 방문하기 어려운 아이들을 위해 유교와 공자를 만날 수 있는 최적의 공간이 태원 문묘 아닌가 싶다. 2014년 산동성 취푸에 있는 공묘를 다녀왔기에 비교가 가능한 나의 생각이다.

물론 취푸의 공묘와 규모, 상징성에서는 비교할 수 없는 것이 사실이다. 그러나 유교와 공자에 관한 교육자료가 대부분 전시되어 있어, 산서성의 커가는 아이들을 위한 유교 교육의 공간으로는 부족함이 없는 최적의 장소다.

천주교

태원 천주당은 태원시 해방로를 지나다 보면, 색상과 규모 그리고 독특함으로 인해 눈에 띄는, 도로가에 세워진 천주교 건물이다. 청나라 광서제 28년(1902)에 지어진 것으로, 건물 중간에 걸려 있는 십자가가 번화한 해방로에 신비감을 더해준다. 붉은색의 로마 고전 건축으로, 예배와 참관이 허용되어 관심 있는 이들의 발길이 끊임없이 이어진다. 내부를 들어서면 유럽 양식의 건물 디자인이 눈에 들어오고, 중간중간 신자들이 두 손을 모아 기도하고 있다. 한편으로는 나 같은 참관자들이 이곳저곳을 다니며 이국적인 성당의 모습을 구경하느라 분주하다. 예수가 십자가를 들고 고난의 길을 걷는 조각상, 교단의 십자가와 성모 마리아, 기도하는 신자들의 경건한 모습 등⋯. 모든 것이 로마나 한국의 성당과 다를 것이 없다. 주말 미사에 참어해 중국인 신도들과 미사를 드릴 것을 다짐하고는 태원을 떠날 때까지 약속을 지키지 못한 스스로를 질책한다.

산서성에서는 태원 천주당 외에 다른 천주당들도 가끔씩 눈에 들어온다. 그중 진양고성유지에서 본 구룡묘 맞은편의 천주당이 기억에 남는다. 구룡묘의 고풍스러움과 천주당의 현대식 아름다움이 신구의 조화를 보여 한참 바라보던 기억이 있다.

이슬람

고청진사는 태원 천주당 인근의 해방로 뒷길에 위치하고 있는 이슬람 사원이다. 현존 건물은 명나라 때 중건했다고 기록되어 있다. 중국과 이슬람 전통의 품격이 융합된 건축 품격을 보이고 있어 특별하다. 사원 입구를 들어서면 그다지 관리가 잘 이루어지지 않는 듯 어수선한 모습을 보여 조금은 아쉽다. 고청진사의 핵심 건물인 예배전을 중심으로 강경당 등이 들어서 있고, 성심루가 아름다워 나름 볼 만하다. 이슬람교를 믿는 신도들이 많지 않은 듯 전반적으로 침체된 분위기를 풍기고 있어 안타깝다. 그리 많지 않은 명나라 이슬람교 건물이 많은 이들의 관심 속에 오랫동안 보존되기를 바랄 뿐이다.

지금까지 산서성에 산재한 불교, 도교, 유교, 천주교, 이슬람교의 사원들을 소개했다. 불교 사찰이 많은 것은 불교의 전파가 다른 종교에 비해 비교적 폭넓게 이루어졌기 때문이다. 중국의 전통 종교인 도교 도장들이 대부분 사람들과는 격리된 산사에 몰려 있는 것도 상대적으로 그러한 차이를 돋보이게 한다. 산서성을 놓고 보더라도 북악항산, 북무당산, 면산 등 유명한 산에 도교 도장이 밀집해 있다. 이슬람 사원이나 천주당이 상대적으로 많지 않은 것은 도교와 불교의 유구한 역사와 전통이 백성들에게 깊게 뿌리박혔기 때문일 것이다. 그러나 천주교나 기독교를 믿는 신자들의 수가 점점 늘어나는 추세를 막을 수 없을 듯하다.

'이 모든 종교가 넓은 중국 대륙 수많은 백성들의 마음속으로 파고드는 이유는 무엇일까?' 바로 인간이 안고 있는 근본적인 존재의 불안 때문일 것이다. 전쟁으로 점철된 봉건시대를 살았던 선조들의 환경과 평화 시대인 현재를 살고 있는 현대인들의 환경은 많은 차이가 있지만, 예나 지금이나 인간은 종교에 의지해 살아간다. 종교와 인간의 떼려야 뗄 수 없는 관계성은 시대를 초월함을 알 수 있다.

소개한 것들 외에도 역사성 있고 유명한 종교 사원들이 산서성 각지에 널려 있다. 시간적인 제약과 공간적 거리의 한계로 인해 찾아보지 못해 아쉬울 뿐이다.

18

기타 발길이
머문 곳

9녀 선호는 지인들로부터 아름다운 경관을 자랑하는 생태문화여유구라는 추천을 받아온 명소다. 해서 약 9㎞ 정도 떨어진 거리에 위치한 황성상부를 찾은 길에 발품을 팔아보았다. 옥황대제의 9번째 딸이 호수에 있는 구녀선대에 거주했다 해서 붙여진 이름이라 전해진다. 예로부터 지위가 높은 자들이나 재산가, 시인들이 너나 할 것 없이 찾아와 여유자적을 즐겼을 정도로 경관이 아름다운 곳이다.

입구를 지나 쾌적하게 조성된 산책길을 따라 걷다 보면, 솟구친 산을 배경으로 유유히 흘러내리는 9녀 선호의 모습을 멀리서 볼 수

있다. 호수로 가려면, 내부에서 운영하는 소형 전동차를 타거나 걷는 방법 두 가지가 있다. 주위의 경치를 즐기고 9녀 선호의 전체적인 모습을 조망하고 싶다면, 걷는 것이 좋을 듯하다. 그다지 먼 거리도 아닌데다, 미술에서 원근법을 이용해 생동감을 주듯, 다가갈수록 점점 가까워지는 9녀 선호의 변화하는 모습을 눈으로 확인할 수 있기 때문이다. 유난히 세차게 부는 바람을 온몸으로 느끼며, 흔들리는 나뭇가지들의 속삭임 속에 조금씩 가까워지면서 커지는 9녀 선호를 감상하는 것은 즐거움이다. 드디어 좌우로 흐르는 9녀 선호가 눈앞에 모습을 드러내고, 아름다운 경관을 마음껏 즐긴다.

제한된 공간을 벗어나 협곡으로 이어지는 유려한 아름다움을 즐기려는 이들이 구명조끼를 입고 유람선의 출발을 기다리고 있다. 시간 제약으로 함께하지 못해 아쉬워하며 부러운 눈길로 바라본다. 예로부터 많은 이들이 즐겼다는 9녀 선호의 특별한 경관을 즐길 수 있는 유람선 여행이기에 아쉬움이 더하다. 태행산 심하협곡 중의 9녀 선호이기에 아름다울 경관을 머릿속으로 상상해볼 뿐이다.

구룡벽은 대동시 동가로 남쪽에 위치하고 있다. 명나라 홍무 25년(1392)에 지어진 것으로, 태조 주원장의 13번째 아들인 대왕 주계의 대문 앞에 있는 조벽(照壁, 안을 들여다보지 못하도록 문 밖에 병풍처럼 만든 벽)이다.

　높이 8m, 두께 2.02m, 길이 45.5m의, 중국에서 가장 크고 오래된 구룡벽으로서 426조각의 특제 다섯 가지 색깔의 유리로 만들어졌다. 9마리 용, 산, 바다의 파도와 수초 등의 도안이 전 화면에 균형 있게 배치되어 있다. 왼쪽에서부터 오른쪽으로, 오른쪽에서부터 왼쪽으로 왔다 갔다 하며 감상하는 맛이 쏠쏠하다. 멀리서 전체적인 아름다움을 즐기는 맛 이외에, 용을 하나씩 뜯어보는 재미도 나쁘지 않다. 9마리의 용이 각기 다른 표정과 자세로 생동감을 뽐내는 모습들이 볼 만하다. 상상 속의 동물을 이렇게 다양하게 그려내는 중국인들의 상상력에 그저 감탄하며….

　600여 년 세월의 흐름 속에 바라고 깨진 부분이 적지 않지만, 전체적인 위용을 손상할 정도는 아니다. 낮 시간의 강렬한 태양에 실루엣 지는 모습도 볼 만하다. 북경 자금성과 북해공원의 구룡벽과 함께 3대 구룡벽으로 알려져 있기도 하다. 세 곳을 모두 섭렵한 나로서는 모두 제각각의 멋과 특징을 지니고 있다 여긴다. 어느 것이 더 낫다는 비교보다는, 각자의 아름다움을 즐기면 그만이다. 다만 마지막으로 보게 된 대동의 구룡벽을 감상할 수 있다는 것 자체가 즐거울 뿐이다. 화엄사와 선화사에서 멀지 않은 거리에 있어 찾아보기에도 편리하다.

대동 토림은 대동지역을 돌아보다가 현지 택시 기사의 추천을 받고 방문한 곳이다. 그에 의하면, 흙이 숲처럼 분포되어 있는 곳이다. 최근 들어 유명해졌다는데, 시 정부에서 개발 중인 신규 관광지인 셈이다. 토지 형태를 보니, 중간에 작은 호수를 둘러싸고 서 있는 흙기둥들이 나무가 겹쳐진 것처럼 보여 그럴 듯하다. 생태학자나 지질학자들이 찾아 토림의 형성 원리를 연구 중이라고 한다.

자료를 찾아보니, 대동 토림은 현지 주민들에 의해 석판구 혹은 호리구라 불리고 있다. 토림이 특별한 것은 황무지 위에 있는 것이 아니라 지평선 아래에 위치하고 있기 때문이라고 한다. 내가 작은

호수로 보았던 곳에서 관측된 토림이 동서 양쪽으로 약 1㎞ 이상 이어지고 있다. 밀집된 지역은 그다지 넓지 않고 개괄지인 평지에 위치해 있다. 토림의 단면을 자세히 들여다보면 일반 토층과는 다른 색깔을 나타내고 있다는데, 가까이에서 확인해보지 못해 아쉽다. 아무튼 완벽하게 개발되어 다른 데서 보기 힘든 독특한 지형을 시민들이 감상할 수 있기 바란다.

황하 대철우는 개원철우로 불리기도 한다. 당나라 때 황하 포진도 부교를 고정하던 투묘지(錨地)로 사용된 유적이다. 2열 종대, 4마리인 대형의 철우를 바라보는 것 자체가 신기하다. 중국인 관광객들은 어린아이처럼 철우에 올라 온갖 포즈를 취하며 기념사진을 남기기에 여념이 없다. 엎드린 철우의 높이가 1.5m, 길이가 3.3m에 이른다. 커다란 두 눈을 동그랗게 뜨고 앞을 주시하고 있는 모습이 마치 살아 있는 소 같은 느낌을 준다. 4마리의 대철우 옆에는 소를 끄는 자세를 하고 있는 호인(胡人)을 각각 하나씩 부조해놓았는데 역동적이다. 4마리의 소와 4명의 호인의 모습이 각각 다른 것도 특이하다.

  철우 하나의 중량이 약 30톤 안팎이라고 하니, 참으로 엄청나다.
위에서 감상한 후 지하로 내려가면 대철우의 다리 부분이 밑으로
이어져 있는데 장관이다. 하기는 당 조정에서 4마리의 철우를 주조
하는 데 당시 국내 철 생산량의 80%를 소모했다고 하니, 들인 공력
을 알 만하다.

  웅장한 규모를 자랑하는 대철우는 중국에서 지금까지 발견된 같
은 종류의 주철물 중 체적이 가장 크고 중량도 가장 무거운 것이
다. 중요성이 부각되지 않는 부교를 고정하는 용도로 사용하는 물
건에도 이렇듯 예술성을 부여한 고대인들의 독특함에 감탄할 수밖
에 없다.

  비전문가인 내가 봐도 생동감 넘치는 대철우는 예술성이 뛰어나
고, 가장 오랜 역사를 보유한 걸작으로 인정받고 있다. 큰 것을 추
구하는 중국인들의 취향이 고금을 통틀어 이어지고 있음을 여기서
도 목도한다.

직산직왕묘는 '소리 없이 강하다'는 어느 차량 광고의 카피가 생각나게 하는, 작지만 강한 곳이다. 시장 골목에 위치하고 있는 직왕묘는 농사짓는 신을 모신 사당이다. 운성시 직산현 일대는 곡신을 숭배하는 전통이 지금까지 이어지고 있다. 많은 제사 장소 중 내 눈앞에 있는 직산직왕묘가 중국에서 가장 큰 사당이라고 한다. 문헌기록에 의하면, 원나라 때 지어져 청나라 도광 연간에 중수한 것이다.

중간에 있는 후직전 좌우로 종루와 고루가 우아한 자태를 뽐내고 있다. 종루와 고루의 처마를 자세히 보면, 종루의 4면과 고루의 4면에 농사짓는 모습이 목조되어 있다. 사시사철 농민들의 살아가는 모습이 현실감 있고 생동적으로 묘사되어 있다. 어디서도 본 적이 없는 특별함이다. 종루와 고루를 돌며 아름다운 조각들을 보는 데 한참의 공력을 들여야 한다. 후직전 입구 좌우 기둥에 조각되어 있는 반룡은 또 하나의 예술작품이다. 기둥을 감으며 뒤틀려 올라가는 용 두 마리가 돌기둥을 뚫고 날아갈 듯이 생동적이다. 후직전 처마의 목조 역시 정밀한 아름다움에 한동안 눈길을 빼앗긴다. 헌전과 주전은 연결되어 있는데, 앞뒤로 서 있는 기둥에 파종부터 수확까지 농사 전도가 목조되어 있어, 직산직왕묘가 곡신을 모신 사당임을 알려준다. 목조가 보여주는 예술성 역시 두말할 필요가 없다.

평양 고루는 대중루라고도 불리는 임분시 중심에 있는 누각이다. 북위 때 건축한 후 7차례의 보수를 거쳤다. 현재의 누각은 1987년에 중건한 것으로 기록되어 있다. 높이 43.75m, 폭 40m로서 1196년에 주조된 2,500kg의 종이 보존되어 있다. 대중루는 시 중심 교차로에 떡하니 서서 전후좌우 사방으로 끊임없이 지나가는 사람들과 차량들의 행렬을 말없이 지켜보고 있다. 마치 오가는 시민들의 안전을 지키고 있는 수호신같이⋯. 고루의 정상에 오르면 사방으로 전개되는 임분시의 질서정연한 모습이 한눈에 들어온다. 평양 고루가 위치하고 있는 교차로를 중심으로 끊임없이 달리는 수많은 차량들과 분주히 오가는 시민들의 모습에서 임분시의 역동성을 느낄 수 있다.

　평양고루 앞 광장에서는 휴식을 취하는 시민들과 사교춤을 즐기는 사람들이 뒤섞여 평화로운 분위기를 발산하고 있다. 야간 불빛에 실루엣 지는 아름다운 평양고루를 배경으로 광장무를 추는 아주머니들의 몸놀림이 경쾌하다.

    태원에서 4년을 지내며 산서성 구석구석 5,000년 역사의 발자취를 찾아가는 것은 무척이나 흥미로운 과정이었다. 명소를 찾기 전, 명소가 안고 있는 고사를 공부하며 그 깊이에 푹 빠진 나 자신을 발견하는 것이 즐거웠다. 어렵사리 시간 내어 한걸음에 달려가 친견했을 때는, 오랜 친구를 만난 듯 그리 반가울 수가 없었다.

    어떤 명소는 시 급 대도시에, 어떤 명소는 촌 급 소도시에 있어 찾아가는 과정도 천차만별이다. 산서성의 가장 남쪽인 운성시에 위치한 이가대원을 만났을 때는, 혼자 하는 여행의 고달픔을 진하게 느낀 경우다. 대원으로 들어갈 때 이용했던 전세차량을 돌려보낸 것이 화근이었다. 넓게 조성된 이가대원에서 멀지 않은 위치에 있는 추풍루로 이어지는 차편이 당연히 있을 것으로 생각한 것이 착오였다.

    관람을 끝내고 밖으로 나오니 그 흔한 택시 하나 보이지 않아 당황스럽기 짝이 없다. 약 30분가량을 허비하다 보니 점점 초조해지는 마음을 가눌 길 없다. 한참을 헤매는 중에 오토바이를 개조한 삼륜차 비슷한 차량이 지나간다. 마음씨 좋아 보이는 할아버지가 운전을 하고, 뒤에는 부인과 7~8세 되는 손녀가 앉아 있다. 다급한 마음에 차를 세워 추풍루 가는 방법을 물어보니 뾰쪽한 방안이 없다 한다.

택시 등 이동차량이 수배되지 않아 답답해 하고 있으니, 안타까운 듯 한참 생각한 후, 비좁지만 자신의 삼륜차에 일단 타라 한다. 자신의 집이 멀지 않으니 차를 소유한 이웃들에게 부탁해 추풍루 가는 방법을 찾아보자며….

너무나 고마워 눈물이 날 지경이다. 10여 분을 달리니 전형적인 시골집에 삼륜차를 세운다. 그리고는 이 집 저 집을 돌며 나의 사정을 전하고 도움의 손길을 내밀 것을 권유한다. 차량을 소유한 이웃집을 모두 도는 듯하다. 대부분 거절하는데, 청년 하나가 나의 안타까운 처지에 마음이 움직인 모양이다. 자신의 일이 아닌데도 도움의 손길을 내밀어주는 게 얼마나 고마운지 모른다. 감사한 마음에 사례비를 건네주니 한사코 받지 않는다. 어쩔 수 없이 감사하다는 말만 전하고 헤어지는데, 할아버지와 할머니의 웃는 얼굴이 그리 선량해 보일 수 없다.

시골 인심이 후하다고 하는데, 산서성 역시 마찬가지인 듯하다. 원고를 쓰고 있는 지금도 너무나 착해 보이던 할아버지와 할머니의 순박하게 웃는 얼굴이 떠올라 기분이 좋아진다. 혼자만의 여행을 하다 보면 이런 도움을 적지 않게 받게 된다. 그럴 때마다 그들이 건네는 따뜻한 말 한마디, 그들이 보여주는 친절한 미소가 가슴을 한없이 따뜻하게 한다. 산서성의 구석구석에서 만났던 내게 도움을 준 모든 분들에게 지면을 빌어 감사의 말씀을 전한다.

한국 국토면적 99,720㎢의 약 1.6배인 산서성은 도처에 볼거리들이 널려 있다. 그러한 유적들을 모두 찾아보기란 현실적으로 쉽지 않다 여긴다. 공간적 거리와 시간적 제약 때문이다. 아마 평생을 산서성에서 산다 하더라도 쉽지 않을 듯하다. 태원에서 지내는 동안 나의 발길이 닿은 곳은 태원시를 비롯한 11개 시의 110여 개 명소다. 여행기에서 18개 주제로 분류하여 소개한 유적들과 인물들은 빙산의 일각일 뿐이다. 산서성을 살아간 선조들의 숨결을 느끼지 못한 곳이 한두 곳이 아니라 안타깝다. 다시 기회가 주어진다면, 시간과 공간의 제약으로 찾아보지 못한 명소들을 찾아, 명소들이 주는 교훈들을 보고 느끼고 배우고 싶다.